스포츠는 국경을 넘어
마음을 이어준다

데라시마 젠이치 지음
김연빈·김솔찬 옮김

손기정 평전

도서출판 귀거래사

손기정 평전

스포츠는 국경을 넘어 마음을 이어준다

데라시마 젠이치 지음 / 김연빈·김솔찬 옮김

발행처 도서출판 귀거래사
발행인 김연빈
기 획 김연빈·김솔찬
편 집 김솔찬·방세화
디자인 김솔찬·이수빈·김영은
인 쇄 두리터

등 록 2019년 7월 5일 (등록번호 186-96-00743)
1판1쇄 발행 2020년 8월 9일

주 소 경기도 성남시 분당구 장미로 139 207-704
대표전화 010-9294-2022
팩시밀리 0504-158-9370
블로그 http://blog.naver.com/gigoresa
카 페 https://cafe.naver.com/gigoresa
E-mail palma59@naver.com
I S B N 979-11-970856-0-4(03990)

이 도서의 국립중앙도서관 출판예정도서목록(CIP)은 서지정보유통지원시스템 홈페이지(http://seoji.nl.go.kr)와 국가자료종합목록 구축시스템(http://kolis-net.nl.go.kr)에서 이용하실 수 있습니다. (CIP제어번호 : CIP2020024892)

손기정 평전

스포츠는 국경을 넘어 마음을 이어준다

데라시마 젠이치 지음

김연빈·김솔찬 옮김

나는 오랫동안 정계에서 활동해 왔다. 정치적 약속은 하룻밤 사이에 휴지가 되어버리기도 했다. 그러나 스포츠 세계에서 쌓아온 우정과 신뢰는 무너진 적이 없다. 핵이 창궐하는 이 시대에 스포츠는 인류 최대의 희망이다.

필립 노엘베이커(Philip Noel-Baker)
영국
1920년 앤트워프올림픽 육상 1500m 은메달리스트
1959년 노벨평화상 수상

서시

손기정의 울림

— 우리 역사 속에서

윤명철

울림이다.

어둑어둑한,
먹장구름이 답답하게 쌓여
영원히 흩어질 것 같지 않은,
숨죽인 채, 눈치껏 숨 헐떡거리며
삶 같지 않은 삶, 역사 같지 않은 역사가 이루어지는데
갑자기
터져 나온 울림
삐집고 나와,
서늘한, 백두산 덮은 흰 눈처럼
새하얗고, 말그란
바람결 타고
봉덕사 에밀레종처럼
죽어가는 세상에 퍼져가는 울림이다.

이미 오랜 세월
할아버지 할머니들이 가꾸던 텃밭 농토들은

어머니 아버지들이 어린 날 보내던 산천은
역사를 버린 지 스무 해 남짓하고
곳곳에는
물 건너온 남들이 자리 틀고 앉아
쥔 행세하느라 여념 없는데.

식민지 백성들에게 남은 게 무엇이 있었나?

압록강 너머서 신바람 나게 들리던 독립군들의 총성도 가물가물해졌고,
그들의 심장부에서 그들의 신(神) 천황에게 폭탄을 던졌던 이봉창의 순박한 얼굴도
잠든, 아편독이 채 덜 깬 중국의 심장부를 뒤흔들고, 단단한 일제에 균열을 일으킨
윤봉길의 목청과 폭발음도,
그 양반들의 죽음도 망각해가며
다시 또, 더욱 일본이 되어가는
우리 앞에
청천벽력처럼, 그들에겐 날벼락처럼
들렸던 울림이다.

경성 서울역을 출발해
어린 날 짚신코 떨어지도록 달리던 압록강
산길을 평지 달리듯 하는 고구려 소년들이 신바람 내며 달리던 압록강
연해주, 얼어붙은 북국에서 놀러온 발해 소년들이 미역 감던 압록강

늙은 이성계가 말머릴 돌려 우리 역사에 '비굴'이란 낙인을 찍게 한 압록강을 넘어.

먼 곳
저 먼 세상 향해
일제가 깔아놓은 철도를 타고 드넓은 만주벌 달리고,
흑룡강 넘어 초원과 숲길 질주하며
수천 년 전 조상들이 우리 터 향해 출발한,
늘 마음 한 구석에 담아두고
때 되면 망향제 올리는 바이칼에 멈춰
연파랑 물결에
할아버지 할머니, 아버지 어머니의 피들이 섞인 조선 얼굴
확인하고.
우랄 산맥 넘고
옛날 투르크와 몽골전사들처럼
달리고 달려
마침내 닿은
세상 모든 사람들의 눈길, 마음이 모여드는 베를린 올림픽.

그는 달렸다.
그는 달렸다.
그는 달렸다.
달리고 달리고 달리고
또 달렸다.
환호도
바램도
승리도

완주도
다 잊고
무념무상.

단군이 함께
주몽이 함께
온달과 관창이 함께
젊은 독립군들이 함께
그리고
안중근 이봉창 윤봉길이 함께
조선의 백성들이 다 함께
남승룡이 함께
달렸다.

그리고
끝내는
돌벽들 무너진
철끈들 끊어진
닫혔던 문짝들 열린
텅 빈
환한
너른 세상에 닿았다.
그제야
터져 나온 온 세상의 함성들이
태풍처럼 휘몰아쳤고,
그들의 기쁨이

탈진한 그의 장딴지 속으로, 혼 속으로 밀려들었다.

특별한 사람들의 능력과 소박한 사람들의 기쁨이 어우러진 곳
영웅적인 역사와 평화로운 미래가 만난 곳
세상의 가장 높은 단에 우뚝 선
그
숙인 고개 위로 드러난 어두운 낯빛
번쩍 치켜든 월계관을 이내 내려 가슴팍 빨간 점 가린 손
터지게 지르고 싶었던 소리 꾹꾹 삼키는 목젖
아직 파르르 떨리는 다리통 위로, 온몸에서
울림이 새어 나온다.
흐느낌 같은 작은 울림들이 모여 모여 덩어리 이루고
베를린 하늘로 올라가
흰 구름, 파랑 구름, 오색 구름으로 모여
한 떼의 부여마처럼 되더니 동쪽으로 머릴 돌린다.
그가 지른 울림이
해 뜨는 곳,
조상들이 달리고 달려 힘겹게 닿은 터
탁한 적색 절망들이 넘실거리는 땅으로 달려가며
울림 울림들을 끌어 모은다.
해맑간 청색 희망이 차오르는 곳에
더 큰 파문을 일으키려고.
그가 지른 울림을 보태려고.

사람들은 알았다.
사람들은 깨달았다.

자기 다리의 힘과
자기 혼의 질김과
자기 안에 묶였던 자유의지를
이젠
되찾을 수 있다는 사실을.
그렇게
손기정의 마라톤은 우리의 또 하나 역사 되었다.

손기정은 산길을 평지 가듯 달리고, 걷는 것이 마치 달리는 것 같은
고구려인의 후예라는 생각이 든다.
그는 마라톤 승리 이후에 더 빛난 진가를 발휘한 인물이다.

윤명철 동국대 명예교수, 국립 사마르칸드대학 교수. 역사학자, 시인, 탐험가. 50여 권의 저서와 14권의 시집. 탐험가로서 동굴탐험을 비롯해 대한해협 횡단, 황해 횡단, 동중국해 횡단 뗏목 탐험들을 했고, 유라시아 실크로도를 배와 자동차로 횡단했으며, 손기정이 베를린까지 타고 간 횡단열차를 타면서 그를 이해했다. '2020년 한국을 빛낼 인물'에 선정. 2019년 11월 17일 잠실운동장에서 열린 '3·1운동 및 대한민국 임시정부수립 100주년 기념 2019 손기정 평화마라톤대회'에 참가하여 시상을 했다. 『손기정 평전』 저자 데라시마 젠이치 교수, 역자 '도서출판 귀거래사' 김연빈 대표도 함께 했다.

한국 독자들에게 드리는 글

한국과 일본이 공동 개최한 2002년 한일 월드컵이 양국 간 교류를 현격하게 비약·발전시킨 것은 부정할 수 없는 사실이다. 손기정 선생이 항상 말한 것처럼 "스포츠는 국경을 넘어 마음을 이어준다"는 사실을 여실히 보여주었다.

월드컵 공동 개최가 결정된 후 1997년 개최된 프랑스월드컵 최종 예선 한일전 경기 후 한국 축구팬들은 관중석에 'LET'S GO TO FRANCE TOGETHER(함께 가자, 프랑스에!)'란 플래카드를 내걸고, 일본에서는 도쿄 신오쿠보(新大久保)와 오사카 쓰루하시(鶴橋)에서 한국과 일본의 젊은이들이 어깨동무를 하고 '대-한민국' '일본, 짝짝짝'을 외치며 서로 상대국을 응원했다. 이러한 움직임 속에서 한일 우호 연대는 가속되었다. 그 후 일본에서는 '한류 붐'이 일어나고 한국 드라마나 K-POP 등을 즐기는 사람들이 늘어났다. 그리고 양국 간 상호 방문자는 연간 1000만 명을 넘게 되었다.

그러나 이러한 성과도 최근 양국의 정치적 문제로 붕괴되어 역사상 최악의 상황으로 치닫고 있다. 이런 상황을 우려한 나는 『評伝孫基禎』의 집필을 서둘렀다.

학술연구나 영상 기록물 등으로 입증되었음에도 불구하고 일본에는 '역사수정주의' 풍조가 확산되어 과거의 역사적 사실을 부정하려는 움직임이 가속되고 있다.

1910년 이래 일제 식민 지배하의 압정에서 어떤 일이 벌어졌는지를

'손기정'이라는 스포츠계 슈퍼스타가 직접 겪은, 인간의 존엄과 인격이 짓밟힌 '사실(事實)'을 기술함으로써 그 일단을 밝혀보고 싶었다.

혐한·반일 같은 사상이나 역사 인식 차이의 문제가 아닌 손기정 선생의 신변에 일어난 '사실(事實)'을 밝히고, 그 '사실(事實)'을 기록하고, 그 '사실(史實)'을 후세 사람들에게 전할 필요성을 느꼈다.

나아가 평창올림픽에서 이상화 선수와 고다이라 나오(小平奈緒) 선수가 보여준 우애 넘친 행동은 '손기정' 선생이 인생을 걸고 노력해 온 '스포츠를 통한 국제 상호이해와 우호연대'의 가능성을 여실히 보여주었다. 차갑게 얼어붙은 한일 관계를 풀어줄 하나의 유력한 수단으로서, 손기정 선생이 주장해 온 '스포츠'가 그 역할을 할 수 있을 것이라고 생각되어 이 책을 출판하게 되었다. 손기정 선생은 '스포츠'의 상대는 '적'이 아닌 자기를 더욱 발전시켜주는 '존경해야 할 동료'라고 여겼다. 여기에서부터 서로에 대한 이해와 신뢰가 시작된다고 주장했다.

손기정 선생은 '한(恨)'의 감정을 '지양'하고 양국의 스포츠 교류 촉진에 힘썼다. 손기정 선생이 "앞을 향해 걷자"고 말하며 실천한 수많은 행동으로부터 배워야 할 점은 무엇인가? 지금까지 행동해 온 손기정 선생의 말과 실천에 힘입어, 전향적이고 미래 지향적인 한일 관계를 쌓아가야 한다. 이처럼 그의 인생 기록을 살펴보는 것이 향후 한일 우호연대의 전망을 여는 하나의 실마리가 되지 않을까 생각한다.

말할 필요도 없는 일이지만 우리 일본인들은 식민 지배 아래서 겪은 한국인들의 참혹한 고통에 관심을 갖고, 손기정 선생이 앞을 향해, 한일 미래를 향해 나아가고자 했던 그 경지에 같이 서고 싶은 것이다.

2020년 7월

데라시마 젠이치(寺島善一)

한글판 『손기정 평전』 간행에 부쳐

2015년은 조국 광복 70주년과 한일 국교정상화 50주년이라고 하는 기념할 만한 해였습니다. 그리고 2019년에는 3·1운동이 일어난 지 100주년을 맞이했습니다. 2020년은 도쿄올림픽이 열리는 해입니다. 이런 의미 있는 시기에 아버지의 평전이 출판되고 한글판으로 번역·출간되어, 한일 간의 과거·현재·미래를 주시하는 것은 의의 깊은 것입니다.

아시는 바와 같이 아버지는 1912년에 현재는 북한인 평안북도 신의주에서 가난한 집 아들로 태어났습니다. 학교도 제대로 다니지 못하고 고통을 견디며 꿈을 좇아 자신의 능력을 살리며 달리기에 전념한 결과, 일장기를 달고 출전한 1936년 베를린올림픽에서 마침내 세계의 정상에 올라섰습니다.

저는 일본 전국의 초·중·고등학교로부터, 아버지의 기록을 토대로 한일 문제를 공부하고 싶다는 목소리를 듣고 있습니다.

그것은 공명(共鳴)의 시작입니다. "올림픽 남자 마라톤에서 한국과 일본은 한 번씩 금메달을 획득했습니다. 일본은 어느 대회입니까?"하고 물으면 대부분이 모르겠다고 대답합니다. 그래서 1936년 베를린올림픽과 1992년 바르셀로나올림픽의 마라톤 영상을 보여주고 나서 아버지가 달려온 길을 이야기합니다. 아이들에게, "영상과 같이 한국과 일본이 한 번씩 우승했지만, 일본인이 승리한 기록은 없습니다." "두 번 모두 한국인이 이뤄낸 우승입니다"라고 말하면 이해가 되지 않는다는 표정을 짓는 것이 현실입니다.

이번에 출판되는 이 책자는 '민족'이란, '평화'란, '국제우호'란 무엇인가 하는 것에 대해 각각 생각하는 교본이 될 것으로 믿습니다.

이 평전을 통해 다시 한 번 한일 간의 역사를 재인식하면서, 내년으로 1년 연기된 2020 도쿄올림픽대회가 올림픽헌장에 따라 스포츠를 통한 세계평화를 위해 한층 더 기여하고 성공할 것을 기원합니다.

2020년 7월

손정인

축사

다시 보는 손기정의 올림픽 정신

제35대 양정총동창회장 김현철
예방의학박사 · 성형외과전문의

손기정은 양정고보 5학년 재학 시절이던 1936년 베를린올림픽의 마라톤을 제패한, 대한민국의 스포츠 영웅이자 양정의 크나큰 자랑입니다. 저는 5만여 양정인을 대표하여 『손기정 평전』에 축하의 글을 쓰게 된 것을 영광스럽게 생각합니다.

저는 예전에 양정장학재단을 통해 받은 손기정 자서전 『나의 祖國 나의 마라톤』이라는 책을 읽은 적이 있는데, 이번에 받은 『손기정 평전』은 일본인이 쓴 것이라 해서 더욱 호기심을 가지고 읽었습니다. 본서의 저자는 일본인임에도 불구하고 민족적인 편견 없이 일본제국주의의 횡포와, 일본인의 차별에 당당히 맞서고자 했던 손기정의 저항과 좌절을 있는 그대로 기술하고 있어 거부감 없이 끝까지 흥미 있게 읽을 수 있었습니다.

저는 이 책을 통하여 손기정의 올림픽정신을 다시 한 번 확인할 수 있었습니다. 그는 열악한 환경과 일본인의 차별 속에서도 오로지 달리기에 혼신의 힘을 다 바쳐 세계 제일의 마라토너가 되었을 뿐 아니라, 본인이 당한 차별에 대하여 추호도 앙갚음하려 하지 않았던 위대한 정신의 소유자였습니다. 6·25전쟁 중이던 1951년 보스턴마라톤에서 우승한 일본 선수 다나카 시게키에게 진심어린 축하의 전보를 보냈던 일화, 그리고 마라톤을 통해 알게 된 수많은 일본 동료들과 평생을 유지했던 돈독한 우정이 이를 뒷받침합니다. 그리고 저는, '라이벌은 적이 아니라 자신을 더욱 발전시키는 귀중한 동료'라는 인식을 몸으로 실천한 손기정의 정신 또한 후배들이 반드시 본받아야 할 부분이라고 생각합니다.

최근 한일관계는 소원(疏遠)의 단계를 훨씬 지나 이제는 혐오(嫌惡)의 단계까지 가 있는 듯 합니다. 그런데 그 원인이 누구에게 있든 그 결과는 양측 모두에게 엄청난 손해입니다. 한국과 일본이 가장 가까운 이웃답게 서로를 존중하며 친하게 지낸다면 양국 국민들에게 지금보다 훨씬 더 많은 기회와 이익이 보장될 것이 명약관화(明若觀火)합니다. 2018년 평창 동계올림픽에서 보여준 이상화 선수와 고다이라 선수의 아름다운 우정은 많은 이들에게 감동을 선사했고, 한일 양국 국민들은 이들의 우정에서 언젠가는 한일 간의 관계가 다시 회복될 수 있을 것이라는 한 줌의 가능성을 보게 되었습니다. 몇몇 정치인들이 자신들의 목적을 달성하기 위해 국민들의 민족감정을 부추긴 결과로 양국 관계가 파탄의 지경까지 이르게 된 이때, 냉철한 이성과 따뜻한 감성으로 과거보다 미래를 향하여 나아가는 우리 모두가 되었으면 하는 마음 간절합니다.

저는 『손기정 평전』을 통해, 그리고 2020 도쿄올림픽을 계기로 잃어버린 한일 간의 우정을 되찾고, 올림픽정신을 회복하려는 저자 데라시마 젠이치 명예교수의 진지한 노력에 경의를 표합니다. 그리고 이 책이 한국과 일본의 많은 이들, 특히 젊은이들에게 전해지고 읽혀져서 양국 간의 관계개선에 초석이 되기를 기대해 봅니다.

감사합니다.

축사

대한민국 근대체육 100년의 최고봉 손기정

대한체육회장·국제올림픽위원회(IOC) 위원 이기흥

1936년 8월 9일, 암울했던 일제강점기 시절 한 줄기 빛과 같은 낭보가 한반도에 전해집니다. 바로 대한민국 최초의 올림픽 우승자이자 '마라톤 왕' 손기정 선생의 제11회 베를린올림픽 마라톤 제패 소식입니다. 손기정 선생의 우승은 나라를 잃은 우리의 설움을 씻어주었고 한민족이 강하게 연대할 수 있는 힘을 불어 넣었습니다.

이처럼 스포츠는 우리 민족사와 궤를 함께 해왔습니다. 환희와 통한이 교차하던 모든 순간에는 늘 스포츠가 있었으며, 우리 민족이 고난과 좌절을 딛고 자긍심을 고양하도록 돕는 것은 물론, 전 세계에 대한민국의 힘을 널리 알리는 데 큰 역할을 했습니다.

올해는 대한민국 근대체육 100주년을 맞는 해입니다. 뜻 깊은 이해에 스포츠를 통해 한민족의 긍지를 높인 손기정 선생의 찬란하고도 고단한 발자취를 담은 한글판 『손기정 평전』이 발간되었습니다. 참으로 기쁜 일입니다.

이제 대한민국은 명실상부한 스포츠 강국입니다. 1988년 서울 하계올림픽, 2018년 평창 동계올림픽 등 세계 최대의 스포츠 축제를 성공적으로 치러냈으며 대한민국 선수들은 세계적인 수준의 기량을 보유하고 있습니다. 나아가 스포츠는 이제 국민과 가장 가까운 곳에서 희로애락을 함께 하는 동반자로 자리매김하고 있습니다. 손기정 선생과 같은 선대 체육인들의 노력이 현재 대한민국의 위상을 세웠다고 해도 과언이 아닙니다.

독자 여러분께서는 열정과 투혼이 가득 담긴 손기정 선생의 일대기를 『손기정 평전』이라는 한 권의 책으로 생생하게 만나게 됩니다. 이 책은 비단 민족의 스포츠사를 넘어 이 시대를 살아가는 데 필요한 올림픽 정신을 전해줄 것입니다.

손기정 선생의 얼을 기리고 올림픽 정신의 가치를 널리 전파하기 위해 노고를 아끼지 않으신 원저자 데라시마 젠이치 교수에게 깊이 존경의 말씀을 드리며, 손기정 평전이 한국의 독자들을 만날 수 있도록 힘써 주신 도서출판 귀거래사 관계자와 역자께도 진심으로 감사드립니다.

이제 온 평생을 스포츠에 바친 진정한 챔피언 손기정 선생을 만날 시간입니다.

축사

평생을 '스포츠'와 '평화'로 일관한 손기정

국민체육진흥공단 이사장 조재기

아, 손기정 선생님!

손기정 선생님은 일제 강점기에 활약한 대한민국의 육상선수이시며 세계 체육의 영웅이십니다.

1936년 베를린올림픽 마라톤 경기에서 2시간 29분 19초 2로 올림픽 사상 처음으로 2시간 30분의 벽을 돌파하며 우승하셨습니다. 42.195㎞를 달리는 걸음마다 국권을 상실한 조국을 생각하는 애국심과, 인간의 한계를 극복하며 평화와 화합의 올림픽 정신을 실현하기 위한 죽음의 냄새가 배어 있는 도전정신을, 올림픽 메달리스트인 후학이 어렴풋이 알 것 같습니다.

손 선생님께서 타계하신 지 강산이 두 번 변하는 시간이 흘렀습니다. 선생님을 꿈에서라도 다시 뵙고 싶어 후손들과 후학들이 함께 선생님께서 서울올림픽 개회식 성화 주자로 달렸던 올림픽 메인스타디움에서 해마다 '손기정 평화마라톤대회'를 개최하고 있습니다. 2019년에는 '3·1운동 및 대한민국 임시정부수립 100주년 기념 손기정 평화마라톤대회'에 선생님을 사모하는 한국과 일본의 마라토너들이 잠실운동장을 가득 채울 정도로 참가해 성황을 이루었습니다.

그 대회에 일본의 마라토너들을 인솔하여 참가한 선생님의 오랜 친구이자 모교 메이지대학 교수이신 데라시마 젠이치 선생님이 출간하신 『評伝孫基禎』을 받고 감동, 감동이었습니다. 테라시마 교수님께 깊은 감사를 드립니다. 그리고 이번에 이 평전이 한글판 『손기정 평전』으로 출간되게 되었습니다. 직접 번역까지 해주신 도서출판 귀거래사 김연빈 대표님과 관계자 여러분께도 감사를 드립니다.

우리는 역사를 통해서 현재를 파악하고 미래를 예측하게 됩니다. 손 선생님은 나라를 잃은 어려움 속에서도 좌절하지 않고 스포츠를 통한 평화사상을 인류 최대의 축제인 올림픽 경기를 통해 기적처럼 보여주셨습니다. 우리는 1988년 서울올림픽의 성공적 개최로 동서화합의 기적을 낳았고, 2018년 평창 동계올림픽을 성황리에 개최하여 한반도 평화무드를 조성하는 또 하나의 기적을 이루었습니다.

기적은 기적을 만든다는 말이 있습니다. 올해 이웃나라 일본에서 개최될 예정이었던 2020 도쿄올림픽은 내년으로 1년 연기되었습니다. 선생님께서 평생을 두고 추구해 오신 '스포츠'와 '평화'의 정신이 배어 있는 선생님의 평전이 한일 양국에서 함께 출간된 것과, '평화의 제전'인 올림픽을 통해 한일 간의 스포츠 교류와 우호·친선 관계가 더욱 활발하고 돈독해지기를 바라며, 한일 양국의 마라토너들이 함께 참가하는 '손기정평화마라톤'도 함께 발전하기를 기원합니다.

손기정 선생님! 또 하나 큰 꿈이 있습니다. 선생님의 스포츠와 평화사상을 이어받아 2032년 서울·평양올림픽 유치와 성공으로 우리 민족의 소원인 통일을 위해 통일올림픽의 기적이 이루어지기를 삼가 기원 드립니다.

축사

망국의 한국인에게 자존심을 심어준 손기정

재일본대한체육회 회장 최상영(崔相英)

이번 『손기정 평전-스포츠는 국경을 넘어 마음을 이어준다』 한글판 출판을 진심으로 축하합니다.

손기정 선생은 암울했던 한국 현대사 20세기 전반의 한민족에게 가장 큰 희망을 준 '민족의 영웅'이었습니다. 1936년 8월 9일, 베를린 올림픽 마라톤에서 2시간 29분 19초 2의 올림픽 신기록으로 우승하고, 동료 남승룡도 동메달을 획득하는 쾌거를 거둬, 망국의 고통을 겪고 있는 한국인에게 자존심을 심어주었습니다.

또 선생은 마라톤에서 처음으로 2시간 30분의 벽을 깬 세계적 영웅으로, 한국 선수들의 정신적 지주로서 국민의 사랑과 존경을 한 몸에 받아왔습니다.

그 후 지도자로서 1947년에 서윤복이 보스턴마라톤을 제패하고, 1950년에 함기용·송길윤·최윤칠이 보스턴마라톤대회를 석권했을 때의 대표팀 감독을 비롯하여, 대한체육회 부회장(1948년), 대한육상연맹 회장(1963년), 방콕아시아경기대회 한국선수단 단장(1966년), 대한올림픽위원회(KOC) 상임위원(1979년) 등을 역임하며, 오랜 기간에 걸쳐 한국 스포츠 발전에 공헌하셨습니다.

그리고 1988년 모국에서 개최된 서울올림픽 개회식에서 성화주자를 맡아 세계인에게 커다란 감동을 주었던 모습은 지금도 잊을 수 없습니다.

이 책이 2020 도쿄올림픽을 앞두고 있으면서도 한일 관계가 전후 최악의 상태에 놓인 금년에 한글로 번역되고 출판되는 것은 매우 의미가 깊다고 생각합니다.

손기정 선생의 빛나는 공적이 이 책을 통해 다시 한 번 되새겨지기를 바랍니다.

축사

누가 영웅의 명예를 훼손하는가

언론인·대한체육회 고문 이태영

사람들은 누구나 최초, 최고의 기록을 주목한다. 올림픽이 그러했고 극지탐험 또한 누가 먼저, 어떻게 오르느냐의 기록싸움이다. 그런 의미에서 올림픽 도전기록은 그만큼 가치 있는 것이다.

여기에 더하여 민족혼을 일깨운 영웅의 전설(傳說)이라면 더 말해 무엇 하랴. 그 누구도 부정할 수 없는 최초, 최고의 승리자. 바로 베를린올림픽 마라톤의 찬란한 위업을 이룩한 손기정 선수다.

혹자는 그를 가리켜 비운(悲運)의 스타라고 부른다. 나라를 잃은 식민 지배 하의 승자, 그래서 그의 가슴엔 태극기가 아닌 일장기가 붙어 있었다. 세월이 흐른 지금도 베를린 스타디움에 새겨져 있는 기록엔 KOREA가 아닌 JAPAN으로 표기되어 있다. 가슴 아픈 일이지만 누구도 이를 부정할 수는 없다.

훗날 국내 메이저신문인 동아일보 등이 바로 그 일장기를 지워 발행했다가 무기정간 처분을 받았고 친일연설을 강요받았던 손기정은 만주 땅으로 일시 피신하는 등 고난을 겪기도 했지만 스포츠의 규칙을 피해갈 수는 없었다. 바로 이 비극이 민족정신의 역설을 만든 것 또한 부정할 수 없는 사실이다.

세월이 흘러 그 위업(偉業)은 식민역사와 함께 잊힐 수 없는 굴기(屈起)의 기록으로, 또한 현해탄을 뛰어 넘는, 생명의 동맥(動脈)으로, 또는 올림픽 정신을 이어받는 전설로 면면히 이어지고 있음을 믿고 싶다.

손기정 선생과 함께 했던 반세기의 세월, 일화 몇 장면을 소개하면-

1961년 로잔 IOC에서 열린 남북단일팀 구성을 위한 남북회담에서 손 선생은 "우리 민족이 일제 압박 속에서도 생명처럼 지켜왔던 태극기와 애국가를 왜 포기해야 하는가"라고 통탄한 바 있으며, 1993년 산악전문인들과 함께 백두산 등반을 마치고 내려오면서 고향 신의주를 피해가는 또 다른 비극 앞에 눈물을 흘려야 했던 사연을 전하기도 했다. 그런가하면 1991년 일본 삿포로에서 있었던 동계유니버시아드 대회를 참관하던 중 북한선수단 임원이었던 고향의 벗 고봉오(전 조선일보 체육기자)의 딸을 부둥켜안고 위로하고 격려하던 인간적인 모습의 기억이 지워지지 않는다.

세인들은 흔히 선지자나 선구자의 발자취를 살피면서 영광의 뒤안길 고난의 시절과 쓸쓸히 사라져가는 영웅의 뒷모습을 간과하곤 한다. 그런 의미에서 한 때나마 민족주의를 표방하는 친일프레임 논란 속에 우리의 영웅(英雄) 표상(表象)에 상처를 남긴 적은 없었는지, 모두가 반성해 볼 일이다.

축사

나의 영웅, 세계의 영웅

고려대학교 명예교수·사회과학원 이사장 지청(池淸)

내가 평소 가깝게 지내던 제자 두 분으로부터 『손기정 평전』에 대한 추천사를 부탁받고 흔쾌히 즉석에서 수락하지 않은 데에는 몇 가지 이유가 있다. 우선 나는 손기정 선생님과 개인적으로 평소 잘 알고 지내던 사이도 아니고 더구나 그 분을 한 번도 만난 일이 없다. 나보다 28년 선배인 손 선생님을 나는 국민학교 교과서에서 뵌 것이 전부이다. 그것도 베를린올림픽 마라톤 금메달을 목에 걸고 밝지 않은 시무룩한 표정으로 시상식에서 받은 월계수로 가슴에 부착된 일장기를 감춘 채 고개를 떨구고 있는 모습이다. 둘째로 선생님은 한국, 일본뿐만 아니라 전 세계적으로 추앙받는 분이신데, 국민학교 시절 '국민보건체조' 이외에 운동이란 어느 것도 제대로 해 본 일이 없는 내가 감히 어떻게 이 분의 평전에 추천사를 쓸 수 있을까 생각했기 때문이다. 이런 생각을 가지고 있던 나는 두 분 제자를 만나고 나서 완전히 바뀌었다.

손기정 선생님은 나의 '영원한 영웅'이다. 나뿐만 아니라 전 세계인의 영웅이다. 나는 손 선생님이 생전에 쓰신 자서전과 이 평전을 읽으면서 세상에 영웅호걸이 많이 있지만 선생님의 유년시절이 나와 마찬가지로 아주 어려웠다는 점에서 나와 같은 공통점을 갖고 있다는 점을 발견하고 놀랐다. 선생님께서는 신의주 압록강변에서 어린 시절을 보내셨다. 어디든 '뛰는 것 이외에는 할 것이 없는' 극심한 가난 속에서

14살부터 낮에는 학교로, 방과 후에는 참외·옥수수·군밤·각설탕·면장갑·털목도리를 들고 다니시며 행상 보따리 장사를 했고, 16살 때에는 일본에서 점원, 음식배달을 하면서 어린 시절을 보내셨다. 나도 14살 나이에 아버지를 여의고 낮에는 직장에서 사환 노릇을 하면서 시간에 맞추어 '종치는 소년'으로 뛰어다니며 갖은 심부름을 했고, 밤에는 야간고등하교를 다니며 주경야독(晝耕夜讀)을 했고, 대학 시절에는 하루에도 몇 군데를 다니는 가정교사를 해야 했다. 이런 어려운 가정 환경 속에서 손 선생님은 불굴의 의지로 세계인의 영웅이 되셨고, 나는 내가 꿈꾸던 모교의 대학교수가 되었다.

나를 더욱 놀라게 한 것은 선생님과 내가 고려대학교라는 한 울타리 안에서 더욱 성장할 수 있었다는 사실이다. 선생님은 고려대학교의 전신인 보성전문학교 상과(지금의 경영학과)에 입학하셨고 훗날 고대 경영학과 명예졸업장을 받으셨으니, 나의 직속 학과 선배이시다. 보전 유니폼을 입고 제4회 학생육상대회(1937년)에 출전하여 1500m와 5000m에서 우승을 차지하기도 했다. 선생님은 보전 입학축하모임에 참석했다는 이유로 친구들과 함께 큰 곤욕을 치르시기도 했으며, 우리 민족의 영웅이 되는 것을 막으려는 일제의 철저한 괴롭힘과 감시통제에 못 견뎌 '다시는 운동을 하지 않겠다'는 각서를 쓰고 보전을 자퇴하고 일본의 메이지대학에 유학하셨다. 아직 확인되지 않은 정보이지만, 선생님은 한 때 고려대학교 체육교육학과 특임교수로 임명되었다니 내게는 고려대학교 교수로서도 대선배이시다. 나는 젊은 교수 시절 몇 년간 짧게 체육행정을 맡아 본 일이 있지만, 선생님은 보스턴마라톤을 석권한 함기용·송길윤·최윤칠 삼총사를 길러 내셨을 뿐 아니라 대한육상연맹 회장을 역임하시고 우리나라 체육 지도자로서도 평생을 바치신 거목이셨으며, 그 공로로 '국민훈장 모란장'을 받으셨다.

감히 선생님과 나와의 아주 엷은 관계를 엮어보려 했지만, 선생님의 크신 족적은 나의 것과 비교의 대상이 아니다. 선생님은 대양의 큰 고래이시고, 나는 아주 작은 '우물 속의 개구리'에 지나지 않는다. 손기정 선생님의 일대기를 전공자로서 연구한 일본 메이지대학의 데라시마 젠이치 명예교수가 저술하고, 도서출판 귀거래사의 김연빈 대표가 유려한 문체로 번역한 『손기정 평전』이 출판된다. 개구리는 밤에 비가 내리거나 즐거울 때면 운다고 한다. '개굴, 개굴, 개구리…' 책 읽기를 즐겨하시는 여러분들의 일독을 강력히 추천한다. 그리고 선생님의 불굴의 투지와 성실함을 배우고 '한(恨)의 감정'을 억누르면서, 앞만 바라보며 계속 뛰어나가신 미래지향적인 선생님의 '삶의 목표'를 곰곰이 되새겨보자.

2020년 3월 1일 이른 아침

목차

머리말

도쿄올림픽-패럴림픽이 2020년에 개최된다. 올림픽은 말할 필요도 없이 '스포츠에 의한 청년의 교육이며, 상호이해와 우호연대를 촉진하는 평화운동'이다.

세계 올림픽 운동 총괄 조직인 IOC(국제올림픽위원회)는 피에르 드 쿠베르탱(Pierre de Coubertin) 남작이 제창한 이 이념에 뜻을 같이한 전 세계의 스포츠 단체·선수들의 집합체이다. 올림픽헌장에 서술되는 올림피즘(Olympism 올림픽 이념)을 확신하고, 행동하는 사람들의 운동체이기도 하다. IOC에 가맹하는 나라는 어느 나라나 이 헌장을 존중하고 준수하는 것이 의무화되어 있다.

그렇지만 올림픽은 이 이념을 일탈하여 국위 선양과 메달 획득 경쟁의 장으로 변모하고 말았다. 더구나 상업자본을 추종하면서 미디어, 특히 텔레비전 방영권료를 손에 쥔 방송산업과 스폰서 기업의 개입을 허용하여, 선수가 주체인 올림픽은 없어지고 거액의 이익을 창출하기 위한 화려한 제전이 되고 말았다.

올림픽은 올림피즘을 추구하는 '운동'으로, 단순한 스포츠의 종합적 세계대회가 아니며 거액의 부를 낳는 이벤트도 아닐 것이다.

한편 오늘의 한일 관계는 완전히 냉각되어 있다. 1910년에 시작된 식민 지배 아래서 일본이 어떠한 정책을 취했고, 조선인들에게 어떠한 고난을 강요했는가 하는 역사인식에 대해 '역사수정주의'[1]라 불리는 조류가 민족의 존엄을 상하게 하고 역사에 역행하는 사태를 불러일으키고 있기 때문이다.

많은 조선인 여성을 위안부로 전쟁터에 내보내고, 강제징용자가 혹독한 노동에 내몰린 역사적 사실은 지워버릴 수가 없다. 그리고 손기정은 일제의 식민 지배 아래서 1936년 베를린올림픽 마라톤 경기에 일본 대표선수로 출전하지 않을 수 없었다. 우승에 이르는 과정과 금메달에 빛난 그 후에 다양한 차별과 박해, 탄압이 가해졌다. 제국주의 일본의 식민 지배에서 인간으로서의 존엄을 해치는 수많은 사건이 얼마나 고통을 가져다주었을까 하는 것은 의심의 여지도 없다.

사실을 왜곡하거나 은폐하는 역사수정주의에 대해 우리들은 역사의 사실을 똑바로 직시하고, 거기에 존재하는 문제를 인식하지 않으면 안 된다.

1985년 독일의 바이츠제커(Richard von Weizsäcker) 대통령(당시)은 제2차 세계대전 종전 40주년 연설에서 이렇게 말했다.

"과거에 눈을 감는 자는 결국 현재에도 눈을 감게 된다. 비인간적 행위를 기억하려고 하지 않는 자는 다시 (비인간적 행위에) 오염될 위험에 빠지기 쉽다."

나치 독일이 저지른 죄를 솔직하게 인정하고 사죄한 이 연설은 깊은 감명을 주었고, 새로운 유럽사회가 이것을 받아들였다. 연설의 마지막 문장에서는 "젊은이들에게 부탁하고 싶다. 다른 사람에 대한 적의나 증오에 휘둘려서는 안 된다. 대립이 아니라 서로 손을 마주잡고 살아가는 것을 배워주기 바란다. 평화를 위해 힘을 다하자"고 호소했다.

손기정은 그가 체험한 고난이 컸음에도 1945년 식민지에서 해방·독립된 후에는 일본인에게 어떤 원한도 갖지 않고, 스포츠를 통한 한일 교류에 전력을 쏟아 왔다. 그리고 스포츠로 상호이해를 촉진시키는 손기정의 활동은 2002년 월드컵 축구 한일 공동 개최로 결실을 맺었다. 손기정의 이러한 일련의 사상과 행동은 한국인으로서의 '한'의 감정을 지양한 것이지만, 단순히 거기에 그치지만은 않는다.

"올림픽은 다섯 개의 고리로 상징되는 것처럼 세계 오대륙의 우호연대를 촉진하는 것이다. 그러나 유감스럽게도 아직 아프리카 대륙에서는 개최되지 않았다. 올림픽 경기 수입 등으로 조성된 자금을 바탕으로 해서, '아프리카 대륙' 어딘가에서 올림픽을 개최하도록 원조하자"[2] 고 시야를 크게 아시아, 세계로 넓혀 왔다.

쿠베르탱 남작이 제창한 올림피즘(Olympism)이란 무엇인가? 그것을 한일 관계에 어떻게 투영시킬 수 있을 것인가? 손기정의 생애를 살펴봄으로써 2020 도쿄올림픽의 이념을 구축해 나갈 것을 간절히 바라는 바이다.

---

1 역사수정주의란, 역사학에 의해 객관적으로 추정한 사실을 무시하고, 과거의 사건을 입맛에 맞춰 해석한다거나, 왜곡 또는 날조하여, 그것이 역사라고 주장하는 사고방식이나 입장. 나치에 의한 홀로코스트(유태인 대학살)의 부정이나, 중일전쟁 때 난징사건이 존재하지 않았다고 하는 주장이 여기에 해당한다. 한일 관계에서는, 위안부나 강제징용에 대한 역사적 사실을 부정하고, 일본의 책임을 애매하게 해서 한국과 북한 사이에 마찰과 대립을 가져오고 있다.

2 'Olympic Solidarity'라 불리는 것으로, 스포츠 문화의 '남북관계'를 직시하고, 발전도상인 '남반구' 국가들이 스포츠 문화를 누릴 수 있도록 '북반구' 국가들이 원조의 손을 내밀자는 운동이다. 내용은 체육·스포츠 시설의 건설, 지도자 양성, 충실한 학교체육을 위한 환경 정비 등 다양하다.

프롤로그

올림픽 정신과 손기정

| 경기장으로 들어가는 석조 아치(올림피아 유적)

2018년 2월 18일, 평창올림픽 스피드 스케이팅 경기 여자 500m. 고다이라 나오는 자기 레이스에서 세운 올림픽 기록으로 열광하는 관중석을 향해 손가락을 입에 대고, 다음 차례인 이상화의 스타트를 위해 조용히 해 달라는 사인을 보냈다.

기대를 받았던 이상화는 고다이라의 기록에 미치지 못해 올림픽 3연패를 놓쳤다. 이상화의 눈에서 눈물이 넘쳐흘렀다. 그러나 그녀의 건투에 열광한 관중석에서 '이-상-화'를 연호하는 소리가 물 끓듯 일어났다. 이상화는 태극기를 들고 링크를 돌기 시작했다. 그때 고다이라가 이상화에게 달려가서 "잘했어, 지금도 존경하고 있어"하고 말을 걸었다. 이상화는 "네가 자랑스럽다"고 대답했다. 이상화는 고다이라에 기대선 채 울었다.

두 사람은 좋은 라이벌 관계로 계속 자웅을 겨뤄 왔다. 라이벌이란 '적'을 말하는 것이 아니다. 자신을 고양시켜주는 '존경해마지 않는 친구'를 말한다. 올림픽이 승리지상주의에 빠져 국위 선양의 장으로 전락하고 있는 가운데, 고다이라 나오와 이상화가 평창 링크에서 보여준 이 행위는 진정한 의미에서의 '올림픽 정신'을 실감하게 하는 것이었다. 스포츠를 통해 국제 상호이해와 우호연대를 촉진한다는 올림피즘 궁극의 모습이 구현되었던 것이다.

펜실베이니아 주교와 쿠베르탱 남작

올림픽이 처음 개최된 1896년 이래 올림픽에서는 종종 영국과 미국 간에 승리를 추구하기 위한 노골적인 다툼이 있었다. 1908년 런던올림픽 때 펜실베이니아 주교 에텔버트 탈보트(Ethelbert Talbot)는 세인트폴 사원 일요 예배에서 영미 간 대립을 걱정하고, 나중에 올림픽 운동의 키워드가 되는 함축성 있는 설교를 했다.

7월 24일 폐회식 후에 열린 만찬 석상에서 쿠베르탱은 그 펜실베이니아 주교의 설교를 인용해서 다음과 같이 연설했다.

"펜실베이니아 주교가 말씀하신 것은 참으로 지당하다. 올림픽에서 중요한 것은 이기는 것이 아니라 참가하는 것이다. 인생에서 중요한 것은 성공하는 것이 아니라 노력하는 것이다. 가장 중요한 것은 상대를 정복하는 것이 아니라 당당히 싸우는 것이다. 이와 같은 가르침을 널리 확산시킴으로써 한층 강건하고 더욱 신중하며 더욱 관대한 인간을 만들어낼 수 있다."

이 말은 나중에 올림피즘의 원점이라고 불리게 되었다. 지금은 전반부만이 올림픽 정신으로 소개되고 있지만 중요한 것은 후반부로, "인생에서 중요한 것은 성공하는 것이 아니라 노력하는 것이다. 가장 중요한 것은 상대를 정복하는 것이 아니라 당당히 싸우는 것이다"라고 하는 말이다.

앤트워프올림픽 육상 1500m 은메달리스트로서 세계 군축운동에 매진해 1959년 노벨평화상을 수상한 영국의 필립 노엘베이커 경(Baron Philip Noel-Baker, 1889~1982)은, "나는 오랫동안 정계에서 활동해 왔다. 정치적 약속은 하룻밤 사이에 휴지가 되어버리기도 했다.

그러나 스포츠 세계에서 쌓아온 우정과 신뢰는 무너진 적이 없다. 핵이 창궐하는 이 시대에 스포츠는 인류 최대의 희망이다"라고 말했다.

또 노엘베이커는 생전, 그와 함께 영국의 올림픽 운동을 지원해 온 영국올림픽아카데미 회장 도날드 안토니 박사(Dr. Donald W.J. Antony MBE)에게 "나는 긴 인생에서 스포츠와 평화에 대해 몇 번씩이나 같은 말을 반복해 왔을 뿐이다"라고 말하기도 했다. 이렇듯 동서양을 막론하고 스포츠와 관련된 진리는 인류 보편적인 것이다.

나는 여기에 소개한 이러한 말과 평창올림픽에서 본 고다이라와 이상화의 모습에 올림픽의 진수(Olympism)가 있다고 생각한다.

그리고 일제 식민 지배 아래서 태어나 '히노마루'(일본 국기인 일장기를 말한다. 원문에서는 '히노마루'와 '일장기'가 혼용되고 있으나 이후로는 '일장기'로 통일해서 사용한다. 역주)를 가슴에 달고 시상대에 선 금메달리스트 손기정의 모습을 상기하지 않을 수 없다.

손기정과 올림피즘

일제 통치하[3]에서 마라톤 선수로 베를린올림픽에 출전한 손기정의 수많은 체험은 올림픽 후의 그의 인생을 결정지었다. 육군 소속 승마 선수가 자행한 인종차별을 규탄하고 손기정을 감쌌던 오시마 겐키치(大島鎌吉). 자신의 승리에 연연하지 않고 손기정에게 친절한 조언을 한 영국인 선수 어니스트 하퍼(Ernest Harper). 인종차별의 고통을 공유한 제시 오웬스(Jesse Owens). 이러한 사람들과의 만남과 사건들은 손기정으로 하여금 스포츠와 평화, 빼앗긴 조국과 민족(인종)차별에 대해 깊은 생각을 하게 했음이 분명하다.

육상 100m, 200m, 멀리뛰기, 400m 계주를 제패한 미국의 흑인 선수 제시 오웬스와 올림픽의 꽃인 마라톤에서 우승한 조선인 마라토너 손기정. 두 사람은 아리아인의 우위를 선전하기 위해 히틀러가 기획한 베를린올림픽의 의도를 멋지게 깨뜨렸다.

손기정은 이 오웬스와 일생 동안 서로 우정을 나누며 교류를 지속했다. "지금 우리들은 화려한 올림픽에서 우승했다고 매스컴의 칭송을 받고 있지만, 이것은 일과성일 뿐이고, 모국에 돌아가면 또다시 쓰라린 차별이 기다리고 있다. 서로 차별에 굴하지 말고 힘을 내자"고 굳게 다짐했다고 한다. 차별에 지지 않고, 오로지 자기 자신을 갈고 닦은 동지였기 때문에 생긴 유대감이고 신뢰감이었다.

또 손기정은 1945년 식민 지배에서 해방된 후에도 오시마 겐키치뿐만 아니라 베를린올림픽에 함께 참가했던 일본인 육상선수 다지마 나오토(田島直人), 무라코소 고헤이(村社講平) 등과 교류를 계속했으며, 그 우정은 생애에 걸쳐 이어졌다. 스포츠로 쌓아올린 우정은 국경을 넘어 언제까지나 변하지 않는다는 점을 서로 확신하고 있었던 것이다.

손기정도 노엘베이커도 자신의 스포츠 인생을 돌아보면 최종적으로는 같은 경지에 서 있었을 것이다. 손기정은 고매한 강연이 아닌 어눌한 대화 속에서, 노엘베이커는 세계 정치의 본무대인 유엔과 IOC 총회, 유네스코 연설에서 '스포츠'와 '올림픽'의 본질을 정확하게 지적했다.

손기정은 그 긴 인생 속에서 배양된 올림피즘으로 이어지는 스포츠맨십이란 무엇인가, 사회에서의 스포츠의 가치란 무엇인가를 줄곧 생각해 왔다. 궁극적으로 그것은 '스포츠인 상호의 존경, 신뢰, 우정'에 있다고 확신했다. 승리지상주의가 만연한 스포츠 세계에서 스스로 올림픽 우승이라는 정점을 찍은 손기정은 "스포츠의 의의는 그 경기에서 정점에 서는 것이 아니라 우정·신뢰, 상호 존중에 있다"라고 말한다. 그 말은 의미심장하다.

확실히 손기정은 펜실베이니아 주교와 쿠베르탱 남작이 한 연설의 본질을 이해하고 그 이념을 꿋꿋하게 지키며 살았던 것이다.

---

3 1910년의 한국 병합으로부터 1945년의 일본 패전까지 36년간 일본은 한반도를 식민 지배했다. 조선총독부에 의한 통치 아래, 조선인들에게 자치는 허용되지 않고 헌법도 없었다. 교육과 관리 임용 등에서 차별을 받고, 언론과 사상의 자유, 집회와 결사의 자유도 박탈되었다. 황민화 교육과 창씨개명이 추진되었다. 강압적인 정치에 대해 자연히 민족자결의 기운이 높아져 1919년 3·1 독립운동이 일어났다. 1940년 제2차 세계대전에 돌입하자 노동력을 보충하기 위한 강제징용과 위안부 징용이 행해져 아직 해결되지 않은 문제로 남아 있다.

1945년 일본의 무조건 항복과 함께 식민 지배는 끝났지만, 일본군이 철수하자 남쪽에는 미군, 북쪽에는 소련군이 진주했다. 그 분단이 고착화되어 1948년에 대한민국과 조선민주주의인민공화국이라는 두 개의 분단국가로서 독립했다. 1912년에 태어난 손기정은 이런 시대에 살면서 경기에도 일본인 선수로 출전하지 않을 수 없게 되었다.

제1부

손기정이 달려온 길

| 50년의 세월이 지나서야 받은 마라톤 우승 투구를 쓰고 웃는 얼굴로 화답하는 손기정

1. 성장 과정

압록강변 달리기

| 보통학교 시절의 손기정

손기정은 1912년 8월 29일 한반도 북쪽, 압록강에 인접한 평안북도 신의주 남민포동(南敏浦洞)에서 부친 손인석(孫仁錫)과 모친 김복녀(金福女) 사이에 막내로 태어났다. 3남 1녀의 가정으로 잡화상을 했지만 생활은 매우 가난했다. 겨울이 되면 얼어붙는 압록강은 어린이들의 스케이트장이 되었다. 그러나 손기정의 집에는 스케이트화를 살 만한 경제적 여유가 없었다. 손기정은 스케이트를 즐기는 친구들을 아랑곳하지 않고 허전한 마음을 달래면서 자기가 좋아하는 강변 달리기에 힘을 쏟았다.

손기정은 자서전에 이렇게 기술하고 있다. "가진 것이 없어 운동을 하려 해도 별로 할 것이 없었다. 달리기, 오직 달리기만이 어떤 장애도, 비용도 들지 않는 멋진 운동이었다. 그래서 내가 택한 운동이 바로 '달리기'였다."

게다가 약죽(若竹)보통학교(지금의 초등학교. 역주)까지 가는 2㎞가량의 자갈밭 길은 안성맞춤의 연습 코스였다. 달리기에 열중한 나머지

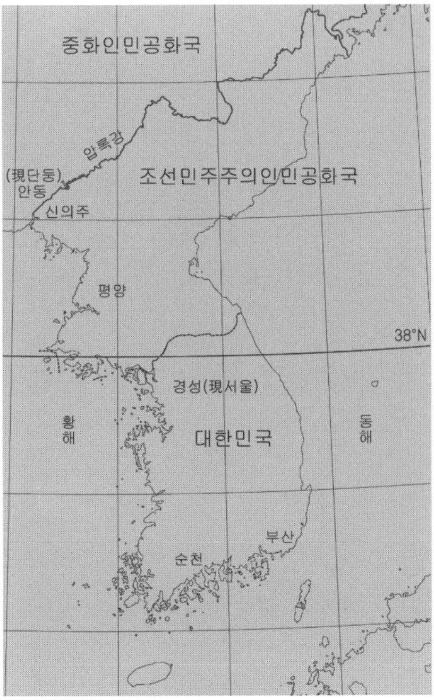

| 손기정은 압록강변 신의주에서, 남승룡은 남해안 순천에서 세계 제패의 꿈을 키웠다.

손기정의 신발이 몇 켤레나 닳아 떨어져 어머니를 곤란하게 했다. 달리기를 그만두지 않는 손기정에게, 어머니는 마침내 싼 여자용 신발을 사주었다. 이것이라면 잘 벗겨져서 달리지 못할 것이라는 계산에서였다. 손기정은 이 여자용 신발에 새끼줄을 감아 벗겨지지 않게 하고 달렸다. 발이 새끼줄에 쓸려서 피가 맺혀도 달리기를 멈추지 않았다.

보통학교 수업료 50전을 낼 수 없었던 손기정은 학교생활 중 틈틈이 장사를 해서 학비를 벌어 가계를 도와야 했다. 그런 가정의 경제 사정으로는 보통학교를 다니는 것도 여의치 않아 열여섯 살이 되어서야 졸업을 했다. 졸업 후에도 가계를 돕기 위해 여러 가지 일을 했다.

어느 날 손기정은 어머니에게 불려가 그 앞에 앉았다. 거기에는 달릴 때 신는 '다비'(바닥에 고무를 붙인 것)가 있었다. 어머니는 힘든 가계 속에서도 손기정을 위해 적지 않은 돈을 들여 달리기용 신발을 사주었다. 달리기에 열중인 손기정에게 주는 어머니의 마음을 담은 선물이었다. "기정아, 그렇게 달리기가 좋으면 하려무나. 기왕 나섰으면 어떤 고통도 참고 이겨내야 한다." 어머니의 이 말에 가슴이 미어져 그 깊은 자애를 느낀 손기정은 '어머니의 이 은혜는 결코 잊지 않겠다, 훌륭한 선수가 되어서 부모에게 효도를 하겠다'고 마음으로 다짐을 했다. 이렇게 어머니의 애정을 깨달은 손기정은 달리기를 더욱 연마하게 된다. 하루는 지역에서 열린 대회에서 우승해 쌀을 받아 돌아가자, 훔쳐 온 것이 아닌가 하고 가족들이 놀라는 일도 있었다. 그리고 6학년이 되자 신의주 대표선수로 선발되기에 이르렀다.

6학년은 상급학교 진학을 생각할 때다. 손기정은 달리기 능력을 인정받아 신의주상업학교로부터 입학 권유를 받았다. 그러나 손기정의 집안 사정은 진학을 감당할 여유가 있을 리 없어 천재일우의 기회를 놓치게 된다. 졸업 후에 취직한 곳은 '압강(鴨江)인쇄소'였는데, 사장이 장대높이뛰기 선수 출신이어서 스포츠에 대해 이해가 깊었다. 손기정이 일하는 인쇄소 앞을 지나 동급생들이 즐겁게 학교에 다니는 모습을 볼 때마다 절로 눈물이 솟구쳤다고 자서전에 쓰고 있다.

일본에서 겪은 점원 생활

1928년 8월 손기정의 인생은 확 변한다. "일본에 가면 공부도 할 수 있고 운동도 할 수 있다"는 이일성(李一成) 선생의 권유로 일본에 가게 되었다. 일을 하면서 연습을 할 수 있다는 것이었다. 그 말은 진학을 하지 못하고 의기소침해 있던 손기정의 마음에 거센 불길을 댕겼다. 조선 북단 신의주에서 평양-경성(현 서울)-부산-시모노세키(下関)를 거쳐 부푼 가슴을 안고 찾아간 신슈(信州. 나가노현[長野県]의 별칭. 역주) 스와(諏訪)에서 일하게 되었다.

주인 고마쓰 로쿠야(小松六也)는 처음에는 역전에서 누노로쿠라는 이름의 포목점(布六呉服店)을 했으나 그 장사가 잘 되지 않아 음식점으로 업종을 바꾸었다. 포목점 시절에는 연습시간을 확보할 수 있었는데 음식점으로 바뀌자 배달하는 일이 야간까지 이어지면서 힘들어져 연습을 할 형편이 아니었다.

| 왼쪽, 16세 소년 손기정이 스와시로 간 루트(信濃每日新聞 제공)
| 가운데, 1928년 당시의 가미스와(上諏訪) 번화가. 상점이 늘어서 있고 보도도 정비되어 있다(諏訪市博物館 제공)
| 오른쪽, 신슈 가미스와에서 친구 계광순(桂光淳) 군과 함께

희망에 벅차 일본에 왔지만 혹독한 현실 속에서 손기정의 마음은 위축되었다. 그래도 손기정은 주변에서 함께 일하는 젊은 점원들과 사이가 좋아져 그들의 도움으로 달리기 연습을 계속했다.[1] 일하기 전에 연습을 하기 위해 아침 일찍 일어나야 한다. 그래서 손기정은 궁리를 했다. 발에 끈을 묶어서 집 밖에 늘어뜨려 놓고 이른 아침 집 앞을 지나가는 친구들이 당기게 해서 눈을 뜬다는 것이다. 하루는 창문 아래에서 소변을 보던 취객이 이 끈을 끌어당겨 한밤중에 벌떡 일어났다는 웃지 못 할 이야기도 있었다.

그러던 중 노동 조건과 임금, 야간학교 통학 허가 등의 계약이 이일성 선생에게 들었던 것과는 너무 달라 실망 속에 귀향하게 된다. 손기정은 자서전에서 이렇게 회고하고 있다. "고된 하루하루의 생활에 지쳐 운동이고 공부고 제대로 되는 게 없었다. 우동 그릇을 들고 뛰어다니는 꼴과 일본 땅을 처음 밟으며 머릿속에 그려보던 대선수의 꿈과는 너무도 거리가 먼 것이었다. 피곤하고 우울한 나날이었다."

그러나 손기정은 스포츠가 주위 사람들을 격려하고 용기를 준다는 것을 이 스와로 가는 길에 깨닫고 있었다. 나고야(名古屋)에서 시오지리(塩尻)까지 가는 기차에 여름 고시엔(甲子園) 야구대회에서 우승한 마쓰모토상고(松本商. 현 松商学園고등학교) 야구부와 함께 탔을 때의 일이다. 선수들이 탄 기차가 나가노현에 들어서자 어느 역 플랫폼이나 사람들이 넘쳐 선수를 대환영하고 있는 모습을 목격했다. 이때 손기정은, "스포츠에서 잘 하면 주위 사람들을 활기차게 하고 용기를 줄 수 있다"는 것을 배웠다. 이 광경을 바라보면서 문득 머릿속으로 육상선수로 대성한 먼 장래의 자기 모습을 그리고 있었던 것이다.

| 고향 신의주의 압록강에 부설된 대철교. "선만일여(鮮滿一如)"의 간선도로로 1909년~1911년에 걸쳐 건설되었다.

1929년 1월 귀국 후에는 고향 신의주에서 곡물 위탁판매를 하는 동익상회(나중에 동익공사. 주인 공정규 씨는 한국 최초의 안과의사이자 한글 기계화운동에 헌신한 공병우 박사[1906~1995]의 선친이다. 역주)에 취

직했다. 여기에서 주간에는 일하고 밤에 연습하는 하루하루를 보내게 되었다. 이러한 생활 속에서 손기정은 장거리 달리기 실력을 서서히 키워서 향리 평안북도 대표선수로도 선발되게 되었다. 19세 때인 1931년 11월에는 조선신궁(朝鮮神宮)대회 5000m에 참가하여 2위(16분 18초 5)를 했다. 이어서 1932년 3월에는 동아일보사가 주최하는 경영(경성-영등포)마라톤에 참가하여 2위를 했다. 마라톤 선수로서의 발판이 착실히 형성되어 갔다.

같은 해 9월 4일, 전 조선 대항 육상선수권 5000m에서 우승(16분 22초).

9월 23일, 전 조선 중학교 육상선수권 1500m에서 우승(4분 28초).

8마일 마라톤 2위.

10월 16일 조선신궁대회 10000m 2위, 5000m 3위를 차지하면서 마라톤에 필요한 지구력과 스피드를 몸에 익혀 갔다.

2. 마라토너를 향한 길

육상 명문 양정고보

손기정은 자기 자신에게 장거리 달리기 선수의 자질이 있는 것을 알고, 자신의 능력을 발휘해 보려고 상급학교 진학을 희망하였으나 가정 사정을 감안하면 그것은 매우 어려운 일이었다. 손기정의 소질을 발견한 양정고보 육상 감독 서웅성(徐雄成) 선생은 주장 유해붕(柳海鵬)을 신의주에 파견해서 입학을 권유하였고 손기정은 이에 응했다.

그러나 여기에서 어려운 문제가 생겼다. 손기정은 가난 때문에 통학도 제대로 할 수 없어 보통학교 졸업이 늦어졌기 때문에 양정고보가 규정한 입학 연령을 넘었던 것이다. 여러 사람이 이 문제에 대응하여 겨우 입학허가가 떨어졌다. 가난과 입학 연령 등 여러 곤란한 사정을 극복하고 드디어 육상 명문 양정고보에 입학할 수 있었다.

학비 등 경제적 문제는 이병옥(李炳玉), 김봉수(金鳳秀), 이달희(李達熙), 김수기(金守基) 선생 등 독지가의 원조로 해결되어 학업을 계속할 수 있었다.

양정고보는 김은배(金恩培) 등 조선의 우수한 마라토너를 많이 배출한 육상경기의 명문교였다. 손기정이 입학하기 전까지 양정에서는 일본인 체육교사 미네기시 쇼타로(峰岸昌太郎, 일본체육대학 졸)가 진두지휘를 하고 있었다. 손기정은 독지가들의 은혜에 보답하기 위해 맹연습을 했다. 여기에서 처음으로 학업과 운동에 전념할 수 있는 환경이 갖추어졌다.

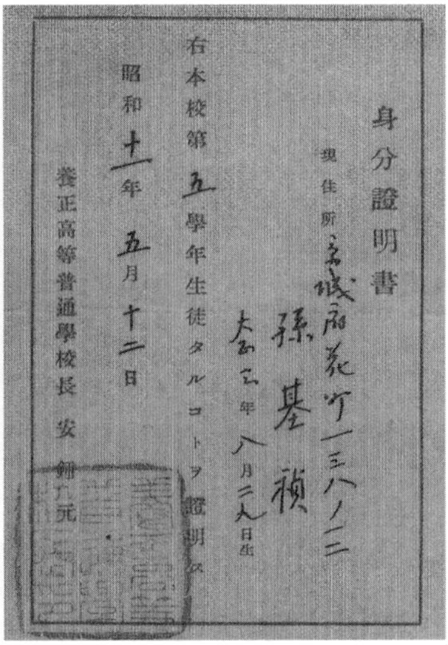

身分證明書

現住所 京城府花竹町一三八ノ二

孫基禎

大正元年八月二九日生

右本校第五學年生徒タルコトヲ證明ス

昭和十一年五月十二日

養正高等普通學校長 安鍾元

| 활짝 웃는 손기정과 양정고등보통학교 학생증

그러나 생활 터전은 간신히 확보하고 학교에 다닐 수 있게 되었지만 식사를 통한 영양 섭취는 좀체 뜻대로 되지 않았다. 장거리를 달리는 연습은 그 나름의 에너지와 칼로리를 필요로 한다. 손기정의 하루하루는 공복과의 싸움이었다. 자서전에는 "가난을 겪지 않은 사람은 가난의 설움을 모른다. 내가 벌인 싸움의 첫 상대는 가난이었다. 불행하게도 나는 운명처럼 가난과의 완벽한 결합 속에서 살아 왔다. 마라톤 우승의 그 날까지 나는 달리며 시간과 싸우기에 앞서서 배고픔과 싸워 이겨야만 했다. 어떻게 배고픔을 이기느냐, 배고픔을 잊고 더욱 열심히 달리는 것뿐이었다. 그래도 안 되면 맹물로라도 주린 배를 채우고 또 달리는 것이었다"라고 씌어 있다.

게다가 한 달에 9원에서 10원인 하숙비는 물론, 한 번에 3전 하는 전차비를 내는 것도 쉽지 않았다. 이러한 가운데 또다시 학업을 중단할 수밖에 없는 사태가 벌어졌다. 신의주 고향집이 홍수로 떠내려가

버린 것이다. 이에 학업을 포기하고 용산철도국에 취직하기로 결심하고 의기소침해 있을 때 길거리에서 만난 이병옥이 매우 간절하게 타일렀다. 이병옥은 "집안의 고충은 잘 알았다. 그러나 집안 고생은 집안에서 해결해야 한다. 그런 일로 마음이 흔들려서 좋은 재능을 살리지 못한다면 말도 안 된다"고 설득했다.

"이병옥 선배의 충고는 학교를 포기하려던 내게 큰 힘을 주었다. 그는 진정한 마음의 친구였다. 내가 외양으로 잘못 판단하고 멀리했던 그가 가장 큰 고민에 빠진 내게 스스로 다가와 나아갈 길을 가르쳐 주었던 것이다. 나는 용단을 내려 학업을 계속하기로 했다. 그의 진심 어린 충고가 아니었다면 나의 앞길도 크게 변했을 것이다"라며 선배에게 감사해 했다. 손기정은 인생의 중요한 고비 고비에서 신세를 진 사람들에 대한 감사를 잊지 않았다.

그밖에도 손기정의 인생을 받쳐주는 인물이 등장한다. 김봉수이다. 그는 손기정보다 연상이었지만 손기정이 자기의 가정교사라고 가족을 설득하여 그의 집에서 기거할 수 있게 되었다. 그리고 이달희도 손기정이 1936년 베를린올림픽에 출전할 때까지 주거를 제공했다. 젊은 싹을 키우려고 하는 주위의 도움에 힘입어 손기정은 성장해 갔다.

주거 문제는 김봉수와 이달희 양가의 도움으로 어렵게 확보할 수 있었다. 문제는 일상의 식사였다. 견디다 못한 손기정은 체육교사인 김수기 선생을 찾아갔다. "배가 고파서 못 뛰겠습니다. 저를 좀 도와주십시오"하고 울며 매달렸다. "김수기 선생은 자신의 보잘 것 없는 급여 중에서 2원을 나의 영양비로 주셨다. 5전이면 된다고 했는데 2원을 주셨다. 영양 풍부한 설렁탕이 10전이었을 때다. 그 덕분에 주말에는 화신백화점 옥상 식당에서 꼬박꼬박 40전 하는 정식으로 영양 보충을 할 수 있었다."

이런 김수기 선생에게도 진심 어린 감사의 말을 하고 있다. '대은인 김수기 선생'이라고 자서전 속에 표현하고 "이때 김수기 선생님의 호의가 없었다면 베를린올림픽 우승의 날은 영원히 오지 않았을지도 모른다." "김수기 선생님은 나를 마라토너로 길러 주신 분이었다. 부모님은 내게 생명을 주셨고, 김수기 선생님은 방황하던 내 생명을 바른 길로 인도해 주신 분이었다"고 쓰고 있다.

장거리 육상선수에서 마라토너로

손기정은 양정고보 1학년인 1932년 4월 학교 대표로 일본 원정에 참가했다. 호치신문(報知新聞) 주최 '제13회 도쿄-요코하마 왕복 중학 역전경주'에 출전하여 일본의 20개 팀을 물리치고 우승했다.

| 제13회 도쿄-요코하마 왕복 중학 역전경주(1932년)에서 우승한 양정고보(앞줄 왼쪽에서 두 번째가 손기정, 뒷줄 맨 오른쪽이 남승룡)

일본 전역에 한반도 학생의 강인함을 각인시켰다. 이것은 식민 지배 아래서 울적해 있던 조선 사람들을 기쁘게 했다. 부산에 상륙한 선수들은 대환영을 받았다. 경성까지 이어지는 열차 정거장마다 환영이 이어졌다. 손기정은 신슈 스와에서 일할 때 나가노 현민들이 마쓰모토 상고 야구부를 환영하던 것을 생각하고 있었다. 스포츠에서 분발하여 좋은 성적을 거두면 주위 사람들을 활기차게 한다. 이를 자신을 격려하는 씨앗으로 삼는 것이었다. 스포츠에서 분발함으로써 조선 강토를 활기차게 한다는 엄청난 위업을 성취하는 것은 조금 후의 일이다.

손기정은 입학 당초에는 400m, 800m, 1500m 등을 달리며 장거리 육상선수, 마라톤선수에 필요한 기초훈련에 힘썼다. 이것이 나중에 큰 힘이 된다. 지구력뿐만 아니라 순간적인 스퍼트에 필요한 스피드도 몸에 익힐 수 있었기 때문이다.

그런 손기정이 육상경기에 '마라톤'이라는 종목이 있다는 것을 알았다. 그 종목에 김은배, 권태하(權泰夏)라는 뛰어난 선배들이 있다는 것도 알았다.

그 후 5000m, 10000m를 중심으로 달리던 손기정에게 마라톤의 길을 열어준 사람은 일본 메이지(明治)대학에 다녔던 권태하였다. 1932년 로스앤젤레스올림픽 마라톤에 일본 대표로 참가한 권태하는 일본육상연맹과의 관계가 악화되어 미국에 유학하고 있었다. 여러모로 손기정에게 마음을 쓰고 편지를 보내 격려를 계속했다.

권태하는 미국 남캘리포니아대학에 입학한 후에도 손기정에게 계속 편지를 보냈다. "손기정 군, 나는 올림픽에 출전했으나 실패했네. 이제 다시 시작하려니 너무 늦은 감이 없지 않아. 나는 손 군과 함께 연습하면서 손 군이 가진 뛰어난 마라톤 소질을 보았네. 손 군이라면 틀림없이 세계 마라톤을 제패할 수 있다고 생각하네. 지금부터라도 어떤

가, 정식 마라톤을 시작하게. 그래서 꼭 세계 마라톤을 제패해 저 일본 사람들의 콧대를 눌러 주게." 나아가 "일본의 압제를 물리칠 수 있는 방법 중의 하나는 세계 스포츠 무대에 나가 좋은 성적을 올리고 'Korea'의 이름을 만방에 알리는 것이다"라고까지 단언했다. 미국에 건너가 세계를 본 권태하의 말에는 호소력이 있었다.

손기정은 그 후 베를린올림픽까지의 4년 동안에 출전한 마라톤대회에서 대부분 우승을 차지해 일본 마라톤의 1인자가 되었다.

1934년 4월 22일
조선중앙일보마라톤(경성-수원) 1위 2시간 24분 51초
1935년 3월 21일
전 일본마라톤(베를린올림픽 예선) 1위 2시간 26분 14초
같은 해 4월 28일
전 조선마라톤대회 1위 2시간 24분 28초(자기최고기록)
9월 29일
일본선수권 조선 예선 마라톤 1위 2시간 42분 2초
11월 3일
제8회 메이지신궁(明治神宮)체육대회 마라톤 1위 2시간 26분 42초

정말 막강한 무적의 실력으로 대회란 대회에서 모조리 우승을 차지했던 것이다.

김은배, 권태하를 잇는 발군의 우수한 조선인 마라토너의 출현이었다. 손기정의 꿈은 로스앤젤레스올림픽 마라톤에 출전한 김은배, 권태하 두 선배가 이루지 못한 올림픽 우승을 향해 부풀어 올랐다.

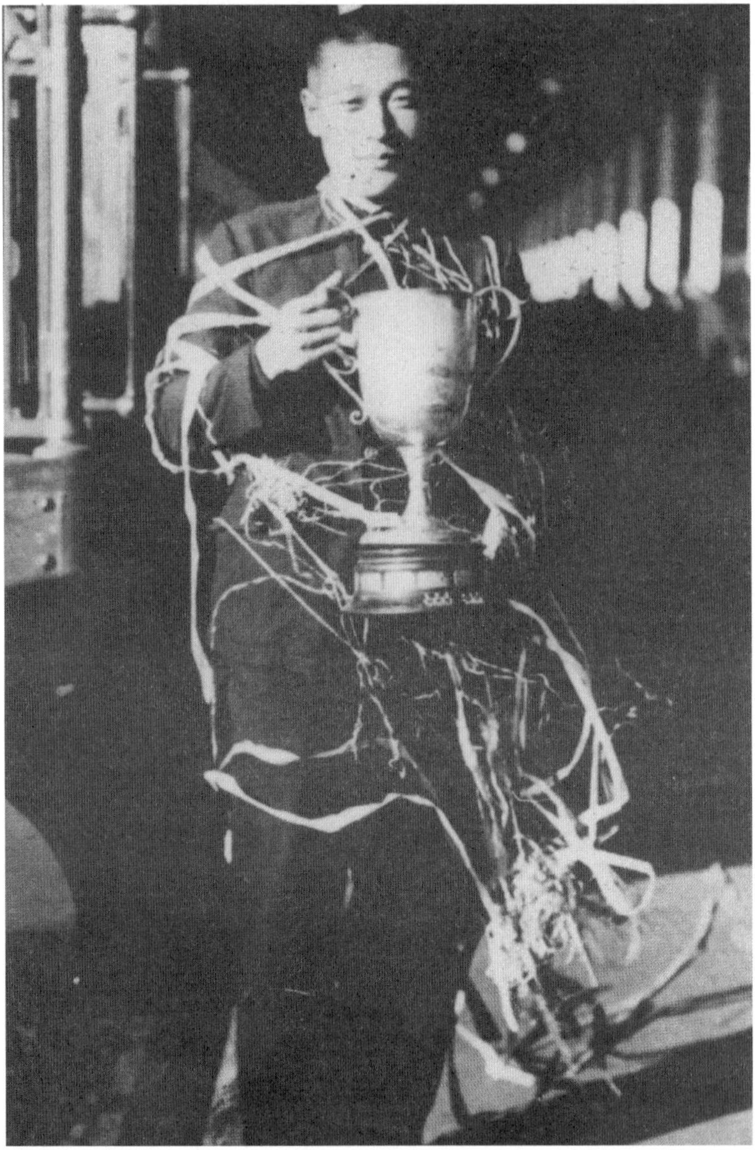

| 1935년 11월 3일 열린 메이지신궁체육대회에서 세계최고기록을 수립하고 경성역(현 서울역)에 도착한 손기정

3. 베를린올림픽을 목표로

올림픽 대표로 가는 길

1935년 11월 3일, 베를린올림픽 대표를 선발하는 예선대회가 일본선수권대회를 겸해 도쿄의 메이지신궁(神宮)경기장과 로쿠고바시(六鄕橋)를 왕복하는 코스에서 열렸다. 손기정은 전반 1시간 13분 31초, 후반 1시간 13분 11초라는 완벽한 페이스 배분으로 우승했다. 더구나 그것은 2시간 26분 42초라는 경이적인 세계기록이기도 했다.

동아일보는 조선 청년이 수립한 쾌거를 알리는 호외를 광화문을 비롯한 서울 시내 번화가에 뿌렸다. 서울에 개선 귀국하자 김수기 선생이 눈을 붉히며 맞아주었다. 역경 속에서 괴로워하던 제자에게 자기 생활비를 싹 잘라서 지원해 온 김수기 선생은 제자의 장한 모습을 눈앞에 두고 감개무량했을 것이다.

그러나 이전의 신의주 대홍수도 그렇고, '호사다마(好事多魔)'라는 속담 그대로 손기정의 신변에 또 재난이 닥쳤다. 우승축하회와 환영회가 수없이 열렸는데, 한 축하회 행사장에 있던 손기정 앞으로 한 통의 전보가 전달되었다. '아버지 사망, 바로 신의주로 돌아오라.'

부랴부랴 신의주로 돌아가 역 가까이에 사는 친구 집에 들러 아버지가 돌아가셨다는 말을 하니 그 친구는 "무슨 소릴 하는 거야? 멀쩡히 계신 분을 두고. 어제도 내가 만나 뵙고 약주 대접까지 했는데"하고 말했다. 거짓 전보였다. 어머니가 아들을 만나고 싶어서 친 전보였을 것이다. 그러나 사태가 급변했다. 그날 저녁 아버지는 아들을 만나

보지도 못한 채 정말로 사망하고 말았다.

혼란스런 대표 선발

1936년 일본육상연맹은 베를린올림픽 선수단 파견을 앞두고 전전긍긍했다. "1932년 로스앤젤레스올림픽 때에는 김은배, 권태하라는 조선인들이 참가하여 참패했다. 이것은 조선인 2명을 넣어서 팀워크가 무너졌기 때문이다. 이번에는 스즈키 후사시게(鈴木房重)와 시와쿠 다마오(塩飽玉男) 두 명을 대표로 뽑고, 손기정이나 남승룡(南昇龍) 두 사람 중 한 명을 대표로 한다"고 일본육상연맹 수뇌부가 조선체육회 대표로 온 정상희(鄭商熙)에게 알려왔다.

베를린올림픽의 최종적 선발 조건은, 예선대회에서 우승한 손기정은 몰라도 4위였던 남승룡은 1위를 하지 않는 한 출전할 수 없다는 것이었다.

5월 21일 열린 최종 선발 레이스에서 두 조선인 선수는 스즈키 후사시게와 시와쿠 다마오를 뿌리쳤다. 남승룡이 1위, 손기정이 2위를 차지했다. "남승룡은 1위를 하지 않으면 베를린에 데리고 가지 않는다"는 일본육상연맹의 부당한 지침에 손기정이 머리를 써서 1위를 양보했을 것이다. 그 결과 일본인 2명을 대표로 선발하고 싶어 하는 육상연맹의 의도가 물거품이 되었다. 조선인 선수 2명을 제외할 대의명분이 없어지고 말았다.

그러나 집요한 일본육상연맹은 손기정, 남승룡, 스즈키 후사시게, 시와쿠 다마오 4명을 베를린에 데려가 현지에서 최종 선발을 하겠다는 결정을 내렸다. 육체적으로도 가혹한 예선대회를 대회 직전에 다시 열어서 최종적으로 결정한다는 것이었다. 오늘날의 운동생리학으로 보더라도 무모하고 이치에 맞지 않는 결정이었다. 그렇게까지 해서라도 조선인 2명을 일본 대표로 뽑고 싶지는 않았던 것이다.

현지에서 열린 선발전

베를린으로 가는 길은 한반도를 종단하고 2주 이상 걸려 시베리아 철도로 가는 것이었다. 그 여정(旅程) 중 손기정이 탄 열차가 신의주역을 통과할 때, 한밤중인데도 불구하고 많은 군중이 손기정의 승리를 빌며 역전에 모였다. 감동적인 광경이었다. 젊었을 때 신슈에서 본 마쓰모토상고 야구부를 축하해주던 나가노 현민들의 환성을 떠올리고 있었다. '조선 동포 여러분, 신의주 시민 여러분! 여러분의 따뜻한 격려, 참으로 감사합니다. 조선의 사나이로서 부끄럽지 않게 힘껏 싸우고 돌아오겠습니다.' 손기정은 베를린에서의 건투를 마음속에 다짐했다. 손기정의 가족은 압록강 너머 안동(安東. 현 단둥)역에서 기다리고 있었다. 그곳은 정차시간이 다른 역보다 길기 때문이었다. 어머니와 형 두 명, 누나가 나와 있었다. 올림픽 단복에 몸을 감싼 늠름한 손기정의 모습을 보고 가족은 눈물을 글썽거렸다. 역전이기는 했지만 가족 간의 조용하고 절절한 대화로 마음 든든함을 느꼈다. 마음 깊은 곳에서 '해낼 거야!'하고 다짐했다.

베를린으로 가는 도중에 시베리아를 횡단하여 모스크바에 들렀다. 향학열에 불타는 손기정은 자유시간을 이용하여 사회주의 국가의 스포츠 본연의 모습을 살펴보았다. 훌륭한 경기장에서 많은 여성이 육상 연습을 하고 있었다. 연습이 끝나 어린애를 데리고 귀가하는 모습을 보고 의아스러운 생각에 사로잡혔다. '아기엄마가 어떻게 육상 연습을 하는 걸까?' 안내를 하던 러시아인에게 물으니 "소련에서는 기본적으로 자기에게 부과된 8시간의 노동을 다 마치면, 그 밖의 자유시간에는 스포츠든 뭐든 자유롭게 할 수 있다"는 것이었다. '사회주의 국가에서는 스포츠를 자본주의적 사치라고 배척하고 있었던 것이 아니었던가?'

사회주의 국가의 스포츠에 대한 손기정의 선입견은 무너졌다.

1936년 6월 1일 본진에 앞서 일본을 출발한 마라톤 선수단은 시베리아 철도를 경유하는 긴 여정 끝에 6월 17일 간신히 베를린에 도착했다. 마중 나온 독일 주재 일본대사관원은 "왜 마라톤에 조선인이 두 사람이나 끼었느냐"고 말했다. 긴 여행을 마치고 도착한 베를린 땅에서 들은 첫 말이 이러했다. 자서전에서는 "이런 어처구니없는 첫 인사를 받자 나도 모르게 눈물이 왈칵 솟구쳤다"고 기록하고 있다.

| 검은 운동복을 입은 손기정. 맨 왼쪽은 남승룡

마라톤 레이스 준비가 시작되었다. 시내를 달릴 때 손기정은 '일장기'가 붙은 운동복을 입지 않았다. 사인을 할 때도 외국인에게는 한반도 지도를 넣고 '손긔졍'이라고 한글로 쓰도록 했다. 거리에서 만나는 사람들에게는 '코리아'의 손기정이라고 자기소개를 했다.

그런 손기정에 대해 일본 선수나 임원은 "왜 일장기가 붙은 셔츠를 입지 않는 거야"하고 시비를 걸었지만, 손기정은 "유니폼은 귀중한 것이니까 아껴서 가보로 놓아두려고 그런 것뿐"이라고 얼버무렸다. 손기정은 마음속에 조선인이라고 하는 자각과 자랑이 충만해서 일본 유니폼을 입고 싶지 않았던 것이다.

| '일장기'가 없는 운동복을 입고 시가지를 달리는 손기정(왼쪽)

손기정의 노골적 태도에 동포 농구선수 이성구(李性求)조차도 "자네, 그러다가 경기에 안 내보내면 어쩌려고 그러나? 좀 자중하게"하고 걱정을 하면서 충고했다. 일본 측이 스즈키 후사시게와 시와쿠 다마오를 대표로 뽑고 싶어 안달이었기 때문에 약점을 보이지 말자는 충고였다.

올림픽 개막을 앞두고 걸핏하면 발생하는 조선인 선수에 대한 차별적 대우에 대해 권태하, 정상희, 현정주 3명이 베를린에 있는 일본대사관을 찾아가 차별 철폐를 요청했다.

이런 가운데 악몽과 같은 선발경기가 구체화된다. 이전부터 조선인 선수 2명이 참가하는 것을 기분 좋게 생각하지 않았던 사토 히데사부로(佐藤秀三郎) 코치가 "레이스에 출전하는 3명을 최종적으로 결정하기 위해 7월 22일 30㎞ 기록경기를 실시한다"고 말을 꺼냈다. 올림픽 마라톤경기가 열리는 날은 8월 9일이다. 30㎞를 주파하면 체력을 크게 소모하여 피로회복에 시간이 걸리는 것이 필연적이다. 그렇게 무리를 해서라도 일본인 2명을 대표로 선발하는 데 집착했던 것이다.

최종 선발경기는 손기정과 남승룡의 독주로 전개되고 스즈키 후사시게는 컨디션 부조로 슬슬 뒤로 처졌다. 시와쿠 다마오는 비열하게 코스를 벗어나 샛길을 달리기 시작했다. 남승룡은 레이스 후 비겁한 짓을 한 시와쿠 다마오의 뺨을 후려갈겼다. 30㎞ 선발 레이스를 보고 있던 권태하도 시와쿠 다마오의 비열한 행위에 대해 엄중히 항의했다. 이것을 구실로 해서 사토 히데사부로 코치는 또 조선인에게 이런저런 트집을 잡아서 선수단 분위기를 어색하게 만들었다.

그렇지만 마지막까지 조선인 2명을 경기에 출전시키지 않으려던 계획은 보기 좋게 수포로 돌아갔다. 결국 정식으로 손기정과 남승룡이 올림픽 마라톤 경기에 출전할 수 있게 되었다.

이처럼 어리석고 불합리한 선발경기가 끝나고 불과 18일 후에 열린 마라톤 경기에서 손기정은 2시간 29분 19초 2(올림픽 신기록)로 우승했다. 그 선발 경기가 없었다면 엄청난 신기록이 수립되었을 것이다.

4. 1936년 베를린

마라톤 경기

베를린올림픽[2]은 역사적으로 봐도 문제가 많은 올림픽이었다.

그 첫 번째는 이 올림픽이 정치적으로 이용되었다는 점이다. 새롭게 대두한 나치 독일의 위엄을 세계에 알리기 위한 선전에 사용되었다. 히틀러(Adolf Hitler)는 베를린 올림픽을 게르만 민족-아리아인의 우위성을 과시하는 대회로 만들고 싶었던 것이다.

그러한 무대인 개회식은 장엄하게 거행되었다. 10만 명을 수용하는 거대한 스타디움에는 무수한 대형 나치스 깃발이 장식되고, 스탠드 상단에는 참가국 국기가 나란히 게양되었다. 하단 중앙석 좌우에는 올림픽기와 나치 독일 총통기가 게양되어 실로 나치스 일색으로 빈틈없이 도배되었다. 개회식에서는 중앙 자리에 히틀러 총통이 나치스

| 개회식에 등장한 히틀러(앞 페이지)와 거대 스타디움(위). 나치스의 위엄을 세계에 과시하려는 듯 장대한 무대가 연출되었다.

군복을 입고 정중하게 등장하여 장엄하게 개회를 선언했다. 20여 발의 예포가 울리고 수만 마리의 비둘기가 날아간 후 올림픽 찬가가 메아리쳤다. 나치스의 위엄을 과시하려고 기획한 개회식이었다.

두 번째 특징은 '성화 릴레이'가 채용되었다는 점이다. 성화는 그리스 올림피아의 제우스 신전에서 직접 채화되어 발칸반도를 따라 북상했다. 아테네-소피아-베오그라드-부다페스트-빈-프라하를 통과하여 8월 1일 베를린에 도착했다. 이 성화 릴레이에는 다른 의도가 담겨 있었다. 성화 릴레이를 위한 인프라 정비는 올림픽 후 독일군 남하작전을 위한 준비의 하나였던 것이다.

마라톤 전사의 청동투구

이 성화 릴레이로 인해 손기정은 다른 문제에 휘말렸다. 성화 릴레이를 기념해서 그리스의 브라디니 신문사가 고대 그리스 시대에 마라톤 전투의 승리를 아테네 시민에게 알린 병사가 썼던 청동투구를 마라톤 우승자에게 부상으로 기증했던 것이다. 그 병사가 달렸던 마라톤-아테네 간의 거리 약 40㎞가 오늘날 마라톤 42.195㎞의 기원이 된 것은 주지의 사실이다.

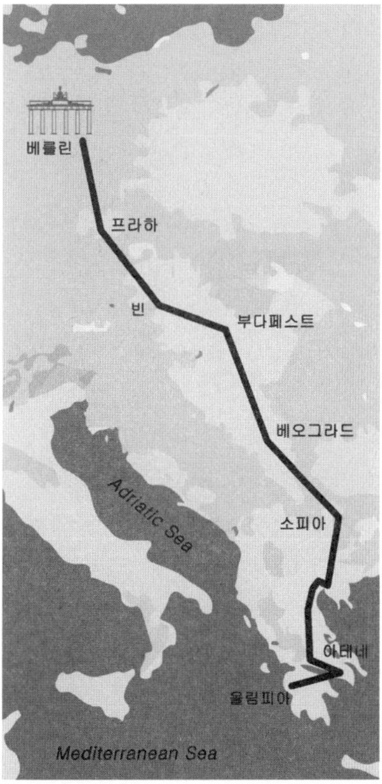

| 베를린올림픽 성화 봉송 코스

마라톤 경기가 끝난 후에 일본 선수단에 전달된 이 청동투구는 손기정의 손에 전달되지 않았다. 부상을 받는 것이 아마추어 정신에 위반된다 어쩐다 하는 트집을 잡아서 전달하지 않았던 것이다. 출전 선수 선발 과정 등을 생각하더라도 일본 선수단 측에 조선인에 대한 앙금이 있었기 때문이었을 것이다.

다행히 방치되었던 이 투구는 독일의 아덴(Ahden) 박물관과 비스바덴(Wiesbaden) 박물관 등을 전전했지만 마지막에는 베를린의 샤를로텐부르크(Charlottenburg) 박물관에 보존되어 있었다.

1986년 독일올림픽위원회는 베를린올림픽 50주년을 기념하는 행

| 손기정에게 증정된 마라톤 전사의 청동투구

사를 개최했다. 당시의 독일 올림픽위원회 위원장이자 전 IOC 부위원장인 빌리 다우메(Willi Daume)의 멋진 배려가 있었다. "손기정 씨, 돌려드릴 물건이 있으니 찾으러 오세요."

빌리 다우메와 손기정은 서로 절친한 오시마 겐키치를 통해 교류가 있었다. 손기정은 1983년 오시마가 개최한 'OPT21 오사카' 국제회의에서 빌리 다우메와 만난 적이 있었다. 빌리 다우메는 "올림픽은 다섯 개의 고리로 상징되는 것처럼 세계 오대륙의 우호연대를 촉진하는 것이다. 그러나 유감스럽게도 아직 아프리카 대륙에서는 개최되지 않았다. 올림픽 경기 수입 등으로 조성된 자금을 바탕으로 해서, 아프리카 대륙 어딘가에서 올림픽을 개최하도록 원조하자"는 운동을 제창하고 있었다. 손기정은 오시마 겐키치를 통해 이 운동을 알고 이에 공감해서 운동에 참가한 동료이기도 했다.

청동투구는 이 베를린올림픽 50주년 기념행사 중에 손기정의 손에 전달되어, 현재는 한국의 국보(보물 제904호)로 국립중앙박물관에 보존되어 있다.

함께 부상으로 받았던 월계수는 옛 양정고보 터에 있는 손기정기념관 부지 안에서 크게 자라났다. 이 월계수도 같은 부상인데 왜 청동투구는 손기정의 손에 전해지지 않았던 것일까? 이것도 식민 지배에 의한 차별의 산물인 것일까?

이 투구의 진품은 국보로 지정되어 보존되고 있지만, 손기정은 몇 개의 복제품을 만들어 자기와 인연이 있는 곳에 기증했다. 모교 메이지대학에도 이 복제품을 기증하여 현재 메이지대학 박물관 입구에 장식되어 있다.

1995년 손기정은 메이지대학으로부터 '특별공로상'을 받았다. 특별공로상 수상에 대한 감사와 함께, 전쟁 전 손기정을 위험인물로 여겨 입학시험조차 치르지 못하게 했던 대학이 많았던 가운데 응시를 허가하고 합격시킨 메이지대학의 넓은 식견에 대한 감사의 표시이기도 했다.

오시마 겐키치와의 만남

베를린올림픽은 손기정의 생애에 큰 영향을 미쳤다. 마라톤 우승의 영예뿐만 아니라, 이 올림픽에서 다양한 인사와 만난 것이 손기정의 일생을 좌우하게 되었다고 해도 과언이 아니다.

그것은 개회식에서 벌어진 일이었다. 일본 선수단은 오시마 주장을 기수로 앞세워 입장 행진을 하게 되는데, 사전에 키가 작은 선수들부터 순서대로 나란히 행진하기로 정했다. 수가 적은 여자 선수들은 앞쪽에 위치했고, 마라톤 선수로서 키가 작은 손기정도 앞쪽에 나란히 섰다. 뒤에서 이 모습을 보고 있던 육군 소속 승마선수가 이 행진 방법에 이의를 제기했다. "대일본제국 육군 군인이 조선인이나 여자의 뒤를 따라 행진할 수 있는가!" 그 말을 들은 손기정은 변함없는 조선인 차별에 가슴이 아팠다.

거기에 기수이자 육상경기 선수단 주장인 오시마 겐키치가 나타났다. 오시마는 육군 승마선수를 향해 이렇게 쏘아붙였다. "여기는 올림픽대회장이다. 육군 군인이 따로 있고 조선인이 따로 있나! 선수단이

| 일본 선수단의 입장 행진, 기수는 주장 오시마 겐키치

정한 것을 지키고 똑바로 나란히 서!"

손기정은 자신과 같은 조선인 선수에 대한 차별에 이렇게 진심으로 화를 내준 오시마 겐키치를 보고 놀랐다. 오시마와 승마선수 사이의 언쟁을 옆에서 듣고 있던 손기정은 "남의 일인데 육군 승마선수의 조선인 차별 행위에 진심으로 분노하고, 그 차별을 비난하고, 인간의 존엄을 지켜준 훌륭한 사람이다"며 감격해 했다. 이 일을 계기로 오시마 겐키치에 대한 손기정의 인간적 신뢰가 깊어져 일생 동안 인생의 스승이자 형으로서 존경하고 행동을 함께 하게 된다.

이 개회식에서 일어난 사건으로 손기정의 인생은 크게 바뀌었다. 어느 날 내가 "그토록 오시마 겐키치 씨를 존경하는 이유가 무엇인가요?"하고 여쭈어보자, 그 이유를 더듬더듬 이야기해주신 것이 이 개회식의 전말이었다.

나아가 손기정의 자서전 『아아 월계관에 눈물(ああ月桂冠に涙)』이란 저서 권말에는 이렇게 기록되어 있다. "베를린올림픽 육상 선수단의

오시마 겐키치 주장에게서는 당시부터 지금까지 변함없는 후의를 받았고, 국경을 넘은 스포츠 우정의 존엄함을 배웠다. 반세기도 전에 함께 달렸던 동료 여러분에게 넘치는 그리움과 우정을 느끼며 붓을 놓는다."

5. 슬픈 시상식

결전의 장으로

선발 과정 이후 관계가 어색해진 사토 히데사부로 코치는 믿을 수 없는 말을 했다. “만약 마라톤에서 지면 할복하겠다. 꼭 이겨야 한다.” 이 때문에 선수들은 정신적으로 압박을 받고 밤에 잠도 제대로 자지 못할 지경이 되고 말았다. 이것을 선수단 본부에 진정한 결과 사토 코치는 선수단에서 제외되었다. 선수의 심신 양면에 걸친 컨디션 조절에 힘써야 할 코치가 선수를 동요시키는 언동을 하면 선수는 견딜 재간이 없다.

올림픽에서 마라톤은 특별한 위치에 있어 마지막 날 마지막 경기로 치러진다. 마라톤 우승자는 승리의 월계관을 쓰고, 올림픽 최고의 영웅으로서 영광을 독차지한다.

미국 기자 스타일즈는 “마라톤은 올림픽 모든 경기를 통해 가장 웅장한 종목으로서 절대적인 흥미를 끌고 있다. 인간의 위대한 극한의 힘을 보는 순간 모든 사람은 감격한다. 마라톤 우승자의 최고의 기쁨은 동시에 모든 인류의 기쁨으로 탈바꿈된다. 지금까지 수많은 사람이 우승을 예측했지만 들어맞은 적은 그리 많지 않다. 이것이 더욱 흥미를 끄는 원인이 되고 있다”고 말했다.

20세 때 로스앤젤레스올림픽(1932년)에서 우승하고, 정부의 두터운 혜택을 받으며 심신 모두 최고 상태였던 24세의 아르헨티나 마라토너 사바라(Juan Carlos Zabala)가 승리할 것이라고 모두들 예상하고 있었다.

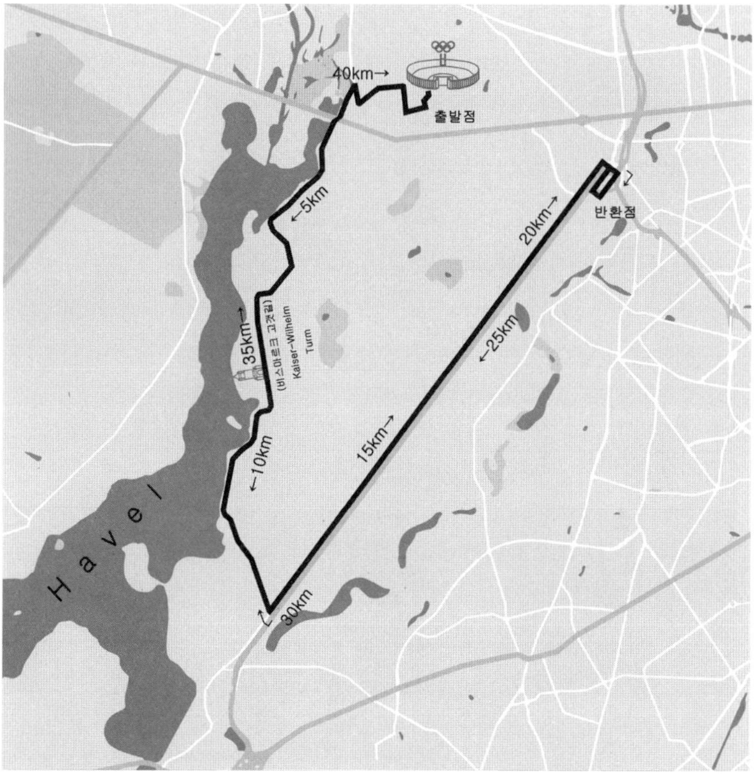

| 메인스타디움을 떠나 공원을 돌아오는 42.195㎞ 마라톤 코스. 반환점까지 거의 절반은 기찻길과 나란히 가는 자동차용 직선주로이며, 절반은 하펠 호수를 끼고 달리게 되어 있었다.

그리고 드디어 출발 신호가 울리려 하고 있었다.

선발 과정에서 한바탕 소동이 있었지만 손기정에게도 영광스러운 무대였다. 마라톤은 대회 마지막 날을 장식하는 올림픽의 꽃. 그 승자는 올림픽의 영웅으로 칭송 받는다. 그 영예를 꿈꾸고 세계 27개국에서 참가한 56명의 선수가 출발선에 섰다. 1936년 8월 9일 오후 3시. 기온 섭씨 30도. 오후의 태양은 열기를 더하고 끈끈한 기운이 온몸을 감쌌다.

'이제 때가 온 것이다. 이번 기회를 놓치면 끝장이다. 4년 후의 올림픽을 누가 알랴. 나는 세계 제일이다. 반드시 1등을 하고 말리라.' 그렇게 마음속으로 다짐하면서 손기정은 크게 심호흡을 하고 10만 관중을 수용하는 거대한 스탠드를 올려보았다. 그러자 그 한쪽에 축구선수 김용식(金容植)과 농구선수 장리진(張利鎭)의 모습이 보였다. 그들의 응원은 손기정에게 무엇과도 바꿀 수 없는 힘을 주었다.

출발 신호가 울렸다. 선수들이 일제히 출발했다. 예측대로 전 로스앤젤레스대회 우승자인 사바라가 선두로 뛰어나갔다. 사바라는 그의 체면을 걸고 연패를 노리며, 무려 1년 전부터 베를린에 입성하여 주도면밀하게 준비를 해 왔다.

| 스타디움을 빠져 나오는 손기정(왼쪽)

레이스는 보통의 마라톤 경기와는 달리 사바라에 이끌려 이상한 속도전으로 진행되었다. 손기정은 침착하게 후위에서 달렸다. '로스앤젤레스에서 김은배 선배가 6위, 권태하 선배가 9위를 했으니 나는 5위면 만족이다. 내 기록을 다 내고도 진다면 어쩔 수 없는 일이지'하고 자신을 다독이며, 최악의 사태를 각오하고 냉정하게 레이스를 전개했다.

3㎞ 지점에서 하펠(Havel) 호반의 산길에 들어섰다. 4㎞ 지점에서는 사바라가 13분 4초로 통과하며 여전히 레이스를 이끌고, 포르투갈의

디아스가 뒤를 잇고, 그 다음 미국의 브라운, 영국의 하퍼로 이어졌다. 손기정은 1분 30초 늦은 14분 30초로 통과했다. '생각해보면 이 5위라고 하는 것도 김은배 선배의 6위보다 앞선다'고 생각하면서 레이스를 전개했다.

5㎞ 지점을 지나자 속도전의 영향으로 탈락하는 선수가 나타났다. 6㎞ 지점에서는 사바라가 19분 41초, 포르투갈의 디아스가 20분 11초, 영국의 하퍼가 20분 22초, 그 다음은 미국의 브라운으로 이어지고 손기정은 5위로 올라섰다. 레이스가 차분해지면서 유력 선수들이 앞으로 모였다. 10㎞ 지점에서도 사바라는 선두를 양보하지 않고 32분 30초로 통과했다. 이 기록으로 완주하면 2시간 16분대의 경이적인 기록이 나오리라 생각하고 손기정은 자중했다.

10㎞를 지나 손기정은 영국의 하퍼 선수[3]와 나란히 달렸다. 한동안 하퍼와 함께 달렸다. 서서히 스피드를 올리려고 할 때 옆에 있던 하퍼가 말을 걸어왔다. "슬로우! 슬로우!" 하퍼는 이 뙤약볕 아래서 사바라의 속도전에 말리면 위험하다는 것을 알고 손기정에게 조언을 했다. 손기정은 페이스를 올리지 않으면 사바라에 뒤처지지 않을까 하는 불안한 마음이 들어서 스피드를 올리려고 했지만, 하퍼는 레이스의 흐름과

| 하퍼와 나란히 달리는 손기정(왼쪽)

날씨를 파악하고 손기정에게 자중할 것을 권한 것이다. 혹시 손기정이 폭주해서 자멸하면 자기 순위가 올라가는데도 하퍼는 손기정에게 조언을 했던 것이다. 손기정은 그 호의에 감사하며 손을 들어보였다.

하퍼는 손기정이 남들보다 갑절 이상 노력해 온 것을 알고 있어서 '이겨야 할 사람이 이겨야 한다'고 생각한 끝에 조언한 것이었다. 바로 영국류의 스포츠맨십이며 페어플레이 정신이다.

이 하퍼의 예측은 맞았다. 출발 때부터 힘차게 달려 나간 전 대회 우승자 사바라는 15㎞를 49분 45초, 18㎞를 1시간에 통과했다. 그리고 반환점을 1시간 11분 29초로 통과했다. 그러나 반환점을 돈 사바라와 마주친 손기정은 사바라의 눈이 몽롱해진 것을 알아차렸다. 그의 달리는 자세가 서서히 이상해지더니 호흡이 흐트러진 것이 느껴졌다. 한동안 하퍼와 나란히 달렸던 손기정은 "서로가 경쟁하면서도 서로가 피로를 덜어주는 미더운 친구처럼 되어버렸다"고 한다. 레이스를 하는 도중에 하퍼에 대한 인식도 차츰 바뀌어갔던 것이다.

30㎞ 부근에서 마침내 사바라는 넘어져 의식불명이 되었다. 그리고 하퍼와 손기정이 선두에 섰다. 그 무렵 동료 남승룡은 평상시의 페이스대로 후미에서 레이스를 전개하고 있었는데, 반환점을 돌 때는 8위로 뛰어올랐다.

손기정의 뇌리에 지금까지의 추억이 주마등처럼 스쳐갔다.

'어린 시절 가난과의 싸움. 육상을 그만두고 장사를 해야 했던 때의 심정. 양정고보와 그때의 친구들. 언제나 발그레하게 약주를 드시고 옛이야기에 열을 올리시던 아버지. 아들의 뜀박질을 못마땅해 하시면서도 끝내 아들의 의지에 꺾여 다비를 사다 주시던 어머니. 어려운 때 바른 길을 가르쳐주고 친동생처럼 생각하며 뒷받침을 해주고 있는 이병옥 선배, 김봉수 선배, 이병하 선배. 사제의 두터운 정으로 언제나 격려해주신 김수기 선생님. 마라토너로서의 꿈을 일깨워준 권태하 선

| 반환 지점에서 역주하는 손기정. 그 뒤는 하퍼

배. 뒤에서 달리고 있는 남승룡 선배….' 손기정은 오늘의 자기가 있는 것은 많은 사람의 뒷받침이 있었기 때문이라고 절실하게 생각했다.

31㎞ 1시간 46분 20초. 이때는 하퍼를 떨어뜨리고 선두. '내 앞에는 아무도 없다. 그렇지만 적이 없는 것이 아니다'고 생각하며 마음을 다잡았다. 33㎞ 지점 1시간 53분 27초.

'메인스타디움에 빨리 들어가자. 외롭지 않아. 불안을 느낄 필요도 없어. 하퍼와의 거리도 멀어져 있다. 그러나 안심해서는 안 돼.'

37㎞ 지점에서는 2시간 8분 33초. 그리고 최후의 난관 비스마르크 언덕에 접어들었다. 비스마르크 언덕을 6분여 동안 달려 올라가면서 손기정은 힘도 들었지만 내장이 뒤틀리는 듯한 복통을 느꼈다. 베를린의 뜨거운 여름 햇볕이 내리쬐는 급경사의 비스마르크 언덕을 지난 손기정은 체력 소모가 극심해 정신이 혼미하고 몸이 천근처럼 무거웠다.

| 생명수와 같은 물을 건네주는 마리아 루이제 네프 부인

그런 손기정 앞에 적십자 마크를 단 여성이 물을 들고 서 있었다. 간호사 마리아 루이제 네프 부인이었다. "그녀가 건네준 차가운 물로 입가심을 하고 얼굴을 문질렀다. 정신이 번쩍 났다. 피로도 한결 가시는 것 같았다"고 손기정은 자서전에서 술회했다.

그러나 백전연마(百戰鍊磨)에 산전수전을 다 겪은 노련한 손기정은 속이 타는 듯했지만 물을 마시지는 않았다. 나중에 복통을 일으킬 염려가 있었기 때문이다. 손기정은 되살아났다.

이젠 완만한 내리막길이었다. 꿈을 실현할 수 있다. 희망이 현실이 되고 있다. 결승점으로 향하는 발걸음이 가벼워졌다.

올림픽 스타디움의 마라톤 탑이 눈에 들어왔다. 마라톤 문을 지나 남은 것은 결승점까지의 질주. 올림픽 스타디움에는 마라톤 선두주자의 입장을 알리는 관악대의 나팔소리가 울려 퍼지고, 장내 아나운서가 "선두는 일본의 키타이 손"이라고 외쳤다. '키타이 손'은 손기정의 일본식 이름 'Kitei Son'의 독일어 발음이다.

| 마라톤 문을 지나 힘찬 발걸음으로 결승선을 향하는 손기정

열광하는 10만 대관중의 환성이 울려 퍼지는 가운데, 42.195㎞를 달린 주자의 어디에 그런 힘이 남아 있었을까 하고 생각하게 할 정도로, 마치 단거리 선수와 같은 스피드로 결승 테이프를 끊었다. 미국 코치가 스톱워치로 잰 손기정의 마지막 100m 기록은 놀랍게도 12초대

| 큰 환성 속에 경이적 스피드로 테이프를 끊는 손기정. 올림픽 기록을 갈아치웠다.

| 레이스 후의 손기정

였다고 한다.

땀투성이가 된 유니폼에 결승 테이프가 휘감겨서 떨어지지 않았다. 시간은 2시간 29분 19초 2. 당당한 올림픽 신기록이었다. 스타디움은 환성의 도가니로 변했다. 10만 관중은 마치 자기가 우승한 것처럼 흥분해서 우레와 같은 박수갈채로 손기정의 승리를 축복했다.

제1회 아테네올림픽에서 그리스의 스피리돈 루이스(Spiridon Louis)가 40㎞를 2시간 58분 50초로 달려 우승한 이래, 1932년 아르헨티나 사바라 선수의 우승 기록 2시간 31분 36초까지, 2시간 30분의 벽을 깨는 것이 마라톤선수의 꿈이었다. 손기정은 그 벽을 시원하게 깨버렸다. 불볕더위 아래 비스마르크 언덕의 가파른 경사가 끼어 있는 열악한 조건에서 수립한 경이적인 기록이다. 덧붙여 말하자면 그 불합리한 30㎞ 예선대회를 18일 전에 달린 뒤의 기록이다. 손기정의 힘은 엄청났던 것이라고 말하지 않을 수 없다.

2분 후에 손기정에게 적절한 조언을 해준 영국의 하퍼가 2위로 들어왔다. 기록은 2시간 31분 23초로 이 또한 전 대회 우승자 사바라의

| 3위로 골인하는 남승룡(양정고교제공)

대회신기록을 갈아치우는 신기록이었다. 페이스 판단을 잘못해 지나치게 후위에서 달린 남승룡은 후반 맹렬히 추격해서 2시간 31분 42초의 기록으로 3위에 입상했다. NHK의 야마모토 데루(山本照) 아나운서는 "손 기테이가, 손 기테이가!" 하고 외친 후 한동안 말을 잇지 못하다가 한참 후에야 "손 기테이가 우승했습니다. 일본 마라톤의 4반세기에 걸친 비원이 마침내 달성되었습니다"라고 전했다. 이러한 쾌거는 '일본 마라톤의 아버지'로 불리는 가나쿠리 시조(金栗四三)가 1912년 스톡홀름올림픽에 참가한 이래 처음이었다.

손기정은 자서전 속에서 "장렬하고 처절한 '남아의 싸움'은 끝났다. 과거 24년의 가난과 고난. 일본인으로부터 받은 수많은 모욕과 절망감. 그리고 많은 사람들로부터 받은 마음 따뜻한 손길과 눈물겨운 우정. ……올림픽 마라톤의 우승은 이러한 모든 일들을 배경으로 해서 쟁취한 '생애의 금자탑'이었다. 꿈이, 대망이, 이제 간신히 달성된 것이다. 신의주의 가난했던 어린 시절, 일본 스와에서 음식 배달통을 들고 달리며 고생하던 시절, 만주 벌판의 강추위를 참으며 달리기에 열중하던 시절, 한시도 잊지 않고 운동선수로 대성하리라던 나의 꿈이 드디어 현실로 이루어진 것이다"라고 기록하고 있다. 폐부에서 우러나는 절규였다.

손기정은 계속해서 “그러나 정상에 올라선 순간의 느낌은 우승의 환희가 아니라 착잡한 감정이었다. 찢어지게 가난했던 나 자신에 대한 연민, 베를린에 와서까지도 당해야 했던 나라 없는 민족의 설움…. 복받쳐 오르는 슬픔과 격정에 나는 고개를 숙이고 눈물을 흘렸다”고 서술했다.

여기에는 ‘한(恨)’(조선 민중의 핍박의 역사 속에 배양된 고난·고립·절망의 집합적 감정. 동시에 가해진 부당한 처사, 정의롭지 못한 것에 대한 심오하고 정당한 분노의 감정)이란 감정을 스스로 제어하려고 하는 손기정의 생각을 엿볼 수 있다. 게다가 뒤에서 보듯이 손기정은 이 ‘한’의 감정을 넘어 스포츠를 통한 한일 간의 상호이해와 우호연대 운동에 스스로 몸을 바치게 된다.

최종 성적

1위	손기정	2시간 29분 19초 2 (올림픽 신기록)	일본
2위	하퍼	2시간 31분 23초 2	영국
3위	남승룡	2시간 31분 42초 0	일본
4위	타밀라	2시간 32분 45초 0	핀란드
5위	뮈노넨	2시간 33분 46초 0	핀란드
6위	콜맨	2시간 36분 17초 0	남아프리카공화국

| 마라톤 경기 전광판. 베를린올림픽 ‘옥의 티’. 4위 ‘TAMILA’가 ‘TANILA’로 되어 있다.

열광하는 한반도

손기정의 냉정한 감정과는 달리 한반도에서는 손기정과 남승룡의 쾌거에 열광했다. 식민 지배 아래 '열등 민족'으로 업신여김을 당해 온 조선 민족의 손기정이 세계 제일이 된 것이다. 환희의 소용돌이에 싸여 한반도는 흥분의 도가니로 변했다.

서울에서 발간되는 「동아일보」는 피를 토하는 듯한 절규로 다음과 같은 사설을 실었다.

"우리 손기정은 이겼다! 우리의 젊은 손기정은 세계에 빛나는 승리를 얻었다. 스포츠의 승리자 손기정은 스포츠 이상의 승리자인 것을 기억하자. 조선은 손기정, 남승룡 양군에게 불우와 불행을 주었을 뿐이로되 양군은 그래도 조선에 바치고 갚았다. 조선의 아들들아! 이 말을 아는가?"

「조선일보」도 사설에서 손기정과 남승룡의 쾌거로 민족적 일대 자신감을 얻게 되었다고 설파했다.

"우리는 이번 손기정, 남승룡 양군의 승리로써 민족적 일대 영예를 얻은 동시에 민족적 일대 자신을 얻게 되었다. 즉 조선의 모든 환경은 불리하다 하더라도 우리가 민족적으로 받은 천품(天稟)은 어느 다른 민족보다 앞설지언정 뒤지지 않았으며 노력만 하면 무엇이라도 성취할 수 있다는 것이다."

한반도의 감격은 필설로 다할 수 없는 것이었다. 『상록수』라는 동인지로 한민족 계몽에 힘쓰고 있던 심훈(沈熏) 또한 다음과 같이 송축시[4]를 썼다.

오오, 조선의 남아여!

— 베를린 마라톤에서 우승한 손기정, 남승룡 양군에게 —

그대들의 첩보(捷報)를 전하는 호외 뒷등에 붓을 달리는
이 손은 형용 못할 감격에 떨린다.
이역의 하늘 아래서 그대들의 심장 속에 용솟음치던 피가
2천 3백만의 한 사람인 내 혈관 속을 달리기 때문이다.

"이겼다."는 소리를 들어 보지 못한 우리의 고막은
깊은 밤 전승의 방울 소리에 터질 듯 찢어질 듯.
침울한 어둠 속에 짓눌렸던 고토(故土)의 하늘도
올림픽 거화(炬火)를 켜 든 것처럼 화다닥 밝으려 하는구나!

오늘 밤 그대들은 꿈 속에서 조국의 전승을 전하고자
마라톤 험한 길을 달리다가 절명한 아테네의 병사를 만나 보리라.
그보다도 더 용감하였던 선조들의 정령(精靈)이 가호하였음에
두 용사 서로 껴안고 느껴 느껴 울었으리라.

오오, 나는 외치고 싶다!
마이크를 쥐고 전세계의 인류를 향해서 외치고 싶다!
"인제도 인제도 너희들은 우리를 약한 족속이라고 부를 터이냐!"

(1936년 8월 10일 새벽 쓰고, 「조선중앙일보」 8월 11일자 게재)

식민 지배 아래서 울적한 나날을 보내고 있던 조선 민족의 폐부에서 우러나오는 꾸밈없는 말일 것이다.

가슴을 가린 월계수

손기정, 하퍼, 남승룡의 이름이 대형 스크린에 비춰졌다. 그 세 명이 단상에 올라가고 메달이 수여되었다.

그때의 일이다. 일본 국가 '기미가요'가 연주되고 중앙 게양대에 '일장기'가 서서히 올라가기 시작했다. 손기정은 이러한 의식이 있다는 것을 알지 못했다.

영광스런 시상식에서 시무룩한 얼굴로 아래를 보고 일장기를 우러러보지 않는 손기정과 남승룡. 이 두 사람의 가슴을 스치고 간 것은 무엇일까? 손기정은 그때의 심정을 다음과 같이 글로 남겨놓았다.

"우승 시상대에서 일장기를 쳐다보며 일본 국가를 듣는다는 것은 참을 수 없는 곤욕이었다. 나는 고개를 숙였다. 그리고 생각해보았다. 내가 과연 일본 국민인가? 그렇다면 나나 조선인 동포들에 대한 학대는 웬 말인가? 나는 결코 일본 사람일 수가 없다. 나 또한 일본을 위해 뛴 것은 아니다. 나 자신을 위해, 고통 받는 우리 동포를 위해 뛰고 있는 것이다. 그러나 저 일장기, '기미가요'는 무엇인가? 두 번 다시는 일장기 아래서 뛰지 않으리라. 그러나 더 많은 조선인들에게 이 쓰라림을 알리도록 하리라. 눈물이 뺨을 타고 흘러내렸다. 일본인들에게는 이 눈물은 조국 일본에 마라톤 우승의 영광을 바친 감격의 눈물이라고 둘러댔다."

손기정의 최소한의 저항은 시상식에서 받은 월계수로 가슴에 부착된 '일장기'를 감추는 것이었다. 뒷날 남승룡에게서 "너는 부상으로 받은 월계수로 일장기를 감출 수 있어서 좋았겠지만, 나는 아무것도 없어서 괴로웠다"는 푸념을 들었다.

'내선(內鮮)융화' '내선(內鮮)일체'라는 슬로건 아래 이루어진 한일합병이었지만 올림픽에 출전한 247명의 선수단 중 조선인은 단지 7명,

| 시상대 위의 손기정과 남승룡, 어니스트 하퍼. 손기정은 월계수로 가슴의 '일장기'를 가리고 남승룡과 함께 고개를 숙이고 있다.

| 손기정이 베를린에서 친구에게 보낸 엽서에는 '슬푸다'고만 씌어 있었다.

그리고 마라톤선수 선발 과정에서 벌어진 불합리한 처사. 식민지 지배의 내막에 두 사람은 점점 더 모순과 참을 수 없는 분노를 느꼈다.

이 베를린올림픽 시상식은 뒤에 열린 올림픽에도 큰 영향을 주게 된다. 멕시코올림픽 남자 육상 200m 시상식에서 취한 미국 선수 토미 스미스(Tommie Smith)와 존 칼로스(John Carlos)의 행동이 그것이다. 그들은 베를린올림픽 기록영화 「민족의 제전」에 나오는 손기정과 남승룡의 모습을 참고로 했을 것이다.

당시 미국에서 들불처럼 번지고 있던 마틴 루터 킹(Martin Luther King) 목사의 공민권 운동에 호응하던 토미 스미스와 존 칼로스는 흑인 차별이 미국에도 엄연하게 존재하고 있다는 것을 주장하고 싶었다. 시상식장에서는 검은 장갑을 끼고, 주먹을 머리 위로 올리고, 얼굴을 들지 않고, 국기를 우러러보지 않았다. 이것은 손기정, 남승룡이 베를린올림픽 시상식에서 취한 태도를 참고로 한 것이라고 나중에 존 칼로스가 말했다.

귀국 후에 토미 스미스와 존 칼로스에게 가해진 제재는 가혹하기 짝이 없었다. 또 2위로 입상한 호주의 피터 노먼(Peter Norman)도 그들을 지지하여 OPHR(Olympic Project for Human Right) 배지를 달고 시상대에 올랐다. 백인이면서 흑인의 OPHR 운동에 동조한 노먼도 귀국 후 호주 스포츠계에서 비판을 받고 소외당했다. 명예를 회복한 것은 그가 죽은 후였다.

| 미국 본국의 흑인 차별에 항의 의사를 표하는 토미 스미스와 존 칼로스

손기정과 남승룡의 이 시상식 태도는 토미 스미스와 존 칼로스에게 전파되고 피터 노먼의 동조를 받았다. 세계에 '차별'이 엄연히 존재하고 있다는 것을 몸으로 보여주고, 평화와 평등과 인권을 위해 싸우는 스포츠인의 계보는 이어졌다. 체코의 차슬라프스카(Věra Časlavská)와 자토펙(Emil Zátopek) 등이 소련의 침략에 항의하고, 무하마드 알리(Muhammad Ali)가 미국의 베트남 침략전쟁에 항의해 징병을 거부한 것처럼 말이다.

송축시

손 · 남 양군 승전사(孫 · 南兩君勝戰詞)

서항석(徐恒錫)

지화자 좋을시고 이겼구나 이겼구나
형아 아우야 2천만 다 나와서
승전고 두드리며 어깨 끼고 춤추자

기정아 승룡아 너희 보내고 죄던 가슴
이 아침 터져나니 한바탕 환호로다
삼천리 자던 강산도 함께 깨어 울린다

동해물 백두산이 길러준 이 피 이 뼈
오늘사 뽐내보니 두려울 것 전혀 없다
세계도 우리 억센 줄 알았는가 하노라

지화자 좋을시고 팔 걷고 다 나와라
빛나던 옛 조선에 우리 아니 그 자손인가
이후엔 세계무대를 활개 치며 가리라

* 1936년 8월 12일자 동아일보에 실린 서항석 당시 동아일보 학예부장의 시
* 서항석(徐恒錫, 1900~1985, 독문학자 겸 극작가)
* 김연빈 현대글로 옮김

6. 식민지 조선에서 자행된 감시와 탄압

사라진 일장기—「동아일보」 일장기말소사건

손기정과 남승룡의 시상식 사진은 조선 언론계에도 큰 파장을 불러 일으켰다. 제11회 베를린올림픽 시상식장에서 손기정이 월계수 그늘에 감춘 유니폼의 '일장기'가 신문에서는 삭제되어 보도되었던 것이다. 이른바 '일장기말소사건'이다.

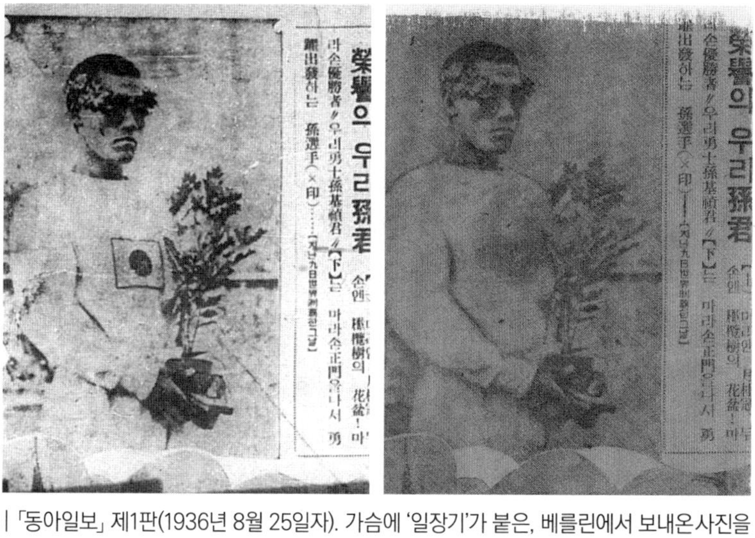

|「동아일보」 제1판(1936년 8월 25일자). 가슴에 '일장기'가 붙은, 베를린에서 보내온사진을 그대로 게재했다. (왼쪽) 제2판에서는 가슴의 '일장기'가 지워져 있다. (오른쪽)

우승 16일 후인 1936년 8월 25일자 「동아일보」. 제1판에서는 베를린에서 송부된 사진을 그대로 게재해서 검열을 통과했다. 그 후 제2판에서는 '일장기'를 지운 사진을 게재했다. 주모자는 동아일보의 이길용(李吉用) 기자로 알려져 있다.

일본 신문에 실린 원본 사진을 손질해서 손기정의 가슴에 있던 '일장기'를 지워버린 것이다. 그 제2판 신문이 배달된 오후 4시경, 일본군 20사단 사령부는 '일장기'가 말소된 것을 알고 격노하여 총독부와 경찰에 연락해 긴급체포를 명했다. 운동부 기자 이길용, 사회부장 현진건(玄鎭健), 잡지부장 최승만(崔承萬) 등 5명이 경찰에 체포되었다. 이들 5명은 40일 이상이나 구속되어 잔혹한 고문을 받았다. '회사 상층부의 지시로 일어났다'는 자백을 받기 위해 고문이 계속되었다. 총독부는 동아일보 창설자 김성수(金性洙), 사장 송진우(宋鎭禹) 등이 관련되었다는 자백을 받으려고 했지만 실패했다.

일본 측은 이 '일장기' 말소 사건이 '내선일체'를 표방하는 식민 지배체제에서는 국가에 대한 모독이라고 생각했던 것이다. 동아일보는 8월 27일 무기한 발행정지 처분을 받았다.

이길용 등 5명은 언론계로부터 영구 추방. 이길용은 40일간의 구류를 거쳐 10월 4일 석방되었다. 일본의 식민 지배 아래서 자행된 중대한 언론탄압 사건이었다.

일제 식민지에서 해방된 후 이길용은 '조선마라톤보급회'에 참가하여 권태하, 김은배, 손기정, 남승룡 등과 함께 한국 마라톤 발전을 위해 진력했다. 그의 아들 이태영도 현재 열리고 있는 '손기정 평화마라톤대회'(손기정기념재단·국민체육진흥공단 공동 개최)에 관여하면서, 손기정의 아들 손정인(孫正寅)과 함께 아버지의 사상을 이어가기 위해 활동하고 있다.

| 손기정 평화마라톤대회(2017.11.19.). 중앙이 손정인. 오른쪽 옆이 그의 딸, 앞에 손자. 왼쪽 끝은 저자 데라시마

'태극기'와의 첫 대면

올림픽 마라톤 시상식 후 얼마 되지 않아 일본 선수단 본부는 선수촌에서 축하 파티를 열었지만, 주역인 손기정과 남승룡은 그 자리에 없었다. 지금까지 자행된 갖은 차별과 멸시 때문에 일본육상연맹 등에 좋지 않은 감정을 갖고 있던 두 사람은 도저히 축하회에 참석할 기분이 나지 않았을 것이다. 은근한 항의였다.

축하회가 열린 그 시간, 정상희와 권태하가 선수단 본부에는 알리지 않고 두 사람을 밖으로 데리고 나갔다. 독일에 체류하며 두부 제조업을 하고 있던 안봉근(安奉根)의 초대를 받고 거기에 참석했던 것이다. 안봉근은 이토 히로부미(伊藤博文)를 하얼빈 역에서 저격한 애국지사 안중근(安重根)의 사촌이었다.

안봉근의 집 서재에 들어선 손기정은 태어나서 처음으로 '태극기'와 대면했다.

"'저것이 태극기로구나. 저것이 우리의 깃발이로구나.' 온몸에 뜨거운 전기가 흐르는 듯 나는 몸을 부르르 떨었다. 잃었던 조국, 죽었던 조국의 얼굴을 대하는 듯한 기분이었다. 탄압과 감시의 눈을 피해 태극기가 살아 있듯 조선 민족도 살아 있다는 확신이 마음을 설레게 했다"고 자서전에 기록하고 있다.

오늘 시상식에서 우러러보아야 했던 것은 이 국기였다는 생각이 강하게 들었다. 조국 없는 망국민의 비애를 강하게 느끼지 않을 수 없었다.

파리에 유학 중인 정석해(鄭錫海)도 이 모임에 참석해서 손기정의 손을 잡고 "나는 손군이 단순한 운동선수라고만 생각지는 않네. 오늘 일본인들의 축하 파티가 있음에도 피를 나눈 동포들의 모임에 나와 주었으니 이야말로 애국지사가 아닌가?"하고 반가워했다.

그러나 이 은밀한 모임이 일본 선수단에 알려져 큰 분노를 사게 된 것은 말할 필요도 없다. 조선 선수들에 대한 냉대도 점차 노골화되었다. 그러나 손기정은 그러한 압력에는 태연자약한 모습으로 굴하지 않았다. 우승 후 안봉근의 집에서 맛본 감격은 그러한 것을 견딜 수 있는, 그 무엇보다도 더 강하게 일생의 기억에 남을 하룻밤이었기 때문이다.

그 후 일본 선수단과의 알력을 잠시 잊게 하는 훈훈한 일들이 이어졌다. 이탈리아에서 활동하는 테너 가수 후지와라 요시에(藤原義江)가 찾아왔다. 시내 고급 레스토랑에서 식사를 하면서 일본에서 벌어지는 조선인 차별을 위로해주었다. 후지와라 요시에도 일본인과 영국인의 혼혈아로 자라 어렸을 때 여러 가지 차별과 멸시를 경험했다. 스스로의 체험에서 배어나온 후지와라의 말은 손기정의 가슴에 와 닿았다.

손기정이 가장 잊을 수 없는 것은 장거리의 신이라고 할 핀란드의 파보 누르미(Paavo Nurmi)를 만난 일이다. 1920년 앤트워프를 시작으로 1924년 파리, 1928년 암스테르담올림픽에 3회 연속 출전해서 금메달 9개, 은메달 4개를 획득한 올림픽의 영웅이었다. 그로부터 따뜻한 격려와 축복을 받은 것은 생애에 남을 추억이 되었다.

아리아인의 우위를 과시하기 위해 히틀러가 기획한 베를린올림픽의 의도는 보기 좋게 빗나갔다. 그 주역인 제시 오웬스와의 만남은 특히 인상 깊었다. 제시 오웬스는 육상 100m, 200m, 멀리뛰기, 400m 계주 4종목에서 금메달을 따고 기염을 토한 흑인 선수이다. 육상의 꽃 마라톤은 조선인 손기정이 정복했다. 얄궂게도 육상경기 중에 아리아인의 우위는 어디에도 존재하지 않았다.

| 제시 오웬스

그 제시 오웬스와는 공감하는 것이 많았다. "지금 우리들은 화려한 올림픽에서 우승했다고 매스컴의 칭송을 받고 있지만, 이것은 일과성일 뿐이고, 모국에 돌아가면 또다시 쓰라린 차별이 기다리고 있다"는 현실을 서로가 이해하고 있었기 때문이다.

오웬스는 귀국 후 "히틀러는 올림픽 4관왕인 나와

악수하기를 거부했다. 백악관도 역시 그랬다. 올림픽에서 개선하자마자 흑인들만 사용하는 버스 뒷문에 매달려가야만 했다"고 말했다. 또 오웬스는 가난을 극복하기 위해 말과 경주하는 쇼에 나가서 생활비를 벌어야 했다. 오웬스는 베를린올림픽이 끝나고 40년이 지난 1976년 포드(Gerald Ford) 대통령의 초대를 받아 처음으로 백악관을 방문했다.

손기정과 제시 오웬스는 교류를 계속하며 평생 동안 크리스마스카드를 주고받았다. 힘들고 어려운 처지를 서로 이해하고, 서로 격려하며, 강하게 살아가려고 하는 이 손기정과 제시 오웬스의 우정은 올림픽 궁극의 이념인 '스포츠를 통한 국제 교류·국제 상호이해의 촉진'을 여실히 보여주는 것이다.

연행과 취조

동아일보의 '일장기' 말소 사건은 손기정의 머리 위에 어두운 그림자를 드리우고 있었다. 귀국 길에 오른 배 안에서, 또는 기항하는 도시에서 듣는 소문은 손기정을 우울하게 하는 것들뿐이었다.

배편을 이용한 귀국 길은 베를린에 갈 때보다 훨씬 많은 날짜가 걸렸다. 기항하는 도시에서 시범경기를 하기도 하면서 그곳 국민과 교류했다.

그 후에 기항한 싱가포르에서 정상희가 손기정에게 쪽지를 건넸다. 쪽지에는 "주의해라. 일본인들이 감시하고 있다. 본국에서 사고가 나서 너희들을 감시하라는 전문이 선수단에 들어와 있다"고 적혀 있었다. 시상식의 손기정 사진에서 '일장기'를 지운 동아일보 사건을 처음으로 알게 된 것은 싱가포르에서였다. 그 후 항해가 한창일 때 어두운 기색으로 갑판에 서 있는 손기정을 발견한 오시마 겐키치가 혹시 손기정이 자살하지나 않을까 하고 달려왔을 정도다.

상하이에 정박해 있을 때에는 상하이교통대학의 조선인 교수 신국권(申國權)의 부인으로부터 '일장기말소사건'을 좀 더 상세하게 알게 되었다. 그 후 나가사키(長崎)에 입항했을 때는 그 많은 선수 가운데 유독 손기정과 남승룡 두 선수만이 신체검색을 당했다. 경찰은 손기정을 불러 "귀국 도중 누구를 만나 무슨 이야기를 했느냐"고 거만하게 꼬치꼬치 캐물었다. 손기정을 다루는 경찰의 태도는 마치 사상범을 다루는 것과 다르지 않았다. "이것이 가나쿠리 시조의 올림픽 마라톤 첫 참가 이래 24년간 일본의 염원이었던 우승자를 대하는 태도인가. 같은 금메달을 딴 마에하타 히데코, 다지마 나오토(田島直人)에게도 이처럼 불손한 태도로 대하는가"하고 손기정은 버럭 울화가 치밀었다.

손기정은 나가사키에서 고베를 거쳐 도쿄에 도착했는데 언제나 주위에는 특별고등경찰(特高警察)의 감시의 눈이 붙어 다녔다. 도쿄에 도착한 손기정에게 이전부터 알고 지냈던 스즈키 다케시(鈴木武) 씨가 찾아 왔다. 스즈키 씨는 나중에 수상이 된 스즈키 간타로(鈴木貫太郎)의 조카이며 육상 애호가로 남승룡을 발굴해서 육성한 사람이기도 했다. 조선인 선수의 고뇌를 이해하고 몸을 사리지 않고 도움을 주던 사람이었다.

스즈키 다케시 씨에게 손기정은 "우승을 도로 물러야 되겠습니다" 하고 불평을 터뜨렸다.

스즈키 씨는 그게 무슨 소리냐고 손기정에게 물었다. "입만 열면 조사요 신문(訊問)이니 어디 살겠습니까? 날 만나는 사람마다 다 잡아가고 그래도 불안해서 저렇게 보초까지 세워놓았습니다"라고 대답했다.

스즈키 씨는 손기정의 신변을 감시하고 있는 형사를 불러 호통을 쳐서 손기정 주변에서 쫓아냈다.

1936년 10월 8일, 손기정은 양정고보 황욱(黃燠) 선생과 서울 여의도비행장에 도착했다. 개선 귀국한 셈인데 주위 분위기는 전혀 달랐다. 비행장에는 이미 정복을 입은 경관과 사복 형사들이 쫙 깔려서 손기정을 멀리서 포위하고 있었다. 비행장 입구를 봉쇄해 환영 나온 군중과의 접촉을 막았다. 사고를 예방하고 손기정을 보호한다는 명분이었다. 비행기에서 내린 손기정은 오른팔은 칼을 찬 경관에게 왼팔은 사복 형사에게 붙잡혀 인솔되었다. 그것은 마치 중요 범죄인을 연행하는 모습과 같았다.

이것이 일본이 염원했던 올림픽 마라톤에서 최초로 우승한 손기정에 대한 처사였다. 물론 축하회, 환영행사 등은 일절 금지되었다. 게다가 급우들의 조촐한 다과회까지도 금지되었다. 손기정에게는 학교에 안 나가도 졸업을 시켜주겠으니 학교에 나가지 말라고도 했다. 올림픽 후 2개월이 지나 어느 정도 열기가 식은 11월이 되어서야 처음으로 조선총독부 학무국과 조선일보가 주최한 환영회가 열렸지만 참석자는 체육교사 등에 한정되었다. 이 모임은 환영회라기보다는 귀국보고회 같은 것으로 모임에서는 일체의 조선어 사용이 금지되었다. 손기정이 일본어로 말하면 단상의 통역이 "지금 말한 손기정 선수의 말을 알기 쉽게 말씀드리면 …"하고 조선어로 바꾸어 통역했다.

조선총독부와 경찰은 베를린올림픽 마라톤에서 우승한 손기정의 쾌거가 그동안 억압됐던 한민족의 민족감정에 불을 댕겨 반일 시위나 독립운동으로 확산될까봐 두려워했던 것이다. 이 감시와 통제는 1945년 8월 15일 일제의 식민 지배가 종료될 때까지 지속된다.

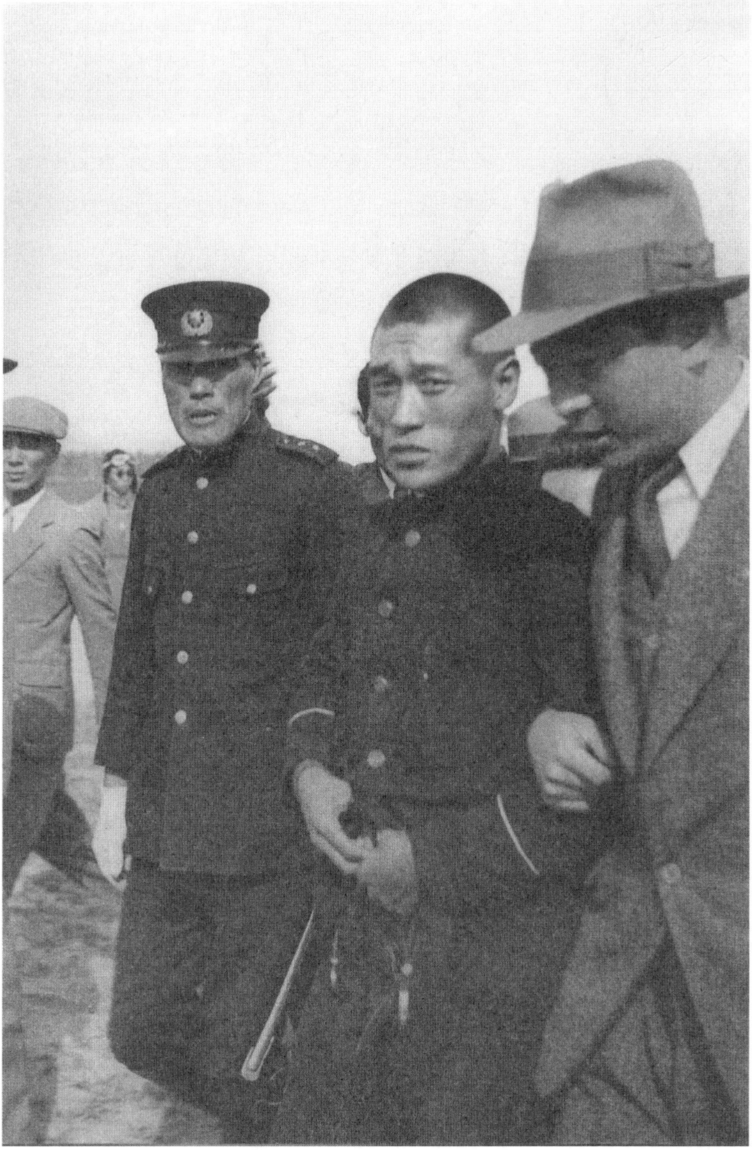

| 귀국 직후 허리에 칼을 찬 경관과 사복 형사에게 끌려가는 손기정(1936.10.8. 여의도비행장)

보성전문학교 진학과 탄압

올림픽 마라톤 우승의 위업을 달성한 손기정은 만학이지만 학업이 부족한 것을 자각하고 불타오르는 정열로 대학에 진학하고자 했다.

장래 스포츠 지도자가 되겠다고 도쿄고등사범학교 체육과에 응시했지만 체조·철봉 등의 실기 성적이 좋지 않아 낙방하고 말았다. 그러나 향학열에 불타던 손기정은 1937년 '보성전문학교(普成專門學校, 지금의 고려대)'에 응시해서 상과에 합격했다.

이 보성전문에 입학하자마자 사건이 발생했다. 보전의 한 학생단체인 평북학생회가 신입생 환영회를 열었는데 그 환영회에 느닷없이 경찰이 들이닥쳤다. 학생들이 조선 독립을 위한 비밀집회를 열고 있다는 밀고가 있었던 것이다. 신입생 환영회에 참석한 학생들은 모두 영문도 모르고 쫓겨나 강제로 해산되었다.

게다가 손기정은 보전 체육부장 홍성하(洪性夏)와 함께 경찰에 호출되어 신문을 받았다. 경찰은 집회의 목적·동기 등을 따지고 들었다. 계속되는 신문에 손기정은 신입생 환영회가 뭐가 나쁜지, 왜 자신이 호출되어야 하는 것인지, 불합리한 경찰의 취급에 의문과 불만이 쌓여갔다. 석방될 때 경찰은 "앞으로 사람 모이는 곳에는 가지 말라"고 엄포를 놓았다.

「극비·특고외사월보(特高外事月報) 내무성 경보국 보안과 36년 10월」호 속에 '경시청은 조선인만의 환영회는 일체 허용하지 말 것' '엄중단속을 가해 모든 불온책동을 저지할 것'이라는 경찰의 지령이 있었다고 한다. 아사히신문 기무라 쓰카사(木村司) 기자가 취재한 것이다.

이는 조선인의 자주·독립에 대한 손기정의 커다란 존재감을 보여주는 것이며 동시에 일본 측의 처사가 조선총독부에 순종하지 않았던 보성전문에 대한 본보기였음을 드러내주는 것이었다.

| 보성전문학교 시절의 손기정

메이지대학 유학과 한스런 하코네역전

이대로 서울에 있어봐야 많은 사람에게 폐가 될 뿐이라고 느낀 손기정은 일본에 있는 대학에 진학하고자 했다. 이전에 응시했던 도쿄고등사범학교에 원서를 냈지만, 위험인물이라는 수배가 돌고 있었던지 응시를 거부당했다. 와세다(早稻田)대학도 마찬가지였다.

곤경에 처한 손기정에게 구원의 손길을 내민 것은 조선총독부 학무국에 근무하고 있던 정상희와 만철(滿鐵)에 있던 마라톤 대선배 권태하였다. 이 두 사람이 메이지대학 진학을 추진해주었다. 두 사람 모두 메이지대학 졸업생이었다. 당시의 메이지대학은 베를린올림픽 마라톤 동메달리스트 남승룡을 비롯하여 조선 출신 스포츠인을 많이 받아들이고 있었다.

그렇지만 메이지대학 입학허가를 받은 손기정에게는 새로운 난제가

| 메이지대학기념관과 손기정의 학생증

기다리고 있었다. 일본 정부는 손기정의 입학에 조건을 붙였다. '다시는 육상을 하지 않을 것. 사람들이 모이는 곳에 얼굴을 내밀지 말 것. 가능한 한 조용하게 지낼 것'이었다. 정규 입학시험을 통과해서 정규 학생이 된 손기정에게 육상부 참가를 허용하지 않는다는, 참으로 인간의 존엄을 짓밟는 조건을 강요했다. 태어난 이래 달리는 것에 삶의 보람을 느끼고 계속해서 달려온 손기정으로서는 견딜 수 없는 고통이었을 것이다. 어느 날 경주부(競走部)에서 하코네역전(箱根駅伝)[5]의 한 구간이라도 좋으니 뛰어 달라는 요청을 받았지만 달릴 수 없었다.

아들 손정인이 전하는 말에 따르면 2002년 손기정이 숨을 거둘 때 "하코네역전에서 달리고 싶었다"는 말을 남겼다고 한다. 그 원통함이 어떠했을까….

손기정이 입학한 당시 메이지대학체육회에는 '황금의 쇼와 14년 동기(花の昭和14年組. 쇼와 14년도, 즉 1940년 3월 메이지대학을 졸업한 기라성 같은 선수들이란 뜻. 역주)'라고 불리는, 스포츠에 혁혁한 업적을 남긴 스포츠인이 많이 있었다. 베를린올림픽 복싱의 나가마쓰 히데키치(永松英吉), 같은 베를린올림픽 레슬링 경기에 참가한 미즈타니 미쓰조(水

谷光三), 스모의 다키자와 히사오(滝沢寿雄), 손기정과 같은 경성 출신의 유명한 럭비선수 와다 마사오(和田政雄), 야구부에는 주쿄상업(中京商業)에서 고시엔을 들끓게 한 요시다 마사오(吉田正男), 훗날의 주니치(中日) 감독 스기우라 기요시(杉浦清) 등이 있었다. 동급생인 그들이 일본 스포츠계에서 눈부신 활약을 펼치고 있을 때 손기정은 조용히 학업에 몰두했다. 그 영향 때문이었는지 학업 성적은 매우 우수했다. 하지만 어릴 때부터 달리기를 계속해 온 습관은 막을 수가 없었다. "공부에 지쳤을 때 야음을 틈타 하숙집 주위를 달리는 손기정의 모습을 보았다"고 경성상업 출신의 친한 친구였던 럭비선수 와다 마사오가 말했다.

자신은 달리기를 금지당했지만 손기정은 후진 발굴과 지도에 시간을 썼다. 스키와 경보를 한 다재다능한 선수였던 와세다대학 출신의 아소 다케지(麻生武治)와 함께 졸업 직전에 '뛰어라! 걸어라!'라는 슬로건 아래 조선을 순회했다. 신체운동이 건강에 좋다는 것을 계몽함과 동시에 유능한 육상 영재를 발굴하는 것이 목적이었다. 권력의 비인간적 처사에도 아랑곳하지 않고 좋아하는 육상 보급에 헌신하는 손기정의 모습이 거기에 있었다. 이는 훗날 '조선마라톤보급회'의 초석이 되었다.

1940년 3월 손기정은 메이지대학 전문부 법과를 졸업했다. 그리고 경성에 돌아가 조선육상협회 회장 이모리 메이지(伊森明治) 씨가 행장으로 있는 조선저축은행(현 SC제일은행의 전신. 역주)에 취직했다. 그렇게 해서 1939년 조선일보 고봉오(高鳳悟) 기자의 소개로 결혼했던 강복신(姜福信)과 함께 생활을 시작했다. 동덕고녀 체육교사이자 기숙사 사감인 강복신은 당대 최강 평양 서문여고 육상선수 출신으로 조선선수권대회 200m와 멀리뛰기에서 우승한 유명 선수였다.

손기정은 월 40원의 급여를 받았지만 그것으로는 신혼생활을 유지할 수 없어 부부 맞벌이 생활을 했다. 아내 강복신은 둘째이자 장남인 손정인을 낳고 곧 중증 간염을 앓았다. 맞벌이의 노고가 강복신의 몸을 해친 것이다. 1944년 강복신은 타계했다.

은행 일을 하면서도 손기정은 종종 육상경기 지도를 위해 진남포상공학교 등에서 코치로 학생들을 지도했다. 마라톤 보급운동에 정진하고 싶었던 손기정은 그 후 조선저축은행을 그만두고 마라톤 지도에 전념했다.

1941년 태평양전쟁에 돌입한 일본은 점점 군국주의적 색채를 강하게 드러냈다. '내선일체'란 미명 아래 일본의 지배가 강화되었다. 창씨개명으로 본명을 빼앗고 일본식 성이 강요되었다. 나아가 한글 사용을 금지하고 언어를 빼앗았다. 이런 가운데 손기정에게도 압력이 가해졌다.

전장에 나가는 병사 확보에 분주한 조선총독부는 조선의 유명인들이 학도병 모집에 나서도록 빈번하게 강요했다. 올림픽에서 우승한 손기정의 명성을 이용하지 않을 까닭이 없다. 조선총독부와 일본 헌병은 손기정을 조선 여기저기의 구제중학교(일제시대의 5년제 중등교육기관. 역주)에 파견하여 학도병 모집 연설을 하도록 강요했다.

'황국을 위해 목숨을 바치는 것은 남아 일생일대의 영광'이라는 말로 젊은 구제 중학생에게 호소했던 것이다.

만년에 손기정은 이 연설이 그의 인생에서 가장 후회스런 것이었다고 술회했다. 그 심정은 말하지 않아도 알 것이다. 조선의 무구한 학생들에게 "천황폐하를 위해 죽어 달라"고 말하는 것이 가슴 아프지 않을 리가 없다. 후에 "영화 「호타루」 속에서 특공대원으로 죽어간 가네야마(金山) 소위를 낳은 것은 나의 책임이다"고 자책하는 말을 남겼다.

7. 조국의 해방과 스포츠 헌신 결의

다시 국제무대로

1945년 8월 15일, 한반도가 일제의 식민 지배로부터 해방되었다. 서울 거리에 사람들이 넘치고, 태극기를 흔드는 많은 사람의 무리가 여기저기 보였다. 오랜 기간에 걸친 식민 지배에서 해방된 기쁨은 전국으로 퍼져 나갔다. 조국을 되찾은 환희에 취한 국민들은 함께 웃고 함께 목 놓아 울었다.

조선총독부의 식민 지배에서 벗어나 정치 체제의 전환을 도모하기 위해 다양한 운동이 시작되었다. 손기정에게도 그러한 운동단체들로부터 많은 참가 권유가 있었다. 올림픽 우승자라는 명성을 이용하려는 무리들이 감언이설로 다가왔던 것이다. 하지만 손기정은 너무 난립하고 식견 없는 정치운동에 염증을 느꼈다. 오로지 하나 우리나라를 우리 힘으로 세운다는 대의명분만을 생각했던 손기정은 정치에는 관심이 없었다. 그리고 조국 재건에 자신이 어떻게 공헌할 수 있을 것인가? 손기정은 '지금이야말로 정치의 울타리를 벗어나 체육인으로 돌아가야 할 시기'라는 결단을 내렸다.

손기정은 신의주 친형에게 맡겨놓은 아이들을 데리러 가는 기차 속에서 기묘한 안내방송을 들었다. "이 기차는 북쪽으로 가는 마지막 기차입니다. 앞으로는 38선이 생겨 내왕이 끊기게 됩니다." 돌연한 안내방송에 곤혹스러웠다.

이것은 그 후 한반도에 도탄의 고통을 안겨준 남북분단을 알리는 뉴스였다. 평범한 시민인 손기정으로서는 그것이 앞으로의 조선에 미칠 중대한 의미를 알 방법이 없었다. 친척에게도 신의주체육회 인사들에게도 가볍게 이별을 고했지만, 그 후 남북분단으로 일족이 뿔뿔이 헤어질 줄은 꿈에도 생각하지 못했던 것이다.

한반도 북쪽에는 소련군이 진주하고 남쪽에는 미군이 상륙해 점령했다. 후에 유럽에서 동서 독일의 분할과 '철의 장막'을 야기한 국제정치는, 극동에서는 한반도의 분단과 민족의 대립, 분단국가를 만들어냈다. 36년간에 걸친 제국주의 일본의 식민 지배에서 해방된 바로 그때의 일이다. 손기정은 그저 이 조선의 비정한 현실에 탄식할 수밖에 없었다.

그러나 손기정에게는 그런 불행을 잊게 하는 '꿈'이 있었다. 그것은 스포츠이고 마라톤이었다.

1945년 9월 23일, 권태하 씨의 사무소를 본부로 해 '조선육상경기연맹'을 발족시켰다. 1947년 이 조직은 국제육상경기연맹에 가맹하고 크게 비상하게 된다.

재건된 조선체육회는 재빠르게 12월 27일 조국 조선의 자유해방을 기념하는 전국종합체육대회를 거행했다. 광복을 축하하는 조선의 체육인이 총결집한 이 대회 개막 당일, 손기정은 태극기를 들고 선두에서서 10개 종목 4천여 선수단을 이끌고 경기장에 들어섰다. 손기정은 "얼마나 자랑스러운 영광인가. 일장기 아래 울분의 눈물을 뿌려야 했던 저 베를린올림픽 시상대. 자랑스러운 태극기를 손에 들고 나는 그 오욕의 날들을 회상해 보았다. 눈물이 앞을 가려 제대로 걸을 수 없었다"고 회상하고 있다.

신생 조선체육회 재건 중 베를린올림픽 마라톤 우승 10주년을 맞이한 1946년 8월 9일, 동아일보는 '회상의 저녁'이라는 기념 잔치를

| 조국의 해방을 축하하는 전국종합체육대회 개회식. 기수는 손기정(1945.12.27)

베풀었다. 그 이후 권태하 씨 집에 김은배, 남승룡, 손기정, 이길용 등이 모여 앉아 런던올림픽에 대비해 '마라톤보급회'를 조직할 것을 결의했다. 권태하가 위원장, 김은배가 총무, 남승룡과 손기정이 지도원을 맡았다. 손기정의 안암동 자택이 합숙소가 되어 '조선마라톤보급회'가 출범했다.

조선마라톤보급회

조선마라톤보급회는 손기정의 자택에 태극기를 게양하고 '조선마라톤선수합숙소'라는 간판을 달았다. 손기정 집의 방 4개를 합숙소로 하여 선발된 젊은이를 거주시켜 합숙훈련을 시작했다. 경비 염출에는 머리가 아팠지만 그것은 보람 있고 즐거운 일이었다.

아들 손정인은 "집이 선수들로 넘쳐나 내가 지낼 곳이 없었다"고 당시를 회고하며, 아버지가 마라톤 진흥을 위해 매진하던 모습을 쓴웃음을 지으면서 전했다.

1946년 8월 20일, 베를린올림픽 마라톤 우승 10주년 축승회(祝勝會)가 덕수궁에서 열렸다. 많은 참석자들 중에서 먼저 이승만 박사가 연단에 올라 축사를 했다. "우리 민족은 일제의 탄압 아래서 그저 먹고 입고 숨 쉬고 있던 '산송장'에 지나지 않았다. 그 역경 속에서 손기정과 남승룡 두 선수가 조선의 명예를 위해 세계무대에서 싸워 이겼다. 우리 3천만 민족도 이 두 선수처럼 불굴의 투지를 발휘하자"며 전후 부흥에 나서는 국민들을 고무했다.

이어진 조선 독립운동 지도자 김구 선생의 축사에 손기정은 감격했다.

"나는 오늘까지 세계를 제패한 손기정과 남승룡 군으로 인해 세 번 울었다. 10년 전 남경에서는 나라 없는 청년이 세계열강의 젊은이들과 사투를 벌여 우승했으나 조선 사람이면서도 조선 사람 행세를 못해 가슴에 일장기를 붙인 사진을 컴컴한 방 안에서 신문으로 보면서 가슴 아파 울었다. 태평양전쟁이 일어났을 때 중경에서는 조선 청년 손기정이 일본군에 지원해 필리핀 군도에서 전사했다는 소식을 듣고 원통해서 울었다. 그리고 오늘은 죽었다던 손 군을 광복된 조국 땅에서 다시 만나 이렇듯 뜻 깊은 자리에 함께 있으니 감격해서 울지 않을 수 없다."

참석한 모든 사람이 김구 선생의 감회 어린 말씀에 귀를 기울인 채 숙연해졌다.

손기정은 환영을 받기는커녕 여의도에 도착하자 경찰과 헌병에 끌려가다시피 했던 그때와는 전혀 다른 이 날의 화려한 축승회에 감개무량해했다.

8. 보스턴마라톤 석권

보스턴마라톤

전쟁으로 오래 닫혀 있던 국제적 스포츠대회는 서서히 부활했다. 손기정이 목표로 한 세계적 마라톤대회가 미국 보스턴에서 재개되었다.

보스턴마라톤대회는 미국이 독립을 위해 종주국 영국에 봉기한 1775년 4월 19일 '애국의 날'을 기념한 대회로 1897년에 시작되었다.

자연히 외국인도 참가하여 그 당시는 세계 최고봉의 마라톤대회로 인식되고 있었다.

손기정은 어떻게든 이 대회에 참가하고 싶어 온갖 방책을 강구하다 미 군정청 공보과장 이용선을 찾아갔다. 이용선 과장은 체육과장 스미들리 여사를 소개해주었다. 스미들리 여사는 전에 단거리 육상선수였던 프랭크 브리스톤 공보관을 소개해주었다.

브리스톤 공보관은 보스턴마라톤조직위원회로부터 정식 초청장을 받아주었다. 브리스톤 씨는 손기정이 베를린올림픽 마라톤에서 우승을 한 사실을 알고 있어서 이야기가 원만하게 진행되었다. 손기정, 남승룡, 서윤복(徐潤福) 세 사람이 대회 출전 선수로 초청되었다. 그러나 보스턴마라톤대회에 참가하기 위해서는 막대한 비용이 필요했다. 그 자금 마련에 어려움을 겪고 있을 때, 한국인 동포의 모금운동 외에 미군정청 사령관이 모금한 거액의 자금이 전달되었다. 이 호의에는 미군 통치 아래에서 조선인과 미군의 관계를 원활하게 하려는 의도가 담겨 있었다.

1947년 4월 3일 드디어 출발이다. 미 군정청이 마련해준 미군 수송기를 타고 미국 본토로 향했다. 샌프란시스코를 경유해 보스턴에 도착했다. 베를린올림픽 1위와 3위 선수가 온다고 하자 보스턴은 들떠 있었다. 34세인 손기정은 감독을 맡고, 남승룡과 서윤복이 선수로 참가했다. 4월 19일 156명의 선수가 제51회 보스턴마라톤의 스타트 라인에 섰다. 당시 세계최고기록을 갖고 있던 핀란드의 미코 히테넨(Mikko Hietanen)을 비롯해 세계의 강호들이 모여 있었다. 서윤복은 '조선마라톤보급회'가 양성한 선수로 손기정의 자택 합숙소에서 연습을 해 온 고려대학교 선수다. 손기정처럼 극빈 가정 출신으로 노력을 거듭해서 광복 후 고려대학교 육상부에 스카우트된 선수였다. 남승룡은 서윤복을 격려하기 위해 이 경기에 나섰다. 레이스는 히테넨이 시종 리드했다.

손기정은 선두 다툼을 벌이고 있는 서윤복에게 "윤복아! 조국을 위해 싸워라!"며 큰 소리로 독려했다. 한국인이 '조국' '민족'이라는 말을 들으면 가슴이 뭉클해지는 것은, 일제 강점기의 고통스런 기억들을 극복하게 하는 키워드이기도 했기 때문이다. 서윤복은 그 후 갑자기 나타난 개를 피하려다 그만 나뒹굴고 말았다. 리듬이 흐트러진 서윤복은 이내 호흡을 가다듬고 다시 레이스에 임했다. 서윤복은 뛰어올라 갔다가는 심장이 터진다는 마의 언덕

| 보스턴마라톤에서 우승하고 인천항으로 귀국. 왼쪽부터 남승룡, 서윤복, 손기정(1947)

'하트 브레이크 힐(Heartbreak Hill)' 32㎞ 지점을 지나 언덕 중턱에서 마침내 선두 히테넨을 따라잡았다. 그러나 산 넘어 산. 38㎞ 지점에서 신발 끈이 풀어지려고 했다. 서윤복은 기지를 발휘해서 발등에 물을 부어 신발끈이 풀어지는 것을 막았다.

서윤복은 가슴에 태극기가 새겨진 유니폼을 입고 당당하게 선두를 달렸다. 그 모습을 보고 손기정은 11년 전의 자신의 모습을 떠올리며 시대의 흐름을 느꼈다.

"가슴에는 빛나는 태극마크. 아! 코리아의 승리. 당당한 독립 민족의 승리가 눈앞에 다가왔다. 나는 서군이 부러웠다. 태극기를 달고 뛸 수 있는 그는 얼마나 자랑스러운 존재인가. 베를린에서 일장기를 달고 뛰던 나, 지금 자랑스럽게 태극기를 달고 뛰는 서윤복. 둘의 모습이 머릿속에 겹쳐 나를 감동케 했다."

서윤복은 2시간 25분 39초의 기록으로 당당히 우승을 차지했다. 서윤복을 철저하게 지원한 34세의 고령 남승룡도 2시간 40분 10초로 당당히 12위에 입상했다.

손기정은 "보스턴의 봄 하늘 높이 태극기가 펄럭였다. 시상대 위에 올라선 서윤복 군도, 관중석에 선 나도 복받쳐 오르는 감격에 못 이겨 눈물을 흘렸다"고 자서전에 기록하고 있다.

| 1947년 보스턴마라톤에서 골인하는 서윤복 선수(숭문고등학교 제공)

11년 전에 베를린올림픽 마라톤 시상식에서 본 '일장기'와는 너무나 다른 생각이

스쳐갔다. 그러나 이 감동은 3년 후인 1950년에 다시 한 번 찾아오게 된다.

옛 친구와의 만남

제2차 세계대전으로 중지되었던 올림픽 경기는 1948년 런던에서 재개되었다. 당시 국제사회에서는 독립국가로서의 체제를 갖추고 있지 못했던 한국이 참가하는 것에 대해 부정적인 견해가 많았다. 그러나 미국은 보스턴마라톤대회에서 우승한 한국 마라톤계에 주목했다. 그 미국의 힘을 빌려 런던올림픽 참가의 길을 모색했다. 그런 열의는 나중에 IOC 위원장이 되는 브런디지에게도 전해졌고, 그는 한국의 올림픽 참가를 적극적으로 지지해주었다. 그 결과 한국의 런던올림픽 참가가 결정되었다.

한국 국민이 선수단에 거는 기대는 날이 갈수록 높아져 갔다. "광복된 조국의 이름을 올림픽을 통해 세계만방에 알리고 조국 완전 독립의 길을 재촉하자"는 의기가 충만했다. 스포츠의 장을 통해 세계에 한국을 빠르고 폭넓게 이해시키기 위해 올림픽의 기능에 기대했던 것이다.

보스턴마라톤 우승자 서윤복, 신진기예 최윤칠(崔崙七), 홍종오(洪鍾五) 세 선수가 포진한 한국 마라톤 팀은 의기양양하게 런던올림픽 준비를 했다.

이 런던올림픽에서는 베를린올림픽 이래 깊이 교류를 해 온 하퍼가 변함없이 공정한 자세로 마라톤 코스에 대한 적절한 정보를 보내왔다. "이번 마라톤 코스가 어느 곳보다 어려워서 2시간 33분대면 충분히 우승할 수 있을 것이다. 핀란드, 그리스, 터키, 캐나다, 영국 등 마라톤 강국 선수들이 벌써 현지에 도착해서 한국을 견제하기 위해 맹연습 중이다….” 그러나 이와 같이 하퍼가 적절한 정보를 보내주었음에도 불구하고 한국 선수들이 거둔 성적은 참담했다.

그러나 손기정과 하퍼는 베를린올림픽에서 우승을 다툰 사이였지만 그 후 서로 간에 승패를 초월한 단단한 우정이 싹트고 있었던 것이다.

손기정은 그밖에도 인연이 있는 사람들과의 교류를 계속했다. 1956년 베를린올림픽 20주년 때 손기정은 베를린을 방문했다. 그 후 비스마르크 언덕에서 소중한 물을 건네준 간호사 마리아 루이제 네프 부인과 뒤셀도르프에서 재회했다. 생명수와 같은 물을 건네준 것에 대해 정중히 감사를 표시했다. 그때 네프 부인은 “1936년 올림픽 이래 내 책상 위에 월계관을 쓴 당신 사진을 계속 장식해놓고 있다”고 이야기했다. “그 사진을 볼 때마다 나는 손기정의 승리에 공헌할 수 있었다는 기쁨을 실감하고 있다. 얼마나 훌륭한 추억인가”하고 회고했다.

또 그 감동적 기록영화 「민족의 제전」의 감독 레니 리펜슈탈과도 재회했다. 손기정의 질주, 하퍼와 말을 주고받는 모습과 골인 직전을 극명하게 부각시켜 준 것, 올림픽 폐막 후에는 다지마 나오토와 함께 자택에 초대해준 것 등에 대해 사례의 말을 했다. 그녀는 히틀러 정권이 붕괴한 이후 「민족의 제전」이 나치스의 선전물이며, 그 협력자라고 낙인 찍혀 힘든 시기를 보내고 있었다. 그녀는 그 전말을 허심탄회하게 손기정에게 얘기했다.

| 재회를 기뻐하는 손기정과 레니 리펜슈탈

이 1956년의 기념

식전에서는 대회본부가 특별히 손기정을 시상대에 올려 20년 전의 영웅을 관객에게 소개했다. 손기정의 눈가가 촉촉해졌을 것임에 틀림없다.

역사적 쾌거에 넘치는 눈물

1948년 런던올림픽에서 참패한 한국 마라톤은 재건을 노리며, 1947년에 서윤복이 우승한 이래 두 번째로 1950년 보스턴마라톤에 참가했다.

손기정의 집을 합숙소로 삼아 단련해 온 한국 팀은 정예로 꾸려졌다. 손기정은 함기용(咸基鎔)·송길윤(宋吉允)·최윤칠 등 3명의 선수를 인솔했다. 손기정은 그 회고록에서 "최윤칠이 발의 통증을 호소했지만 나머지 두 명을 리드하는 역할을 맡아 달라고 부탁했다. 장한 사내였다. 최윤칠 군은 두 동료를 위해 참가국 선수들을 유인해 기력을 빼놓으면서도 끝까지 자신의 레이스를 포기하지 않았다. 최윤칠의 보이지도, 기록되지도 않은 도움을 받아 함기용, 송길윤이 1위와 2위로 나란히 결승 테이프를 끊었다. 기쁨에 넘쳐 결승점에서 환호하던 내 눈 앞에 놀라운 일이 벌어졌다. 어디쯤에서 기권해 차를 타

| 1위로 골인하는 함기용(함기용 제공)

| 두 번째 보스턴마라톤에서 1, 2, 3위를 석권한 한국 팀. 앞줄 왼쪽부터 함기용, 송길윤, 최윤칠. 뒤에 손기정

고 들어올 줄로만 알았던 최윤칠 군이 나타난 것이었다. 아픈 다리를 끌고 역주하는 최윤칠. 그런 장한 사내는 여태 본 적이 없었다. 최윤칠은 다른 한 선수와 붙어 이를 악물고 경쟁하며 달리고 있었다. 나는 벼락같이 달려가 '윤칠이! 여기가 어딘데 꾸물거리는 거야!'하고 소리를 질렀다. 쩌렁쩌렁 울리는 내 목소리에 힘이 났는지 최윤칠 군은 마지막 300m를 사력을 다해 달려 3위를 차지했다. 한국 마라톤은 아마 그만한 인물을 두 번 갖기 어려울 것이다. 그는 장사요, 대포알 같은 주력을 가졌다. 부상을 당했으면서도 두 사람을 돕고 3위로 들어온 최윤칠의 분투. 나는 함기용과 송길윤의 1위, 2위보다 최윤칠 군의 3위가 더 소중하고 의미 깊은 것이라고 믿는다"며 그 건투를 칭찬했다.

"1위, 2위, 3위를 석권한 나라가 지금까지 있었을까? 보스턴 하늘에는 태극기만이 가득했다. 전 세계 마라톤계에서 또 한 번 한국 마라토너들의 우수성에 탄복했다. 제54회 보스턴마라톤처럼 통쾌했던 적도 없었다"고 자서전에 기록하고 있다. 아직 양정고 학생이던 함기용이 2시간 32분 39초로 우승하고, 송길윤은 2시간 35분 58초로 2위, 최윤칠은 건투해서 2시간 39분 45초로 3위를 차지했다. 1947년 서윤복이 우승한 데 이어 1950년 함기용, 송길윤, 최윤칠이 1, 2, 3위를 휩쓸어 미국 내에는 코리아 선풍이 일어났다.

1946년 '마라톤보급회'를 설립한 이후, 가난한 재정 속에서도 착실하게 쌓아 온 성과가 여기에 실현되었던 것이다. 마라톤 왕국 한국의 명성은 온 세계에 울려 퍼졌다.

1950년 6월 20일, 손기정을 단장으로 하는 마라톤 선수 일행이 김포공항에 도착했다. 거국적인 대환영에 열광했다. 이승만 대통령이 선수 전원의 손을 잡고 "수고들 했어. 정말 잘들 했어"하고 기쁨을 감추지 못했다. 그 후 부산, 대구, 대전, 서울에서 환영대회가 성대하게 거행되었다. 귀국 후 얼마 되지 않아 6·25전쟁(한국전쟁)[6]이 터졌다. 함기용의 고향 춘천에서 열릴 예정이었던 환영대회는커녕 모든 것이 전쟁의 불길에 휩싸여버렸다.

1945년 이후 신생 한국이 구축한 마라톤을 위시한 한국의 스포츠는 여기에서 좌절하게 된다.

9. 6·25전쟁의 교훈

전쟁 발발

손기정은 "스포츠의 발전은 평화로운 사회에서만 가능하다"고 말하는 것이 입버릇처럼 된 사람이다.

손기정은 1994년에 수록된 NTV 「알고 있을 터(知ってるつもり)」란 프로그램의 인터뷰에서 "전쟁은 이기거나 져도 총포의 탄환에 맞으면 사람은 죽는다. 스포츠에서의 싸움은 이기고 지는 것으로 사람이 죽지 않는다. 승부를 할 때는 국가를 등에 업고 있지만, 승부가 끝나버리면 모두 친구지요. 유니폼을 교환하고 웃기도 해요. 평화지요, 평화가 중요해요!"하고 말했다.

이 말은 개선 직후 발발한 6·25전쟁과 민족이 둘로 나뉘어 서로 죽이는 비참하고 가슴 아픈 전쟁의 기억에서 온 것이다. 영광의 보스턴마라톤에서 1, 2, 3위를 독점하고 개선해 얼마 지나지 않아 6·25전쟁이 발발한 것은 손기정에게 큰 충격을 안겨 주었다.

광복 후 마라톤보급회를 만들고 자택을 합숙소로 개방하면서 헌신해 구축한 한국의 마라톤. 그리고 손에 쥔 보스턴마라톤 1, 2, 3위 독점의 영예. "자, 이제는 올림픽 제패다!"하고 막 기세가 오를 때 일어난 6·25전쟁. 손기정은 '스포츠와 평화' 문제에 민감해지지 않을 수 없었다.

그러나 손기정은 자국의 마라톤과 육상경기의 발전만을 생각하고 있었던 것은 아니다. 6·25전쟁 때문에 참가할 수 없었던 1951년 보스턴마라톤에서 우승한 것은 일본인 다나카 시게키(田中茂樹)였다. 서울이 격렬한 전쟁통이었음에도 손기정은 우승자 다나카 시게키에게 전보를 보냈다.

“다나카 군의 우승은 아시아의 우승이라고 생각하며 진심으로 축복합니다. 손 기테이.”[7]

이 ‘아시아’라고 하는 발상은 스포츠에 거는 기대-스포츠에 의한 아시아의 연대를 희구하는 손기정의 정신에서 나오는 것이었다.

‘아시아’라고 하는 개념, 이것은 비참한 제2차 세계대전을 경험한 손기정의 사상의 원점이 되는 것이다. 일본인의 우승을 원한을 넘어서 격의 없이 축하한 전보 내용에서 손기정의 넓은 시야와 관대한 정신을 읽을 수 있다. 여기에는 어떤 이유인지 일본식 발음인 ‘손 기테이’로 적혀 있다.

이러한 스포츠를 통한 아시아인의 우호단결이란 생각은 그 후 손기정의 필생의 과업이 되었다.

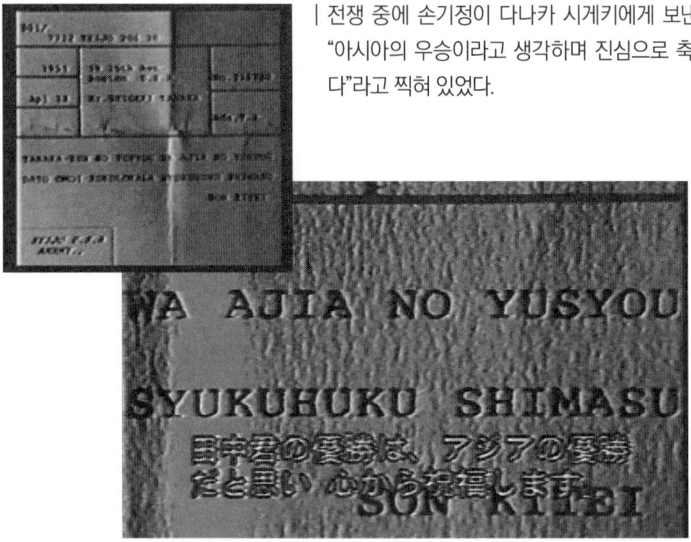

| 전쟁 중에 손기정이 다나카 시게키에게 보낸 축전. “아시아의 우승이라고 생각하며 진심으로 축복합니다”라고 찍혀 있었다.

전쟁이 시작되자 스포츠는커녕 손기정도 엄청난 기세로 남하한 북한군의 진공으로부터 몸의 안전을 구할 수밖에 없었다. 북한 김일성의 명령은 "손기정을 생포하라" "김일성 만세를 부르게 하라"는 것이었다. 손기정이 미처 서울을 빠져나가지 못하고 있던 어느 날 한 인민군 장교가 찾아왔다. 그는 놀랍게도 손기정의 양정고보 육상부 후배였다. 인민군 장교는 조금 있다가 곧 자리를 떴다. 손기정은 후배의 은밀한 배려로 같은 민족 간의 비극적 전쟁에서 한 차례 죽음의 고비를 넘길 수 있었다.

6·25전쟁은 20세기에 일어난 전쟁 중에서도 가장 처참하고 파괴적인 전쟁이었다고 일컬어진다. 추정해서 3백만 명을 넘는 한국인과 북한인이 목숨을 잃었는데, 그 반수가 민간인이었다고 한다. 전쟁의 아수라장을 빠져나온 경험과 6·25전쟁으로 스포츠 발전이 뿌리부터 와해되고 만 경험은 손기정으로 하여금 이후 들어선 군사정권에서도 '스포츠와 평화' 문제를 진지하게 생각하게끔 만들었다.

그 후 손기정은 대한육상연맹 회장(1963년), 대한올림픽위원회 상임이사(1966년) 등을 역임하며 한국 스포츠계에 기여하게 된다.

일본 동료와 스포츠·평화를 생각하다

손기정은 1983년 10월 3일과 4일 오사카에서 개최된 '포럼 OPT21 오사카' 회의에 참석했다. 이 OPT는 손기정이 형처럼 여기며 존경하는 오시마 겐키치(간사이대학 OB로 오사카체육대학 부학장)의 평생의 꿈과 이념이 집약된 국제회의였다. OPT란 Olympic(올림픽), Peace(평화), Turtle marathon(거북이 마라톤)의 의미이다. 그 기본 이념은 '스포츠를 통해 세계의 평화를!'이었다.

손기정으로서도, 바다로 인해 떨어져 있기는 했지만, 베를린올림픽 개회식 이래 존경해 온 선배이자 오랜 기간에 걸쳐 올림피즘 실현을 위해 함께 손잡고 실천해 온 절친한 친구 오시마 겐키치가 기획한 행사이다. 서울에서 급히 달려가지 않을 수 없었다. 10월 3일 열린 전야제에는 간사이(関西) 방면의 스포츠 관계자 1300명 정도가 모였다. 4일 오전에는 오사카성 공원에서 거북이 마라톤(승부를 겨루지 않고 건강을 목적으로 하는 달리기) 오픈대회가 열렸다. 오시마 겐키치의 요청으로 베를린올림픽 마라톤 우승자 손기정이 출발 신호를 맡았다. 참가자들이 출발한 뒤에 자신도 따라 달렸다. 그날 석간에는 베를린올림픽 마라톤 우승자 손기정이 참석했다고 대서특필되어 거북이 마라톤 성공에 일익을 담당했던 것이다.

오후에는 오사카상공회의소 국제홀에서 국제심포지엄 「올림픽과 세계 평화」가 개최되었다. 이 국제회의에는 오시마 겐키치의 막역한 친구로 독일올림픽위원회 위원장이자 IOC 부위원장인 빌리 다우메를 비롯해, 스포츠와 평화를 생각하며 행동해 온 철학자 고자이 요시시게(古在由重)[8], 예전부터 육상을 해온 나고야대학 수학교수 오노 가쓰지(小野勝次) 등이 참석했다. 누구나 오시마 겐키치와는 뜻이 잘 통하는 오랜 친구들이다.

그 외에 노동자의 스포츠권 문제를 일본노동조합 총평의회(총평) 도미쓰카 미쓰오(富塚三夫) 사무국장이 제기했다. JOC(일본올림픽위원회)의 이와타 유키아키(岩田幸彰) 전 사무국장, 국제대학스포츠연맹 부회장 메시즈카 데쓰오(飯塚鉄雄) 등 실로 많은 인재가 함께 했다. 그 자리에는 손기정도 초청을 받아 참석했다. 손기정은 자신이 선수로서 맛본 베를린올림픽의 영광과 굴욕, 보스턴마라톤 완전 제패, 6·25전쟁이 한국 스포츠 발전을 저해한 사실 등을 언급하고, 스포츠에는 평화가 중요하다는 점을 역설했다.

그 후 같은 해 12월 8일에는, 평생을 스포츠와 평화 문제에 바친 필립 노엘베이커 경(영국올림픽위원회 부위원장)이 작고한 것을 추모하여 오시마 겐키치, 가와모토 노부마사(川本信正), 나카노 요시오(中野好夫), 고자이 요시시게 등이 발기인이 되어 주도했던 「필립 노엘베이커 경 기념 '스포츠와 평화를 생각하는 모임'」이 메이지대학에서 열렸다. 손기정 또한 그 자리에 참석했다.

필립 노엘베이커 경은 1920년 앤트워프올림픽 육상 남자 1500m 은메달리스트이자 군축촉진운동에 매진했던 평화운동가로 1959년 노벨평화상을 받았다. 히로시마와 나가사키에서 열린 원폭금지집회에도 참석했다. 그는 IOC 총회 기조강연에서 "IOC와 UNESCO(유엔 교육과학문화기구)의 협력으로 세계평화를 추구하면 두 기구를 노벨평화상 후보로 추천하겠다"고 연설했다. 나아가 유네스코 본부에 체육스포츠평의회(ICSPE·International Council of Sport and Physical Education)를 만들고 회장으로서 세계의 체육·스포츠 발전에 크게 기여한 인물이다. 스포츠인 중에서 올림픽 은메달과 노벨평화상을 수

| 필립 노엘베이커

상한 최초의 인물이기도 하다. 실로 'Man of Sport, Man of Peace'였다.

일본에도 오시마 겐키치(로스앤젤레스올림픽 삼단뛰기 동메달), 고자이 요시시게(구제 일고 시절 창던지기 선수), 나카노 요시오(구제 삼고 시절 야구부 주장), 가와모토 노부마사(일본 최초의 본격적 스포츠 저널리스트) 등 스포츠문화를 각별히 사랑하며 노엘베이커 경을 경애하고 있던 사람이 많았다.

이러한 사람들이 노엘베이커 경을 기념하는 '스포츠와 평화를 생각하는 모임'을 설립했다.[9] 오시마 겐키치는, 자신이 '스포츠와 평화에 관한 종교=노엘베이커교 신자'라고 거리낌 없이 말했다.

이 '스포츠와 평화를 생각하는 모임'을 설립하는 데는 전사(前史)가 있었다.

1980년 모스크바올림픽 보이콧 당시 "스포츠인의 자주성을 중시해

| 정면 왼쪽부터 오시마 겐키치, 데라시마 젠이치, 한 사람 건너서 철학자 고자이 요시시게, 스포츠 평론가 가와모토 노부마사, 문예평론가 나카노 요시오. 등을 보이고 있는 가운데 인물이 손기정(1983.12.8.)

야 하며, 정치의 개입은 배제해야 한다"는 성명을 내고, 당시의 일본체육협회에 의견을 제시한 사람들이 있었다. 고자이 요시시게, 나카노 요시오 외에 마루오카 히데코(丸岡秀子, 평론가), 오타 다카시(太田堯, 도쿄대 교수·일본교육학회 회장), 아와야 노리코(淡谷のり子. 가수)[10], 후지와라 신지(藤原審爾, 작가) 등이 여기에 참가했다.

마거릿 대처(Margaret Thatcher) 영국 총리의 모스크바올림픽 참가 보이콧 요구를 단호하게 뿌리치고 모스크바올림픽에 참가한 영국올림픽위원회(BOA)에서, 대처의 요청에 반대하는 논진의 선두에 선 사람이 영국올림픽위원회 부위원장 필립 노엘베이커 경이었다.

일본에서 목소리를 낸 사람들은 이때 노엘베이커 경이 설파한 격조 높은 문장을 성명[11]에 인용했다.

1983년에 설립된 필립 노엘베이커 경 기념 '스포츠와 평화를 생각하는 모임' 운동은 이 1980년 모스크바올림픽 보이콧에 반대한 사람들의 이념을 계승한 운동이기도 했던 것이다.

그때까지 일본의 체육·스포츠계에는 봉건적·가부장적 인간관계 때문에 스포츠인이 정치적 발언을 하는 것이나, 스포츠와 평화 문제에 대해 발언하는 일은 극히 드물었다. 참고로 당시 각 경기단체의 회장을 비롯한 중요 직책은 거의 재계 중진이나 자민당의 국회의원 등 보수 진영 인물이 차지하고 있었다. 스포츠는 정치적 중립이어야 한다는 말이 무색할 정도였다.

일본에 '스포츠와 평화'라는 새로운 과제를 갖고 행동하는 사람들이 나타났다고 해서 매스컴도 주목하고 NHK 사회부 오누키 야스오(大貫康雄) 기자, 아사히신문 이와다레 히로시(岩垂弘) 기자 등이 취재를 하러 왔다. 이 필립 노엘베이커 경 기념 '스포츠와 평화를 생각하는 모임'에 손기정이 참석해 발언을 했다.

발기인들이 인사를 마친 후 손기정은 자기의 체험을 바탕으로 "스포츠인은 평화 문제에 관심을 갖고, 평화로운 사회 구축에 참가해야 한다"고 발언했다.

그때 사회를 보고 있던 나는 의연한 그 발언에 놀라, "NHK 저녁 뉴스에 이 모임의 모습이 방영됩니다. 그러면 한국 KBS에도 흘러가게 될 것입니다. 전두환 군사정권을 비판하는 모양새로 비치지 않을까요? NHK 디렉터에게 이야기해서 손기정 씨 부분은 지워달라고 할까요?"라고 여쭤보았다. "데라시마 씨, 제가 뭔가 틀린 말을 했나요? 저의 발언으로 귀국 후 문제가 되면 저는 맞서 싸우겠습니다"라고 의연하게 말씀하시는 모습에 나는 다시금 경탄했다.

혹독한 상황 속에 살아온 손기정의 확고한 신념을 접했던 이때의 일을 나는 깊은 감동과 함께 잊을 수가 없다.

그 회의가 끝난 후 광복 후 38년 만에 방문한 모교 메이지대학을 그리운 듯이 바라보는 손기정은 함께 졸업한 '황금의 쇼와 14년 동기' 여러분의 안부를 물었다. 와다 마사오, 다키자와 히사오, 나가마쓰 히데키치, 미즈타니 미쓰조 4명은 모두 모교 체육교수로 일하고 있다고 설명했다. 만약 손기정이 메이지대학 재학 시절에 달리기가 허용되었다면, 메이지대학 경주부원으로 하코네역전 등에서 대활약해 교수로 채용되었으리라는 것은 상상하기 어렵지 않다. 그 후의 인생 또한 바뀌었을 것이다.

대학원 회의실이 있는 11층에서 보는 중정에는 메이지대학의 상징인 큰 은행나무가 있다. 손기정이 재학 중일 때부터 심어져 있던 그 은행나무를 줄곧 바라보던 모습이 지금도 눈에 떠오른다. 그때 손기정의 마음에는 무엇이 오고 갔던 것일까. 일본 정부의 불합리한 요구로 쓰라린 유학생활을 해야 했던 학생 시절의 추억이 되살아난 것은 아니었을까.

10. 세계를 향한 시선

1988년 서울올림픽

1981년 9월 30일 서독 바덴바덴에서 열린 1988년 올림픽 유치전에서 한국 서울이 일본 나고야에 승리한 것은 손기정이 이전부터 알고 있던 올림픽 관계자를 방문하는 등 헌신적인 노력을 했기 때문이기도 하다.

| 서울올림픽에서 성화 주자로 나선 손기정(1988년)

1936년 베를린올림픽 우승이라는 손기정의 명성과 함께 그 후에도 인간관계를 끊지 않고 노력했던 것이 서울올림픽 유치를 이끈 요인의 하나가 되었다. 일본은 "한국의 접대외교에 패했다"고 말하며 진지하게 패인을 규명하지 않았다.

그리고 1988년 9월 17일 열린 서울 올림픽에서 손기정은 성화 주자로 발탁되었다. 한국 올림픽 운동의 최대 공헌자인 손기정이 서울올림픽에 어떤 식으로든 관여할 것임은 상상할 수 있었지만, 설마 성화 주자로 올림픽 스타디움에 입장할 것이라고는 상상도 하지 못했다.

성화를 든 손기정은 여태까지의 성화 주자들과 달리 똑바로 엄숙하게 달리지 않고 스탠드를 향해 손을 흔들고 깡충깡충 뛰면서 달렸다. 1936년 베를린올림픽의 쓰라린 추억과 6·25전쟁으로 중단된 한국의 스포츠 사정을 잊게 하는 듯 어린아이 같은 천진난만함이었다. 손기정의 고난에 찬 인생을 아는 사람으로서는 눈물 없이 볼 수 없는 광경이었다.

손기정의 모습은 환희에 넘쳐나고 있었다. '한국이 여기에 있다'고 자랑할 수 있을 만큼 크게 발전한 모국의 모습을 세계 친구들에게 알리는 기쁨을 온몸으로 표현하고 있었다. 그리고 52년 전의 베를린올림픽 영웅으로부터 1986년 서울 아시아경기대회 육상 3관왕 임춘애(林春愛)를 거쳐 미래의 한국을 짊어질 세 명의 젊은 주자 정선만(鄭善萬), 손미정(孫美廷), 김원탁(金元卓)에게 성화가 전달된 후 점화되었다.

서울올림픽을 앞두고 손기정이 어떤 식으로 올림픽에 관여할지, 성화 주자로 누가 기용될지 등에 대해 한국에서나 일본에서나 언론끼리 취재 경쟁을 벌이고 있었다. 당시 도쿄신문(東京新聞)의 이토 오사무(伊藤修) 기자가 도쿄신문 제1면에 '최종 주자 손기정'으로 특종 기사를 냈다. 이토 기자의 아버지 또한 베를린올림픽에서 손기정의 취재를 맡았던 터라 부모와 자식 모두 손기정과 사이가 좋았다.

이토 기자는 이후 주니치 드래곤즈 구단의 대표가 되었다. 그리고 이토 오사무와 손기정의 우정에서 야구를 통한 한일 간의 새로운 스포츠 교류가 시작되었다.

프로야구 한일 교류

미국과 일본 간 프로야구 교류는 오래전부터 요미우리(読売)신문과 마이니치(毎日)신문 주최로 열려 왔지만, 그때까지 한국과 일본 간 프로야구 교류는 없었다. 한일 간의 프로야구 교류는, 일본에서 니우라 히사오(新浦壽雄. 전 삼성 라이온즈 투수 김일융. 역주)와 우타 도쇼쿠(宇田東植. 전 해태 타이거즈 투수 주동식. 역주) 등 재일 한국인 선수가 이적해서 한국 야구 활성화에 기여했지만 정식의 조직적 교류는 없었다.

한일 국교정상화 25주년과 한국 프로야구 발족 10주년을 기념해서 1991년부터 4년에 한 번 한일 간 프로야구 교류 경기가 열리게 되었다. 주최는 주니치신문(中日新聞)이다. 주니치신문은 1988년 서울올림픽 이래 인연을 맺어 온 이토 오사무 기자와 손기정의 우정을 바탕으로 훌륭한 기획을 했다. 손기정은 이토의 요청을 받고 한국 프로야구계에 제안해서 이 기획을 성사시켰다.

그 후 한국 야구계의 슈퍼스타였던 선동렬이 주니치 드래곤즈에 입단해 세상을 깜짝 놀라게 했다. 선동렬은 나중에 한국 국가대표팀 감독을 역임하게 된다. 이어서 내야수 이종범 선수, 좌완투수 이상훈 선수 등이 주니치에 입단했다. 세간에서 말하는 '한국 3총사'다. 나중에 강타자 이병규 선수도 주니치에서 활약하고, 이승엽 선수는 10년 가까이 일본에서 활약하며 지바 롯데 마린즈의 일본시리즈 우승에 이바지했다.

한일 간 교류는 더욱 깊어져 자이언츠의 니시모토 기요시(西本聖. 한화 이글스의 투수 코치 역임. 역주), 주니치의 다카하시 미치타케(高橋三千丈. LG 트윈스와 KIA 타이거즈의 투수 코치 역임. 역주), 가도쿠라 겐(門倉健. SK 와이번즈에서 투수로 활약. 역주), 히로시마의 쇼다 고조(正田耕三. 한화 이글스와 KIA 타이거즈에서 타격 코치 역임. 역주) 등이 한국 프로야구에서 코치로 활약했다. 서울올림픽 이후 취재를 받고 취재를 하는 관계였던 손기정-이토 오사무의 인간관계를 축으로 한일 간 프로야구 교류가 활발해졌다.

스포츠를 통해 한일 간의 상호이해·우호연대를 진전시키려고 하는 손기정의 노력이 결실을 맺었던 것이다.

메이지대학 특별공로상

1988년 서울올림픽이 끝난 후, 서울을 방문한 나는 손기정을 기념하는 전시관이 한강변 '어린이대공원'에 있다는 소식을 듣고 그곳을 방문했다. 가난했던 어린 시절 생활을 보여주는 의복을 비롯해서 손기정이 받은 수많은 표창장·메달 등이 진열되어 있어 그 인생을 망라하고 있었다. 그렇지만 관내를 둘러보고 이상한 점을 발견했다. 일본인으로서 달리고, 베를린올림픽에서는 금메달을 획득한 손기정인데 일본이 수여한 표창장이나 감사장이 한 장도 없었던 것이다. 그렇게까지 일본 스포츠계를 활기차게 한 손기정에게 일본이 수여한 상장이 하나도 없는 것이다.

일본에 돌아온 나는 오카노 가오루(岡野加穂留) 학장(우리나라 대학의 총장에 해당. 역주)을 찾아가 이런 사정을 설명했다. 오카노 학장은 메이지대학체육회 수영부장·럭비부장 등을 맡은 적이 있어 스포츠에 관심이 높은 학장이기도 했다.

나중에 IOC 위원이 된 축구 지도자 오카노 슌이치로(岡野俊一郎. 전 일본축구협회 회장. 역주) 씨와는 사촌형제이기도 하다. 오카노 학장은 깊이 고심한 끝에 '메이지대학 특별공로상'을 드리자고 제안했다.

호시노 센이치(星野仙一. 전 일본 프로야구 주니치, 한신, 라쿠텐의 감독 역임)와 가라 주로(唐十郎. 극작가·작가·연출가·배우. 역주)가 수상한, 메이지대학으로서는 명예로운 표창이었다. 오카노 학장은 신속하게 움직여 이사회 등의 승낙을 얻어 냈다. 그러한 움직임을 인지한 메이지대학 교우회도 움직였다. 손기정과 동기생이었던 다카하시 요시히사(高橋喜久) 씨가 교우회의 의견을 모아 오카노 학장의 움직임에 합류했다.

1995년 내가 맡고 있던 '메이지대학에서 성장한 스포츠인들'이란 강좌 속에서 표창하기로 했다. 이 강좌는 메이지대학체육회가 배출한 스포츠인이 체육회 선수로서 어떻게 자기를 연마하고, 그 후에 어떤 인생을 살았는가 하는 발자취를 더듬어 널리 알리고 표창하는 것이었다.

첫 강의에서는 일본 스포츠계에 수많은 우수 인재를 배출한 럭비부 기타지마 주지(北島忠治) 감독과 야구부 시마오카 기치로(島岡吉郎) 감독을 다뤘다. 기타지마 감독에 대한 내용은, 메이지대학 시절 실업팀 미쓰비시자동차공업 교토(三菱自工京都)를 격파하고 일본선수권대회에서 우승했던 때의 주장 사사다 마나부(笹田学. 横河電機) 씨가 나와서 소개해주었다. 시마오카 감독에 관해서는, 주니치 감독을 지낸 후 NHK에서 해설을 하고 있는 호시노 센이치 씨가 설명해주었다. 호시노씨는 오후 6시부터 나고야에서 요미우리 자이언츠 경기 해설이 예정되어 있던 상태에서, 신세를 진 모교를 위해서라며 대학 규정으로 정한 박한 강사료를 받고 참석해주었다.

그 다음 주의 주제는 올림픽 금메달리스트 2명, 수영의 쓰루타 요시유키(鶴田義行, 1928년 제9회 암스테르담올림픽 200m 남자 평영 금메달)[12]와 손기정이었다. 이날에 맞추어 손기정을 표창하게 되었다. 손기정은 다리를 다쳐 당일 행사에 참석하지 못했지만, 같은 메이지대학 경영학부 대학원을 졸업한 아들 손정인이 큰 상자를 들고 출석해 특별공로상을 대리 수상했다.

손정인은 아버지 손기정이 한 기쁨의 말을 전한 후 큰 상자를 풀었다. 그 속에서 나온 것은 베를린올림픽 마라톤 우승 부상인 마라톤 전사의 청동투구(복제품)였다. 손기정이 메이지대학에 대해 고마움을 표시하는 최고의 기증품이었다. 행사장에 있던 대학 관계자는 고색창연한 훌륭한 투구에 깜짝 놀랐다.

손정인은 "예전에 다른 대학에서는 아버지의 응시를 거부했는데도 메이지대학만은 넓은 마음으로 응시를 허가하고 입학시켜준 것, 일본 스포츠 관계 단체가 무시해온 아버지의 공적을 일찍이 평가하고 특별공로상을 수여해 준 것 등에 감사하고 있다"고 귀중한 청동투구를 기증한 이유를 설명했다.

손기정은 모교 메이지대학에 깊은 애착을 갖고 있었다. 아들 손정인이 서울 소재 대학을 졸업하고 영국이나 미국의 대학원에 진학하고 싶다고 말했을 때 손기정은 크게 반대했다. 영국이나 미국은 허락하지 않는다, 일본의 메이지대학이라면 허락하겠다고 하여 손정인은 어쩔 수 없이 메이지대학 경영학부 대학원에 진학했다. 그 정도로 손기정은 메이지대학에 신뢰와 애정을 보내주었던 것이다. 손기정의 인생을 올바르게 이끌어준 권태하, 정상희, 남승룡, 그들 또한 모두 메이지대학 출신이다.

현재 이 청동투구는 메이지대학의 역사와 전통을 전하는 '메이지대학박물관' 입구에 전시되어 있다. 손기정도 메이지대학 역사의 한 페이지를 기록한 인물로서 후세인들에게 널리 전해져야 할 것임에 틀림없다.

11. 꿈을 이루고 떠나는 저승길

1992년 바르셀로나의 황영조

손기정의 오랜 꿈이었던 한국의 올림픽 마라톤 우승이 달성된 것은 1992년 바르셀로나올림픽에서였다. 손기정이 한국으로 귀화시키면서까지 올림픽 우승을 기대한 선수는 재일교포 김철언(金哲彦)[13]이었다. 그러나 그 김철언은 한국의 국내 예선에서 탈락하고 말았다.

한국 대표로 마라톤에 출전한 것은 황영조(黃永祚)였다.

8월 9일, 이 날은 손기정이 베를린올림픽 마라톤에서 우승한 바로 그날이다. 그런 인연을 회상하면서 손기정은 레이스를 지켜보았다. 몬주익 언덕에서 접전을 펼치며 올라온 선수는 한국의 황영조와 일본의 모리시타 고이치(森下広一)였다. 마지막 경쟁에서 이긴 선수는 황영조였다.

손기정은 더할 나위 없이 기뻤다. 오랫동안 조국의 메달로 인정되지

| 손기정과 황영조(왼쪽)

못했던 자신의 마라톤 금메달, 그것이 이번에는 틀림없는 한국인 황영조의 목에 걸린 것이다. 손기정은 눈물을 흘리며 황영조를 끌어안고 "네가 내 한을 풀어주었구나. 정말 고맙고 장하다"라고 속삭였다.

기구한 운명을 겪은 손기정이 기다려온 순간이었다. 1996년 애틀란타올림픽 마라톤에서도 이봉주가 2위로 입상해 마라톤 왕국 한국 부활의 조짐을 보였다.

2002년 한일 월드컵

2002년 월드컵 축구 유치를 둘러싸고 일본과 한국은 치열한 경쟁을 벌이고 있었다. 한국은 유럽축구연맹(UEFA) 회장 렌나르트 요한손(Lennart Johansson)을 중심으로 지지 확대를 위해 힘썼다. 일본은 브라질 출신의 국제축구연맹(FIFA) 회장 주앙 아벨란제(João Havelange)에게 협력을 구했다. 유치 상황은 일찌감치 준비에 들어간 일본 쪽으로 기울어 있었는데 수많은 연맹을 거느리고 있는 유럽축구연맹의 한국 지지로 급변하기 시작했다.

베를린올림픽 이후 일본 스포츠인 오시마 겐키치, 다지마 나오토 등과 깊은 교류를 해온 손기정은 일본과 '공동 개최'를 할 수 없을까 하고 생각했다.

그 당시 한국은 일본과 문화 교류가 활발하지 않아서 유행가조차도 한국에 들여올 수 없었다. 또 일본에서도 식민 지배 이래의 한국인 멸시 관념이 뿌리 깊게 만연해 있었다. 이러한 상황을 스포츠 교류로 타파할 수는 없을까? 한국 스포츠계에서는 거의 무리에 가까운 것이라고 여겨, 한일 공동 개최 이야기를 꺼내면 '친일'[14] 딱지가 붙어 비난받는 상황이었다. 그렇지만 손기정은 공동 개최를 꿈꾸고 있었다. 손기정의 시야에는 앞으로의 한일관계에 공동 개최가 가져올 커다란 효과가 보였다. 대한축구협회(KFA) 회장 정몽준을 찾아가 한일 공동 개최를 권유했다.

그러나 단독 개최에 열을 올리고 있던 일본 스포츠·축구 관계자들에게 한일 공동 개최 구상은 엄청난 충격이었다. 아시아 스포츠 맹주의 지위가 위태로워진다는 위기의식이 강했던 것이다. 한일 공동 개최에 거부감을 느끼는 사람들 가운데는 '일한 분산개최'라고 바꿔 말하는 사람들도 있었다.

그런 가운데 일본의 기대와는 달리 2002년 월드컵 한일 공동 개최가 확정되었다. 그 후 1997년 11월 서울에서 열린 1998년 프랑스월드컵 최종 예선전에서 한국과 일본이 격돌하게 되었다. 이미 본선 진출을 확정한 한국과 달리 본선 진출이 위태로웠던 일본은 승리가 간절했다. 어려운 상황에 놓인 일본 축구팀을 향해 한국 서포터들은 'Let's go to France together(함께 가자 프랑스에)'라고 적힌 현수막을 관중석에 내걸었다. 앞으로 함께 만들어 나갈 월드컵에 대한 기대감이 양국의 젊은이들을 움직인 것이다. 2002년 월드컵 공동 개최의 의의는 경기단체나 정치인의 예상을 뛰어넘어 양국 국민들 사이에서는 이미 기반이 갖추어져 있었던 것이다. 이 경기에서는 일본이 2-0으로 승리했고 뒤이은 이란과의 최종 플레이오프전에서 연장 끝에 3-2로 승리해, 일본은 감격스러운 월드컵 첫 본선 진출에 성공했다.

나도 메이지대학 수업에서 '월드컵 한일 공동 개최를 넘어서—스포츠, 평화, 공생'이라는 종합강좌를 야마와키 게이조(山脇啓造) 조교수와 공동으로 개최했다.

그 첫 번째 시간 수업에서 나는 손기정의 인생, 베를린올림픽 등에 관한 이야기를 했다. 수업 마지막에 손기정 자서전 머리말을 읽고 강의를 끝내기로 하고 읽기 시작했다.

"…마라톤 우승은 나의 슬픔, 우리 민족의 슬픔을 뼈저리도록 되새겨주었을 뿐이었다. 나라가 없는 놈에게는 우승의 영광도 가당치 않은 허사일 뿐이었다. 나라를 가진 민족은 행복하다. 제 나라 땅 위를 구김 없이 뛸 수 있는 젊은이들은 행복하다. 그들을 막을 자가 과연 누구인가?…나는 자라나는 우리 청소년들이 젊은 패기로 자신을 위해, 나라를 위해 무엇엔가 미쳐 살고 끝내는 자신이 목적한 일을 성취시켜주기를 바란다…정상으로 향하는 길은 수없이 많다. 그러나 수고하지 않고 오를 수 있는 길은 하나도 없다."

이렇게 문장을 읽어가던 중에 손기정의 쓰라린 인생을 상기하고 부지불식간에 눈물이 흐르고 말았다. 이튿날 학생들 사이에는 "교수가 교단에서 울었다…"고 하는 문자메시지가 난무했다.

강의 마지막에 "손기정 선생, 당신 인생의 숙원이기도 한 월드컵 공동 개최를 지켜봐주십시오. 동아시아인들의 강한 연대를 끝까지 지켜봐주십시오"하고 호소했다.

이 강의는 금요일 5교시라는 시간대에도 불구하고 많은 학생이 참석해서 높은 관심을 보여주었다. 출석 학생들의 앙케이트 조사에서는 '좋았다'고 하는 평가가 90퍼센트 가까이 되었다. 손기정의 스포츠와 평화에 건 생각, 그것이 국경을 넘어 양국 간의 상호이해로 이어진다는 생각이 메이지대학의 후배 학생들에게 전해졌다고 생각된다.

2002년 월드컵 한일 공동 개최는 쌍방의 의도를 훨씬 뛰어넘어서 한일 연대를 강화했다. 도쿄의 신오쿠보(新大久保)에서, 오사카의 쓰루하시(鶴橋)에서 양국 청년들이 어깨동무를 하고 응원하는 광경이 여기저기에서 보였다.

'대-한민국' '일본, 짝짝짝' 거리에는 한일 양국 청년들이 상대 팀을 응원하는 소리가 메아리쳤다. 그곳에는 오랜 기간에 걸쳐 일본 국민에게 스며든 한국인에 대한 차별 감정은 없었다.

그 후 배용준 주연의 「겨울연가」의 흥행으로 '한류 붐'이 일어난 것은 기억에 새롭다. 한국에서도 일본 가무음곡이 공인되는 등 한일 교류가 일거에 활발해졌다.

이 월드컵 한일 공동 개최는 모스크바올림픽 보이콧 강요 등 불합리한 정치적 개입으로 골머리를 앓고 있던 스포츠 세계에서 정치의 벽을 넘어 민간의 교류를 촉진시킨 획기적 사건이었다. 스포츠가 온 세계 청년의 우호연대·상호이해를 촉진한다는 올림픽 정신을 믿고 활동해 온 손기정의 오랜 동안의 꿈이 실현된 것이다.

손기정이 한일 월드컵 축구의 성공을 지켜보고 조용히 그 인생을 마감한 것은 2002년 11월 15일이었다.

제2부

다시 보는 손기정과 그의 스포츠 철학

| 만년의 손기정

1. 손기정을 추모하며

일본이 외면한 장례식

손기정의 장례식은 2002년 11월 17일 삼성서울병원에서 거행되었다. 뉴스를 통해 부음을 듣고 항공권을 구해 장례식에 급거 참석했다. 그런데 웬일인지 일본 스포츠계 관계자가 보이지 않았다.

| 손기정의 장례 행렬(2002년 11월 17일 서울)

한국이 일본에서 독립한 후, 손기정 자신과 한국올림픽위원회가 일본올림픽위원회(JOC) 등 일본의 올림픽 관계기관에 손기정의 금메달을 한국의 메달로 인정해 주면 좋겠다고 여러 차례에 걸쳐 요청했다.

그러나 단호하게 일본의 메달이라고 주장하며 양보하지 않았다. 그 JOC의 관계자가 아무도 없었다.

있을 수 없는 광경이었다. 손정인은 일본 어린이들에게 이 얘기를 할 때에 "일본이 세고 있는 금메달 중 일본에 존재하는 금메달은 하나 부족하다. 그것은 한국에 있다"고 말하고, 이 금메달 문제를 한일 간의 슬픈 역사를 생각하는 계기로 삼아 달라고 말한다.

일본이 결코 양보하지 않았던 '일본' 금메달리스트의 장례식이다. 너무나 이해하기 힘든 일본 스포츠 관계자의 태도에 나는 말을 잃었다. 그때의 모습을 나는 다음과 같이 기록으로 남겨두었다.

> "11월 17일 서울의 아침은 눈이었다. …조용히 내리는 눈의 고요함이 손기정의 죽음이라는 슬픔을 한층 더 증폭시키고 있었다. … 정면에 걸린 손기정의 영정은 조용히 미소 짓고 있었다. 손기정의 쓰라린 격동의 인생을 느낄 수 없는 온화한 표정이었다.
> 장례식장 입구는 역대 대통령과 대한체육회 회장, 대한올림픽위원회 위원장이 보내온 조화가 넘쳐났다. 그런데 일본 체육 · 스포츠계에서 보내온 조화는 하나도 없다.
> 과거의 경위는 그렇다 하더라도 왜 일본 체육 · 스포츠 관계자는 참석은 못할망정 조화 하나 보내지 않은 것일까…."
>
> (『體育科教育』 2003년 1월호)

쓸쓸한 생각을 가슴에 안고 영정 앞에서 헌화를 하면서 "당신의 스포츠를 통한 한일 상호이해·우호연대의 꿈도 2002년 월드컵 한일 공동 개최를 계기로 실현되고 있습니다. 편히 쉬십시오"하고 기원하지 않을 수 없었다.

당일 장례식에 참석했던 아쿠타가와상(芥川賞. 순수문학 신인을 대상으로 하는 문학상으로 연 2회 수여된다. 역주) 수상 작가 유미리(柳美里) 씨도 아사히신문에 투고한 기사에서 똑같은 심정을 말하고 있다.

> "손기정이 국적 변경을 요구했음에도 불구하고 일본올림픽위원회는 현재도 일본의 금메달로 다루고 있다. 그러면서 왜 조화 하나 보내지 않았는가? 금메달을 획득한 뉴스가 보도된 아침, 일본인은 손기정을 국민의 영웅으로 찬양하고 열광하지 않았던가?"
>
> (「아사히신문」 2002년 11월 21일자)

올림픽 금메달리스트 손기정의 장례식에 일본 스포츠계 관계자가 한 사람도 참석하지 않았다. 이것이 아직까지 계속되고 있는 현실이었다.

장례를 끝내고 일본으로 돌아온 손정인 씨에게 일본에서 온 참석자, 조화, 조의금, 조전은 없었는지 확인했다. 없었다는 답을 들었다. 가만히 있을 수 없었던 나는 손기정에게 특별공로상을 드린 오카노 가오루 전 학장을 찾아가 전말을 보고했다. 오카노 선생도 분개해서 나에게 하루빨리 추도하는 모임을 만들도록 지시했다. 메이지대학 동문인 재일본대한민국민단 배철은(裵哲恩) 씨와 협의해 '손기정 선생을 추모하는 모임'을 기획했다. 그리고 아사히신문, 마이니치신문, 요미우리신문에 행사 계획을 게재해 달라고 의뢰했다.

추모회

2002년 12월 21일(土) 18시부터 20시까지 메이지대학 리버티타워 1층 1011호 교실에서 추모회가 거행되었다. 비가 내리는 연말의 추운

저녁임에도 불구하고 200명이 넘는 인원이 참석해 교실 밖에까지 사람들로 넘쳐났다. 신문 기사를 보고 추모회를 알았다는 마라톤 지도자 고이데 요시오(小出義雄) 씨의 얼굴도 보였다.

손기정 선생을 추모하는 모임은 묵도에 이어 오카노 가오루 전 학장의 개회 인사로 이어졌다. 오카노 선생은 "손기정 선생은 세계적 스포츠인으로 한국의 국민적 영웅이었다. 전쟁 전 일본의 전체주의 아래 상상을 초월한 고통을 맛보면서도 절대로 희망을 잃지 않았다. 국제적으로도 명성이 높은 메이지대학의 영예이다. 그러나 역사 속에서 그 존재가 사라지려 하고 있다. 우리 메이지대학은 손기정 선생의 인생 역정을 후세에 전할 의무가 있다"고 말하고 "손기정 선생의 인생 역정을 메이지대학 학생들이 영원히 이어가도록 하자"고 말을 맺었다. 그리고 그 일을 나에게 맡기셨다.

이어서 재일대한체육회 전무이사 정용남(鄭龍男) 씨가 고인의 혁혁한 약력을 소개했다. 그 후 비디오로 편집한 「손기정 선생 생전의 모습」이 상영되었다.

JOC 회장을 대리해서 하야시 쓰토무(林務) 부회장(수영연맹 부회장, 메이지대학 졸업)의 추도사가 있었다. 서울에서 열린 장례식에서는 한 사람도 보이지 않았던 일본 스포츠 관계자도 여기에 와서 처음으로 모습을 보인 것이다. 일본육상연맹 고노 요헤이(河野洋平) 회장, JOC 회장 다케다 쓰네카즈(竹田恒和)가 보낸 조문(弔文)도 도착했다.

비가 내리는 가운데 먼 길을 마다하지 않고 참석한 고이데 요시오 씨에게도 이야기를 청했다. 그는 "손기정 선생으로부터 마라톤 지도의 요체를 배우고, 그것이 다카하시 나오코(高橋尙子)의 시드니올림픽 금메달로 이어졌다"고 회고했다.

이어서 내가 「손 선생과 메이지대학」이란 제목으로 보고하고, 스포츠 저널리스트 다니구치 겐타로(谷口源太郎) 씨의 「손 선생과 일본 스포츠계」라는 제목의 보고가 이어졌다.

재일 바이올리니스트 정찬우 씨의 라이브 연주는 그 자리를 진정시키고 엄숙한 추모회의 분위기를 고조시켰다. 각계에서 보내온 추도 메시지가 낭독된 후 참석자 전원의 헌화가 이어졌다. 마지막으로 가족을 대표해서 장남 손정인 씨가 감사의 말을 전했다.

한 정치인이 큰 조화를 보내 왔다. 현재 한일 우호를 위해 진력하고 있는 니카이 도시히로(二階俊博) 의원이었다. 니카이 중의원 의원의 임기응변의 재치와 마음 씀씀이에 감격했다.

'1월 대회(初場所. 하쓰바쇼)'를 앞둔 스모 선수 다마리키도 히데키(玉力道栄来. 재일한국인 3세로 한국 이름은 조영래[趙榮來])의 모습도 보였다. 그는 메이지대학 상학부에서 나의 수업에 참석하고 있었다. "하쓰바쇼도 얼마 안 남았고 수행원도 밖에서 기다리느라 추울 테고, 네 마음은 잘 알았으니 이만 합숙소로 돌아가는 게 어떻겠느냐"라며 빨리 돌아갈 것을 권했지만, 그는 마지막 헌화 때까지 자리를 지키겠다며 돌아가지 않았다. 같은 메이지대학 출신의 위대한 스포츠인이자 동포인 선배의 추모회에 마지막까지 함께 하고 싶었을 것이다.

오카노 가오루 전 학장이 나에게 맡긴 메이지대학에서 손기정 선생의 인생 역정을 다루는 수업은 매년 계속되었다. 교단 위에 기증받은 청동투구를 놓고. 아들 손정인 씨를 초청해서 진행한 적도 있다.

수업 후에 받은 학생 설문서에는 "일본의 조선 지배 역사의 일단을 알게 되었다. 일본에 내재된 조선인 문제를 생각할 수 있게 되었다"는 반응이 많았다. 또 "내가 재일한국인이라는 것을 감춰 왔지만 이렇게 훌륭하게 살다 간 선배가 있다는 것을 알고 오늘부터 한국인으로 살아가는 것에 자신이 생겼다"고 말하는 학생도 나타났다.

생생한 역사 교재로서 의미 있는 강의가 되었다.

이 손기정에 관한 강의는 종합강좌 형태로도 계속되었다. 또 메이지대학 상학부 소속 코발릭 유타(Kowallik Jutta) 독일어 조교수는 연구실 수업에서 베를린올림픽에 관한 강의를 하고 있었다. 유타 교수로부터 손기정에 관해 더 학습하고 싶으니 자료를 공유해 달라는 요청을 받은 일도 있었다.

오카노 전 학장이 말한 "손기정 선생의 역사를 후세에 이어가자"는 말은 다양한 형태로 계속되고 발전되어 갔다.

유럽인들에게 전하고 싶다

2010년에 메이지대학 객원교수로 부임한 영국의 이안 맥도날드 박사(Dr. Ian MacDonald. 당시 브라이튼 대학, 현재는 뉴캐슬어폰타인 대학)는 스포츠 다큐멘터리 제작 전문가이기도 했다.

그런 그는 손기정의 존재를 이름으로는 알고 있었지만 메이지대학 박물관에 전시되어 있는 마라톤 청동투구를 보고 지적 호기심이 솟아나, 객원교수로서 메이지대학에 머무르는 동안 손기정에 관한 것을 열심히 조사·학습했다. 그리고 기구한 운명에 농락당하면서도 '스포츠와 평화' 문제에 진지하게 매달린 손기정의 장렬한 인생에 놀란 그는 손기정에 관한 기록을 다큐멘터리 필름에 담아 유럽인들에게 영상으로 알리고 싶다는 생각을 하기 시작했다. 곧바로 요코하마에 사는 아들 손정인 씨의 자택을 찾아가 다큐멘터리 제작을 허락해줄 것을 요청했다.

그렇지만 혼자 분투하고 있는 동안에 독일의 공영방송 ZDF에 선수를 빼앗기고 말았다. 독일 노인들은 대부분 1936년 베를린올림픽 마라톤 우승자 손기정에 대해 알고 있지만 젊은이들은 그렇지 못

| 2016년 독일 ZDF의 프리데만 호텐바허가 손기정의 생애를 다룬 DVD 「The RUN」

했다. 이런 점을 염려한 ZDF의 디렉터 프리데만 호텐바허(Friedeman Hottenbacher)는 다큐멘터리 필름 제작에 착수했다. 2016년, 리우데자네이루올림픽 전에 일본을 방문하여 메이지대학, 나, 손정인 씨 등을 취재했다. 면밀하게 취재해서 리우데자네이루올림픽 직전인 2016년 7월에 다큐멘터리 필름을 완성했다.

호텐바허가 그 DVD를 보내왔다. 첨부된 메모에는 "2016년 리우데자네이루올림픽을 생각할 때, 이 손기정의 생애를 소개한 스토리는 올림픽 운동에 대해 중요한 문제제기를 했다. 독일 국내에서는 대호평이었다"라고 씌어 있었다. 독일은 현 IOC 위원장 토마스 바흐(Thomas Bach)의 출신 국가이기도 하다.

시간의 경과와 함께 레니 리펜슈탈의 영화 「민족의 제전」에 그려진 손기정에 대한 기억이 이 희미해지고 있는 가운데, 새로이 영국인 이안 맥도널드, 독일인 프리데만 호텐바허 등에 의해 손기정의 인생이 다시 클로즈업된 것이다. 손기정이 우리들에게 말해주는 위대한 인생이 그들을 그렇게 만들었을 것이다.

지금까지 독일에서 손기정의 이름은 올림픽 마라톤 우승자로서 알려져 왔다. 그러나 최근에는 그뿐만 아니라 손기정의 '삶' 역시 평가를 받아, 그 이름과 그에 대한 찬사가 한국과 아시아뿐만 아니라 널리 유럽에까지 퍼지고 있다. 스포츠에 의한 인간 형성을 꿈 꾼 손기정의 사심 없는 마음, 스포츠를 통한 우호연대에 대한 꿈. 이러한 손기정의 생전 모습이 다시금 부각되어 전 세계 사람들의 관심을 끌고 있는 것일 것이다.

유미리 씨는 다음과 같이 말한다. "다가오는 올림픽을 학수고대하고 있는 온 일본 사람들이 손기정 선수의 인생을 살펴보았으면 한다. 그의 인생은 우리들에게 국가란 무엇인가, 국민이란 무엇인가를 묻고 있다."

탄생 100주년과 런던올림픽

런던올림픽이 개최된 2012년은 손기정 탄생 100주년을 맞이하는 기념할 만한 해이기도 했다. 메이지대학에서는 '손기정 탄생 100년 기념 심포지엄'을 열기로 했다.

손기정의 사상과 그의 인생은 우리들에게 많은 것을 말해주고 있다. 2012년 런던올림픽을 앞두고 그 사상과 행동으로부터 올림픽이란 무엇인가, 스포츠란 무엇인가를 배우지 않으면 안 된다고 나는 생각했던 것이다.

현실의 올림픽은 실로 많은 문제를 안고 있다. 1980년 정치적 문제로 모스크바올림픽 보이콧이 일어났다. 1984년 로스앤젤레스올림픽부터는 상업주의가 범람하여 스폰서와 방송회사, 광고회사에 막대한 이익을 가져다준 반면, 스포츠 본래의 모습은 크게 왜곡되었다. 또 올림픽대회에는 정치적 국위 선양과 그를 위한 승리지상주의=금메달지상주의가 확산되고 도핑이 만연하고 있다. "이대로라면 올림픽에 미래는 없다"는 소리까지 나오고 있다.

이러한 상황에서 이 심포지엄에서는 서배스천 코(Sebastian Coe) 조직위원회 위원장이 이끄는 런던올림픽은 어떠한 올림픽을 만들려 하는지를 생각하는 동시에, 손기정이 올림픽에서 추구한 꿈-올림피즘 등을 검토하려고 했다.

올림픽 운동에 대한 개혁이 요구되고 있던 때에 런던올림픽 유치위원회의 서배스천 코 위원장은, 2012년 런던올림픽은 올림픽 운동에 새로운 '레전드(Legend)'와 '레거시(Legacy)'를 가져올 것이라고 선언했다.

이것은 2005년 7월 싱가포르에서 후보지 선정을 하기 직전, 경쟁국인 프랑스의 시라크 대통령이 러시아에서 열린 러·프·독 정상회담 만찬에서 "런던은 세계에서 두 번째로 음식이 맛없는 곳입니다. 맛있는 식사를 하고 싶으시다면 파리에 투표해주십시오"라며 농담을 한 데서 시작한다.

이 말을 들은 런던올림픽 유치위원회의 서배스천 코 위원장은 다음 날 진행된 입후보 연설에서 시라크의 농담을 철저하게 응징했다. '올림픽이란 무엇인가'라는 근원적인 질문에서부터 연설을 시작했던 것이다. 그 골자가 '레전드(전설)'와 '레거시(유산)'이다.

서배스천 코는 21세기 다문화 공생사회에서의 '스포츠'의 의의를 런던의 예를 중심으로 말했다. 런던에 살고 있는 많은 외국인들을 연결한 것은 '스포츠'였다는 점을 역설했다. 나아가 영국의 산업혁명 때 농촌에서 도시로 흘러들어온 노동자들을 연결한 것도 스포츠였다고 주장했다.[15]

스포츠가 갖는 '상호이해·우호연대'를 촉진하는 기능을 재인식하는 것이 중요하다는 점을 강조했던 것이다. 이것은 올림피즘의 뿌리이기도 하다.

올림픽 운동이 남긴 것은 무엇인가, 앞으로의 올림픽 운동은 어떻게 되어야 하는가? — 이 '레전드'와 '레거시'라는 개념을 설정해서 서배스천 코 위원장은 그 과제를 추구하려고 했다. 그것은 손기정이 생애에 걸쳐 추구한 과제이기도 했다.

탄생 100주년 기념 심포지엄

| 탄생 100주년 기념 심포지엄 포스터

'손기정 탄생 100주년 기념 심포지엄'은 2012년 6월 9일(토) 오후 2시~5시 메이지대학 리버티타워 1층 리버티홀에서 거행되었다. 300명을 수용할 수 있는 이 회의장은 사람들로 북적였다. 손기정기념재단 이준승(李埈承) 사무총장이 멀리 서울에서 참석하였고, 북쪽으로 홋카이도에서부터 남쪽으로 규슈에 이르기까지 손기정과 인연이 있는 사람, 그를 존경하는 사람들이 다수 모였다. 또 NHK를 비롯하여 교도통신(共同通信), 한국 KBS 등의 미디어도 다수 모여 그 뜨거운 관심을 엿볼 수 있었다.

기념식전 제1부는 메이지대학 학장 후쿠미야 겐이치(福宮賢一), 재일본대한민국민단 단장 오공태(吳公太) 두 분의 축사로 시작되었다.

이어 기조보고로서 내가 「손기정 씨의 인생—그 사상과 행동」이라는 제목으로 30분 정도 강연했다. "스포츠는 인간 교육에 이바지한다. 스포츠인 서로가 존경하고 존중하는 마음에서 상호이해가 생기고 우정이 깊어진다. 이것이 국제 상호이해·연대로 이어진다"고 확신하고, 행동을 계속한 손기정의 인생에 대해 파워포인트를 이용해 보고했다. 식민 지배 아래서 받은 가혹한 조치를 원망하지도 않고, 한일 스포츠인 서로의 교류를 심화시켜 한일 스포츠계의 가교가 되었다는 것도 덧붙여 설명했다.

손기정의 행동은 스포츠에 의한 국제 상호이해를 추구하는 올림피즘의 정신을 구현한다. 그렇기 때문에 손기정이 보여준 사상과 행동은 2002년 월드컵 한일 공동 개최의 성과가 보여주는 것처럼, 혼미를 거듭하는 동아시아의 정치 상황을 타개하는 한 방안이 될 것이라고 지적했다.

그 후 '손기정 선생과의 추억'을 손기정과 교유했던 모리카와 사다오(森川貞夫) (일본체육대학 명예교수), 이토 오사무 (전 도쿄신문 운동부장·주니치 드래곤즈 대표), 유미리(작가) 씨 등이 이야기했다. 김철언(전 일본육상연맹 여자 장거리마라톤부장) 씨는 당일 런던올림픽 예선에 출전하는 선수가 있어서 부득이 참석하지 못했지만 영상 메시지를 보내 여러모로 다정하게 조언해주신 데 대해 감사를 표시했다.

휴식 시간을 가진 후 심포지엄 제2부가 「현대 스포츠·올림픽이 손기정의 사상과 행동에서 배우는 것」이란 제목으로 열렸다. 발표자로는 유미리 씨, 이토 오사무 씨, 스포츠 저널리스트 다니구치 겐타로 씨, 히로사와 가쓰미(広澤克実) 씨(전 야쿠르트 스왈로즈·한신·자이언츠, 텔레비전 해설자·메이지대학 문학부 졸업)가 나섰다.

첫 발언자인 다니구치 겐타로 씨는 예리한 어조로 스포츠와 평화에 대한 손기정의 실천 정신, '국제 상호이해·우호연대=올림피즘'에 대한 사상과 행동을 더욱 배워야 한다고 역설했다.

이어서 이토 오사무 씨는 기자로서 취재 대상이었던 손기정으로부터 받은 따뜻한 배려와, 주니치구단이 일본 최초로 한국 프로야구계와 관계를 맺을 수 있었던 것은 손기정의 남다른 노력 덕분이라고 말했다.

심금을 울리는 작가 유미리의 비화

이 심포지엄에서 유미리 씨가 한 발언이 참석자들의 심금을 울렸다. 유미리 씨의 외조부 양임득(梁任得)은 우수한 장거리 육상선수로, 1940년에 개최될 예정이었던 도쿄올림픽의 유력한 출전 후보였다. 손기정으로부터 지도를 받기도 했다. 유미리 씨는 손기정과의 첫 만남을 상세하게 이야기해주었다. "노력해라. 외롭다, 힘들다고 생각하면 노력할 수 없게 된다. 외롭다 생각 말고 노력해라. 마라톤 연습을 하는 것이나, 소설을 쓰는 것이나, 수많은 곤란을 극복해야 하는 긴 여정이 아니냐. 노력해라"고 격려해 주셨는데, 그 다음 말이 충격적이었다고 한다.

"너와 이렇게 이야기를 하는데, 모국어로 이야기할 수 없는 것은 슬픈 일이다. 네가 내 말을 못 알아들으니까 어쩔 수 없지 않느냐. 언제쯤이나 재일교포 2세로서 모국어로 대화를 나눌 수 있겠느냐."

손기정은 민족의 혼인 '언어'를 빼앗긴 역사를 슬퍼하며, 유미리 씨가 문인으로서 '언어'를 중요하게 여겨줬으면 하고 생각했던 것이다.

손기정의 뜻을 헤아린 유미리 씨는 그 후 한국어 학습에 열중했다고 한다.

히로사와 씨는 로스앤젤레스올림픽 야구 금메달리스트로 사재를 털어 캄보디아의 소년 야구를 원조하고 있었다. 손기정이 주창하는 '스포츠에 의한 아시아 연대'의 중요성을 스스로 실천하는 가운데 느끼고 있다고 보고했다. 손기정 선생은 메이지대학의 선배로서, 동포로서 존경할 수 있기 때문에 앞으로도 손기정 선생의 뒤를 따르고 싶다는 발언을 했다.

마지막으로 손정인 씨가 유족을 대표해서 인사했다. "아버지는 비극의 마라토너라 불렸지만, 나는 아버지가 매우 행복한 사람이었다고 생각한다." "당신이 좋아하는 마라톤의 선수로서, 지도자로서, 인생을 관철한 것은 큰 행복이었을 것이다"라고 말했다. 그리고 "현재 아버지가 획득한 금메달을 일본인이 획득한 메달로 계산하고 있는 것은 한일 간의 슬픈 역사를 상징하는 것입니다. 사실을 직시해주십시오"하고 말을 맺었다.

이 심포지엄에는 손기정을 추모하고 그의 사상과 행동을 배우고자 하는 많은 사람이 메시지를 보내왔다. 다큐멘터리를 직접 다루고 있는 영국의 이안 맥도날드 박사로부터도 메시지가 도착했다.

'진정한 올림픽 정신을 구현한 히어로'라는 제목의 그 메시지에는, 손기정 선수가 베를린에서 제시 오웬스나 어니스트 하퍼와 쌓아올린 우정을 높이 평가하고, 손기정을 '진정한 올림피즘의 구현자'라고 표현하고 있다.

메시지에는 "손기정의 무엇이 훌륭한가 하고 말할 것 같으면, 그는 결코 일본인·일본 국가에 대해 뿌리 깊은 증오나 적의를 갖지 않았던 것이다. 손기정은 스포츠가 인종차별과 국위선양 등에, 나아가 부당한 부정의나 정치에 사용되어서는 안 된다고 확신하고 있었다. 스포츠는 평화와 국제연대에서 더욱 힘을 발휘해야 한다. 참다운 올림피즘은 '스포츠는 국제 상호이해의 수단으로 쓰여야 한다'고 거듭해서 강연했다. 1988년 서울올림픽 개회식에서 성화봉을 손에 들고 기뻐하던 손기정의 모습은 지금까지 내가 느꼈던 것 중에서 무엇보다도 마음이 훈훈해지는 순간이었다"라고 씌어 있었다.

정말로 손기정의 사상과 행동을 먼 유럽 국가 영국에서도 이해하고 진정한 올림피즘 구현자로서 평가하고 있는 것이다.

그밖에 일본체육학회 회장 야마니시 데쓰로(山西哲郎) 군마(群馬)대학 명예교수도 메시지를 보내왔다. '손기정의 삶, 나의 미션을 발견'이라는 제목 아래, 손기정의 사상과 행동이 야마니시 명예교수의 연구와 대학교수로서의 생애에 큰 영향을 미쳤다고 적혀 있었다.

손기정이 긴 인생을 통해 해 온 실천·행동·발언이 이렇게 때때로 동서양을 막론하고 회자된다. 특히 올림픽이 개최되는 해가 되면 그 움직임이 증폭된다.

그것은 '스포츠란 무엇인가' '올림픽이란 무엇인가'를 생각할 때에 손기정이 일관되게 달려온 인생이 큰 시사점을 주고 있음을 의미하고 있다. 손기정의 인생과 그의 스포츠 철학은 영원불멸할 것이다.

2. 꿈의 저편으로

아사히신문사의 이나가키 고스케(稲垣康介) 기자는 2018년 평창올림픽의 모습을 '더 칼럼' 속에서 다음과 같이 표현했다.

"원고를 쓰면서 나도 모르게 눈물이 글썽거려 스스로 깜짝 놀랐다. …원고는 곧 마무리되었다. 이 이야기를 빨리 알리고 싶은 그 마음이 뒷받침을 했던 것이라고 생각한다.
평창 동계 올림픽 스피드 스케이팅 여자 500m에서 고다이라 나오가 금메달을 따는 장면을 지켜보는 행운을 누렸다. 레이스 후 3연패를 놓친 이상화의 눈에서 눈물이 쏟아졌다.

| 레이스 직후의 이상화와 고다이라 나오(2018년 2월 18일 평창)

'이-상-화'를 연호하는 소리가 관중석에서 터져 나왔다. 이상화는 태극기를 들고 링크를 돌기 시작했다. 기다리고 있던 고다이라에게 이상화가 안겼다. 귓전에서 속삭이는 말을 듣고 고다이라에게 매달렸다. 진심으로 신뢰하는 인간이 아니고서는 그런 식으로 몸을 맡기거나 하지 않는다. 최강 라이벌의 뜨거운 유대. 나는 알지 못했다. 고다이라와 이상화의 우정 이야기는 두 사람이 나란히 자리한 기자회견 자리에서 밝혀졌다.

'잘했어'. 고다이라는 한국어로 '잘했어'라고 위로하고 또 이렇게 이야기했다고 한다. '압박감 속에서 잘했어. 지금도 여전히 존경하고 있어.' 기자 인생 26년 만에 처음으로 그 자리에 모인 모든 사람의 마음이 따뜻해지는 기자회견이었다."

또 고다이라는 아사히신문과의 인터뷰에서 이렇게 이야기했다.

"이름뿐인 우정이 아니라 둘이서 쌓아온 유대가 있습니다. 내가 성적이 좋지 않을 때는 함께 울어주었고, 그런 상화에게서 힘을 받아 다음 단계로 나갈 수 있었던 때가 몇 번이나 있었습니다."

스포츠에서 라이벌은 '적'이 아니라 자기를 발전시키는 귀중한 '동료'라는 강한 자각. 거기에서 상대에 대해 저절로 우러나오는 존경과 우정. 스포츠의 진수를 고다이라와 이상화는 누가 봐도 쉽게 알 수 있는 형태로 보여주었던 것이다.

손기정이 생애에 걸쳐 추구해온 '꿈'이 여기 한국의 평창올림픽에서 실현되었다. 그 '마음'은 베를린—보스턴—한일 월드컵—평창으로 이어졌다.

| 샤페코엔시의 불행을 애도하는 플래카드를 건 우라와 레즈 응원단(2017년 8월 15일, 사이타마 스타디움)

스포츠의 상대는 적이 아니라 존경의 대상이며 귀중한 동료라는 손기정의 말 속에 담긴 생각은 다양한 장면에서 나타난다.

2014년 3월, 일본의 인기 축구팀 우라와 레즈는, 'Japanese Only!(일본인 이외 사절/일본인에 한함/일본인 전용)'라는 플래카드를 내건 서포터 때문에 많은 비판을 받았다. 스포츠에서의 인종차별에 대한 책임을 지게 된 우라와 레즈는 클럽 모두가 반성하고 차별 방지 교육을 강화했다.

그 후 2017년 8월 15일, 우라와 레즈는 J리그 르방컵(Levian) 우승팀으로서 남미 코파 수다메리카나(Copa Sudamericana) 우승팀 샤페코엔시(Chapecoense)를 초청해 사이타마(埼玉) 스타디움에서 경기를 갖게 된다. 여기서 일어난 일이다.

샤페코엔시는 2016년, 코파 수다메리카나 남미 클럽팀 챔피언 결정전에 가던 도중 전세기가 추락해 많은 선수와 운영진을 잃었다. 그 사정을 아는 우라와 레즈 서포터들은 경기가 끝난 후 응원석에 포르투갈어로 쓴 플래카드를 내걸었다. "다시 한 번 세계 무대에서 싸우게 되기를 기대합니다. 친구여!(vamos nos encontrar novamente nos campeonatos mundiais! amigos!)" 샤페코엔시 선수들은 그것을 보고 감동해서 자기들의 유니폼을 관중석으로 던지며 화답했다.

스포츠는 세계 공통 언어이다. 스포츠는 국경을 넘어서 마음을 이어줄 수 있다는 것을 여실히 보여준 일이었다.

2019년 1월 테니스 호주오픈 여자 단식에서 우승한 오사카 나오미(大坂なおみ) 또한 세계 정상급 선수로서의 멋진 정신(esprit)을 보여주었다. 경기 승리 후 가진 인터뷰에서 오사카는 먼저 상대인 페트라 크비토바(Petra Kvitova 체코) 선수가 2016년 괴한의 습격을 받고 오른팔에 큰 상처를 입은 것을 위로하고, 그런 부상에도 불구하고 재기에 성공해 결승전에서 선전한 것을 칭찬했다. 상대가 강한 크비토바 선수이기 때문에 자신도 긴장감을 갖고 전력을 다해서 싸울 수 있었다고 기쁨과 감사를 표시했다. 그리고 뙤약볕 아래에서 대회 운영을 도와준 소년·소녀 보조요원을 위로했다. 그리고 마지막으로 지금까지 자기를 뒷받침해준 코치를 비롯한 팀과 가족들에게 감사의 말을 전했다.

갑작스런 인터뷰에서 "무슨 말을 해야 할지 모르겠네요, 준비했던 말을 모두 잊어버리고 말았어요. 죄송해요"라면서 한 발언이었다. 평소의 그녀의 생각이 그대로 드러난 것일 것이다. 21세인 그녀의 체내에는 이미 스포츠의 진수가 자리 잡고 있었다.

근대 스포츠의 발상지 영국에는 스포츠에 관한 오래된 속담이 있다.

'골프(스포츠)에서 좀 더 중요한 것은 룰이 아니라 에티켓이다.'

규칙이 중요하지 않은 스포츠는 있을 수 없다. 그러나 규칙이라고 하는 외적 구속력보다도 경기를 하는 동료에 대한 마음 씀씀이와 배려가 중요하다는 것이다. 스포츠가 인간의 문화로서 우리들 생활에 많은 윤택함을 누리기 위해서도, 함께 경기하는 '동료'를 중요하게 여겨야 한다는 영국인의 경험에서 우러나오는 말이다.

고다이라 나오와 이상화, 우라와 레즈의 서포터, 오사카 나오미 등의 행동은 스포츠에서 무엇이 중요한지를 말해주고 있다.

손기정이 오랜 세월 배양해온 '스포츠 철학'=스포츠에 대한 인식은 그 중요성을 시사하고 있다.

에필로그

역사적 사실과 한일 간의 상호이해

| 학도병 모집 연설을 한 것을 "인생에서 가장 아프고 괴로운 기억(最も痛苦な思い出)"이라고 말하는 손기정 선생. 왼쪽은 저자 데라시마(1995년 8월)

제1부에서 쓴 것처럼 손기정이 남긴 마지막 말은 "하코네역전에서 달리고 싶었다"는 것이었다.

영광의 베를린올림픽 마라톤 우승자이면서 메이지대학 학생이었던 손기정이 일본 제국주의로 인해 하코네역전에서 달릴 수 없었던 역사적 사실은 매년 1월의 인기 프로그램 하코네역전 중계방송에서도 언급된 적이 없다.

내가 손기정과 만났을 때, "내 인생에서 가장 아프고 괴로운 기억"이라며 들려준 것이 저 학도병 모집 연설이었다. 조선의 전도양양한 젊은이들을 앞에 두고 "천황폐하를 위해 죽어 달라"고 학도병 모집 연설을 한 일은 얼마나 괴롭고 굴욕적이었을까. 손기정의 인간으로서의 양심을 짓밟았다는 것은 의심의 여지가 없다.

그리고 나는 손기정이 베를린올림픽 마라톤 우승 후 한국에 개선했을 때의 사진이 잊히지 않는다. 칼을 찬 경관과 사복 형사가 양측에서 단단히 결박한 것은 마치 범인을 체포하는 모습이었다. 이것이 올림픽의 꽃인 마라톤 우승자, 손기정 선수에 대해 일본이 취한 행위이다.

역사적 사실을 인식하고 깊이 반성해서 미래를 이야기하는 작업은 한일 간의 상호이해와 우호연대를 위해 빼놓을 수 없는 것이다.

이 평전을 읽는 여러분은 손기정의 인생에 드리운 일본 제국주의의 식민 지배가 얼마나 인간의 존엄을 유린하고, 맨발로 사람의 마음을 짓밟았는지, 그 역사의 일단을 생각해주기 바란다. 곤혹스럽고 슬픈 눈으로 연행되는 사진 속 손기정 선수의 얼굴이 그것을 말해주고 있다.

그럼에도 손기정은 식민 지배 아래서 받은 비인간적 차별과 탄압에 어떠한 원한도 품지 않았다. 전쟁으로 인해 한국 선수가 출전할 수 없었던 1951년 보스턴마라톤에서 우승한 일본 선수 다나카 시게키에게 치열한 전쟁통에서도 가슴 훈훈한 전보를 쳤다. "다나카 군의 우승은 아시아의 우승이라고 생각하며 진심으로 축복합니다. 손 기테이." 그 기분을 생각하면 나는 가슴이 뜨거워진다.

1983년 메이지대학에서 열린 '스포츠와 평화를 생각하는 모임'에 참석한 손기정은 스포츠인은 평화 문제에 진지하게 대해야 한다고 호소했다. 그리고 그의 노력이 더해져 성공적으로 개최된 2002년 한일 월드컵이 양국 간의 깊은 골을 메우고 문화·스포츠 교류에 기여한 일은 기억에 생생하다.

손기정의 인생과 그의 사상을 가슴에 담고, 우리들도 세계의 우호연대 촉진에 스포츠를 통해 무엇을 할 수 있을지, 무엇을 해야만 하는지 다시 한 번 되돌아봐야 한다고 새롭게 생각한다.

2020 도쿄올림픽을 주최하는 일본은 올림픽헌장에 씌어 있는 '스포츠를 통해 세계평화에 기여해야 한다'는 정신을 충분히 발휘해야 한다.

올림픽 유치라고 하면 다키가와 크리스텔(滝川クリステル)이 유치전 프레젠테이션에서 외국 손님을 지극 정성으로 맞이하겠다는 뜻으로 상징적으로 썼던 '오모테나시'(おもてなし)라는 말을 생각하게 된다. 외국 손님에 대해 '오모테나시'라고 말하기 전에 정말로 그렇게 말할 수 있는 일본이 되어야 할 것이다. 현실 사회 속에 살고 있는 사람들이 가난에 고통스러워하지 않고, 차별 없이, 다양성과 인간의 존엄을 서로 인정할 수 있는 사회여야 한다는 말이다.

원전 피해와 지진 피해로 아직도 많은 사람이 가설주택에 살고 있다. 일본 정부가 '부흥 올림픽'이라고 이름 붙인 화려한 올림픽을 가설주택에서 텔레비전으로 보아야 하는 상황을 어떻게 생각할 것인가? 무엇이 '부흥 올림픽'인가? '도쿄올림픽'에 들뜨기 전에 인간의 고통을 알 수 있는 감성을 닦아주었으면 한다.

또 열악한 상황에 놓인 외국인 기능실습생 문제나 아직도 그치지 않는 헤이트 스피치(hate speech. 특정 집단에 대한 공개적 차별·혐오 발언. 역주) 등의 문제를 해결해, 정말로 풍요로운 '다문화 공생사회'로서의 도쿄·일본을 만들어, 그것을 널리 세계에 알릴 수 있을 때 비로소 진정한 의미에서의 마음이 담긴 '오모테나시'가 될 수 있는 것이 아닐까.

아직도 해결해야 할 문제가 산적해 있다.

유럽에서는 축구계를 중심으로 반(反)인종차별(Anti Racism) 운동이 큰 반향을 일으켜 스포츠계 전체의 운동으로 전개되고 있다. 스포츠는 상대를 존경하는 데서 시작한다. 인종차별주의(Racism)는 이 스포츠의 근본에 반하는 문제이다.

2020년 도쿄올림픽조직위원회와 도쿄도(東京都)는 도핑 대책과 함께 인종차별 문제를 중요한 과제로 설정하고 심혈을 기울여 대처해야 한다.

손기정이 받은 비애와 굴욕을 겪는 스포츠인이 두 번 다시 나와서는 안 된다. 고다이라 나오와 이상화가 평창에서 보여준 심금을 울리는 광경을 2020년 도쿄올림픽에서도 볼 수 있을까. 되도록 많이 보고 싶은 심정이다.

마지막으로 이 출판을 위해 진력해주신 사회평론사 마쓰다 겐지(松田健二) 사장님, 편집을 해주신 혼마 가즈야(本間一弥) 씨, 출판자금을 후원해주실 독지가를 모아주신 배철은 씨를 비롯하여 많은 분께 진심으로 감사드립니다.

또 제 연구실 학생이었던 한윤희 씨는 한글 자료를 번역해주었습니다. 감사드립니다.

[자료편]

■ 올림픽 이념의 기본 원칙

■ 스포츠와 평화, 올림픽 이념과 관련된 주옥같은 명언

"올림픽 운동은 이미 120년 이상의 연륜을 거듭하여 206개 국가와 지역이 참가하는 전 지구적 평화운동이다. 텔레비전을 통해 올림픽대회를 시청하는 인구는 47억 명(베이징 대회 당시)을 넘고 있다. 이 대회를 취재하는 보도진은 수만 명에 이른다. 이와 같이 온 세계의 관심을 모으는 영구적 평화운동은 달리 예를 찾을 수 없다. 그런 만큼 동서의 정치권력은 종종 대회를 악용하려고 한다. 1984년 로스앤젤레스올림픽에도 미소 냉전이 어두운 그림자를 드리웠다. 그러나 인류가 생존하는 한 숭고한 평화의 이념을 추구하는 올림픽 운동은 언제까지나 영원히 올림피아의 성화와 함께 계승되어 갈 것이다."

가와모토 노부마사(川本信正)

(글 속의 수치는 2015년 12월 현재의 것으로 수정했다.)

■ 올림픽 이념의 기본 원칙 (올림픽헌장 2019년판에서)

1. Olympism is a philosophy of life, exalting and combining in a balanced whole the qualities of body, will and mind. Blending sport with culture and education, Olympism seeks to create a way of life based on the joy of effort, the educational value of good example, social responsibility and respect for universal fundamental ethical principles.

1. 올림픽 이념은 인간의 신체, 의지, 정신을 전체적 균형과 조화 속에서 고취시키는 생활철학이다. 스포츠에 문화와 교육을 접목시킨 올림픽 이념은 노력의 즐거움, 모범적 사례를 통한 교육적 가치, 사회적 책임성, 보편적 기본윤리 원칙에 대한 존중의 정신에 입각한 생활양식의 개척을 추구한다.

2. The goal of Olympism is to place sport at the service of the harmonious development of humankind, with a view to promoting a peaceful society concerned with the preservation of human dignity.

2. 올림픽 이념의 목표는 인간의 존엄성 보존을 추구하는 평화로운 사회 건설을 도모하기 위해 스포츠를 통해 조화로운 인류 발전에 기여하는 것이다.

3. The Olympic Movement is the concerted, organised, universal and permanent action, carried out under the supreme authority of the IOC, of all individuals and entities who are inspired by the values of Olympism. It covers the five continents. It reaches its peak with the bringing together of the world's athletes at the great sports festival, the Olympic Games. Its symbol is five interlaced rings.

3. 올림픽 운동은 일치되고 조직된 보편적·항구적인 활동이며 올림픽 이념의 가치에 감화된 모든 개인과 주체들이 IOC라는 최고 권위기관 하에서 수행한다. 올림픽 운동의 활동 영역은 오대주이며, 전 세계의 선수들을 위대한 스포츠축제인 올림픽대회에 불러 모음으로써 그 절정에 이른다. 올림픽 운동의 상징은 서로 연결된 5개의 고리이다.

4. The practice of sport is a human right. Every individual must have the possibility of practising sport, without discrimination of any kind and in the Olympic spirit, which requires mutual understanding with a spirit of friendship, solidarity and fair play.

4. 스포츠 활동은 인간의 권리이다. 모든 인간은 어떠한 차별 없이 올림픽 정신 안에서 스포츠 활동을 할 수 있어야 한다. 이는 우정과 연대 그리고 페어플레이 정신에 기반한 상호이해를 요한다.

5. Recognising that sport occurs within the framework of society, sports organisations within the Olympic Movement shall apply political neutrality. They have the rights and obligations of autonomy, which include freely establishing and controlling the rules of sport, determining the structure and governance of their organisations, enjoying the right of elections free from any outside influence and the responsibility for ensuring that principles of good governance be applied.

5. 스포츠가 사회라는 틀 내에서 발생한다는 점을 감안하여 올림픽 운동 내 스포츠 단체들은 정치적 중립을 취한다. 이들은 자율의 권리와 의무를 가지며 자율에는 자유롭게 스포츠 규칙을 제정·관리하고 조직의 구조와 거버넌스(운영체계·통치)를 결정하며 외부의 영향력에서 자유로운 선출권을 행사할 권리와 올바른 거버넌스가 적용되도록 할 책임을 포함한다.

6. The enjoyment of the rights and freedoms set forth in this Olympic Charter shall be secured without discrimination of any kind, such as race, colour, sex, sexual orientation, language, religion, political or other opinion, national or social origin, property, birth or other status.

6. 올림픽헌장에 명시된 권리 및 자유는 인종, 피부색, 성별, 성적 지향성, 언어, 종교, 정치적 또는 기타 의견, 국적 또는 사회적 출신, 재산, 출생 또는 기타 신분 등 어떠한 종류의 차별 없이 향유할 수 있도록 보장되어야 한다.

7. Belonging to the Olympic Movement requires compliance with the Olympic Charter and recognition by the IOC.

7. 올림픽 운동에 참여하기 위해서는 올림픽헌장의 준수와 IOC의 승인을 필요로 한다.

역주 대한체육회의 『IOC 올림픽헌장 한영본』(2019. 6.)을 기본으로 하고, 일부 용어를 수정하고 오자를 바로잡았다.

피에르 드 쿠베르탱(Pierre de Coubertin, 프랑스 1863~1937)

"올림픽에서 중요한 것은 이기는 것이 아니라 참가하는 것이다. 인생에서 중요한 것은 성공하는 것이 아니라 노력하는 것이다. 가장 중요한 것은 상대를 정복하는 것이 아니라 당당히 싸우는 것이다. 이와 같은 가르침을 널리 확산시킴으로써 한층 강건하고 더욱 신중하며 더욱 관대한 인간을 만들어낼 수 있다."

"올림픽은 단순한 세계선수권대회가 아니다. 그것은 평화와 청춘의 화원이다."

근대 올림픽의 아버지. 올림픽 부활을 제창해서 1894년에 국제올림픽위원회를 결성. 1896년 아테네에서 근대 올림픽 제1회 대회를 개최했다.

필립 노엘베이커(Philip Noel-Baker, 영국 1889~1982)

"…나는 쿠베르탱 남작으로부터 올림픽 게임의 기초가 되는 두 가지 목적에 대해 들었습니다. 그중 하나는 '추악한 세계 전쟁의 종결에 올림픽 운동이 앞장서는 것', 두 번째는 '스포츠를 통한 자아 실현의 기쁨을 모든 남녀가 누릴 수 있도록 하는 것'이었습니다. 유네스코와 IOC가 이 위대한 캠페인을 개시하고 제일의 목표로 설정하여 우리 정치가들에게 스포츠에 대한 사상의 변화를 요구해야 한다고 나는 확신하고 있습니다. 유네스코와 IOC는 우리 정치가들에게 '권력'의 무력함을 이해시켜야 합니다. 유네스코와 IOC는 우리 정치가들에게 정부의 본래 임무는 인류의 행복임을 이해시켜야 합니다. 유네스코와 IOC는 스포츠가 가진 용감함, 선의, 관대함, 우아함을 환기시켜야 합니다. 유네스코와 IOC는 '남북문제'에 대해서도 앞장서야 합니다. 유네스코와 IOC는 빈곤·기아가 근절되도록 활동을 강화해야 합니다.

그리고 제3세계(남반구의 가난한 나라) 사람들에게 진정한 'Sport for All'의 가능성을 제시해야 합니다. 유엔(유네스코)과 IOC가 협동해서 1, 2년 내로 이 거대한 교육·계몽운동에 착수한다면, 나는 노르웨이 정부가 이 빛나는 노벨평화상을 유네스코와 IOC에 수여하도록 강력히 요구하겠습니다."

"핵이 창궐하는 이 시대에 올림픽은 인류 최대의 희망이다."

1981년, IOC 총회(바덴바덴) 기조강연

1920년 앤트워프올림픽 육상 남자 1500m 은메달리스트

1959년 노벨평화상 수상

킬라닌 남작(마이클 모리스 Michael Morris, 아일랜드 1914~1999)

"세계 스포츠인의 연대와 협력으로 다가오는 홀로코스트(대학살)의 위기를 극복하자."

제6대 IOC 위원장

무하마드 알리(Muhammad Ali, 미국 1942~2016)

"나는 왜 1만 마일이나 떨어진 가난한 나라까지 가서, 백인이 유색 인종을 계속 지배하기 위해 사람을 죽이고, 국가를 태워 없애버리는 것을 도와야 하는가?"

(1967년 양심적 징병 거부로 금고 5년, 벌금 1만 달러. BBC 인터뷰에 응해서)

1960년 로마올림픽 라이트 헤비급에서 금메달. 프로 전향 후 헤비급 챔피언. 징병 거부로 유죄 판결. 4년 후인 1971년, 연방최고법원이 유죄 판결을 파기. 알리가 선수활동을 희생하면서까지 관철한 신념은 미국 전역에 큰 영향을 주었다. 오토 한 평화메달(Otto Hahn Peace Medal, 독일)을 수상. 파킨슨병을 앓아 사회적 활동이 곤란했지만, 1996년 애틀란타올림픽 성화 주자로 나타나 사람들을 놀라게 했다.

베라 차슬라프스카(Věra Časlavská, 체코슬로바키아 1942~2016)

"나는 11월 17일 프라하에서 일어난 일에 항의합니다. 잔학행위와 폭력은 이성 있는 사람들이 할 일은 아닙니다. 나는 학생들과 함께 단결하겠습니다. …인생 속에서 나는 이미 몇 번이나 당당한 태도와 용기를 내야만 했습니다. 스포츠 선수로서도, 인간으로서도. 이제 말할 수 있겠죠? 나는 비겁자가 아니라고!"

"우리들의 의무, 그것은 그들(학생)의 편에 서고, 지지해주는 것입니다—이미 용기를 냈다면—이 상황에 선두에 서는 것입니다. 폭력, 아양, 거짓, 그리고 위선 없는 삶을 위해 싸우는 것입니다."

(1989년 11월 24일, 시민포럼에 참석한 대군중을 앞에 두고)

체코의 여자 체조선수. 1964년 도쿄올림픽에서 금메달 3, 은메달 1개를 획득, '체조의 명화(名花)'로 불렸다. 1968년 체코슬로바키아의 민주화운동(프

라하의 봄)을 지지하고 '2천어 선언'에 서명. 멕시코올림픽 직전에 소련이 프라하에 침공, 올림픽 출전이 위태로웠으나 간신히 출전, 항의의 뜻을 나타내는 짙은 감색 체조복을 입고 연기하여 금메달 4개와 은메달 2개를 땄다. 유일하게 우승을 놓친 평균대의 메달 수여식에서는, 금메달을 딴 소련의 국기가 게양되자 얼굴을 돌렸다. 집요한 박해를 받았지만, '2천어 선언' 철회를 최후까지 거부. 1989년 벨벳 혁명으로 복권되었다.

에밀 자토펙(Emil Zátopek, 체코슬로바키아 1922~2000)

"전 세계의 무수한 성실한 사람들과 마찬가지로 나는 핵전쟁에 반대하는 세계평화평의회의 호소를 지지한다. 스포츠 분야에서 하는 나의 활동을 통해, 나는 언제라도 가능한 한 모든 국민 간의 우호와 이해에 진력하려고 노력해 왔다. 핵전쟁의 가능성은 단지 스포츠가 가져다주는 행복을 앗아가는 것만이 아니라 전 인류에 대한 위험이 내포되어 있다는 것을 느끼고, 나는 모든 나라의 스포츠인과 청년들에게 다음과 같이 주장한다.
— 대량살상무기의 희생이 되는 것을 피하기 위해 최선의 힘을 쏟아야 하지 않겠는가! 세계평화평의회의 주장에 서명해서, 원자력 에너지가 인류 학살에 사용되는 것을 막고, 그것이 전 인류의 복지에 사용되도록 노력해야 하지 않겠는가! 핵전쟁 준비를 멈춰라! 평화 만세!"

(1955년 3월 '세계평화평의회'의 주장에 호응해서)

체코의 육상선수. 얼굴을 찡그리고 기침을 하면서 달리는 모습을 통해 '인간 기관차'라고 불렸다. 1948년 런던올림픽 10000m 금, 1952년 헬싱키올림픽 5000m 금, 10000m 금, 마라톤 금. 차슬라프스카와 함께 '2천어 선언'에 서명. 박해 후, 1989년에 복권. 베를린올림픽에서 분전한 일본의 장거리 육상선수 무라코소 고헤이(村杜講平)를 존경했다.

캐시 프리먼(Cathy Freeman, 호주 1973~)

"나는 애버리지니(Aborigine, 호주 원주민. 역주)인 것을 자랑스럽게 생각하고 있다. 그리고 이 승리로 모든 애버리지니에게 자신감을 심어주었다. 이는 나 자신뿐만 아니라 애버리지니를 대표하는 것이다."

(1996년 2월 3일의 인터뷰)

1990년 국제대회에서 승리한 후부터 정상급 육상선수로 활약. 선수생활을 하면서 호주 원주민족 애버리지니의 스포츠권 획득에 진력했다. 2000년 시드니올림픽 400m에서 금메달을 획득. 우승 후 운동장을 돌 때에는 호주 국기와 애버리지니 깃발을 함께 걸치고 달렸다.

허전량(何振梁, 중국 1929~2015)

"오늘날 중일 우호관계의 단서는 1960년대 초반에 중국을 방문한 두 명(오기무라 이치로·마쓰자키 기미요)의 일본 스포츠 선수가 중국에서 벌인 "Fair Play"에 투철한 경기와 경기 후 선수들의 따뜻한 포옹으로 열렸다. 특히 깊은 인상을 받은 것은 마쓰자키 기미요 선수의 플레이였다. 저우언라이(周恩來) 수상은 이 마쓰자키 선수가 플레이하는 모습을 크게 칭송했다. 그 점이 중국에 남아 있던 일본인에 대한 굴절된 생각을 불식시키는 데 도움이 되었다."

"우리는 한국과 일본, 그리고 올림픽을 사랑하는 모든 사람과 함께 기꺼이 행동을 함께 할 것이다. 우리는 좀 더 나은 올림피즘의 발전을 위해 그것을 지키고 원조해야 한다."

중국올림픽위원회 명예위원장, 전 IOC 부위원장, 메이지대학 명예박사

오기무라 이치로(荻村伊智朗, 일본 1932~1994)

1950년대부터 1960년대에 걸친 일본 탁구의 황금시대를 대표하는 선수로서 세계선수권 11회 우승 등 수많은 전적을 자랑한다. 핑퐁 외교의 공로자로서 스포츠에 의한 국제 상호이해에 공헌. 탁구를 올림픽 종목으로 채택하는 데 진력했다. 1991년 제41회 지바 세계탁구선수권대회 유치와 이 대회에서 대한민국과 조선민주주의인민공화국이 단일팀을 결성하는 데 힘을 쏟았다. (한국의 현정화와 북한 이분희가 호흡을 맞춘 단일팀은 중국의 9회 연속 우승을 저지하고 여자단체전 우승을 차지했다.)

JOC 국제위원회 위원장—나가노올림픽 유치, 개최에 진력. 올림픽 후, 나가노를 아시아의 동계 스포츠센터로 육성하자고 제안. 1교1국(一校一國) 운동을 전개—어린이들과 올림픽 선수의 만남을 통해 세계 각국의 역사, 문화를 배우게 했다. 항상 아시아에 눈을 돌려 스포츠에 의한 상호이해와 우호연대를 추진했다.

마쓰자키 기미요(松崎キミ代, 일본 1938~)

센슈(專修)대학. 전형은 펜홀더그립 전진 속공형. 오기무라와 함께 일본 탁구계의 황금시대를 대표하는 여자선수의 한 사람이며, 그 공적을 인정받아 1977년 세계 탁구전당(ITTF)에 입성했다.

■ 손기정 연보

1912년 8월 29일	출생 (평안북도 신의주 남민포동. 현재 북한)
1928년	신의주 약죽(若竹)보통학교 졸업
1932년	신의주 대표로 동아일보사 주최 경영(서울-영등포) 단축마라톤 2위
	양정고등보통학교 입학
1935년 3월 21일	제11회 베를린올림픽 일본대표 1차 선발전 우승
	(2시간 26분 14초)
1935년 11월 3일	일본 메이지신궁(明治神宮) 마라톤 우승
	(2시간 26분 42초, 세계신기록)
1936년	제11회 베를린올림픽 마라톤 최종예선 2위
1936년 8월 9일	제11회 베를린올림픽 마라톤 우승
	(2시간 29분 19초 2, 올림픽 신기록)
1937년	일본 아사히신문(朝日新聞) 체육상 수상
	양정고등보통학교 졸업, 보성전문학교(현 고려대학교) 입학
	일본 메이지(明治)대학 법학부 입학
1939년	결혼(처 강복신 1944년 사별)
1940년	메이지대학 졸업, 조선저축은행 입행,
1945년	조선체육회 고문
1947년	제51회 보스턴마라톤대회에 감독으로 참가, 서윤복 우승
1948년 4월	대한체육회 부회장 취임
1948년 7월	제14회 런던올림픽 본부임원으로 참가(한국 최초)
1950년	제54회 보스턴마라톤대회에 감독으로 참가, 1·2·3위 석권
1951년	조선방적주식회사 상무이사 취임
1952년 5월	제15회 헬싱키올림픽 참가
1956년 9월	풍국제분주식회사 대표이사 취임

1957년	대한민국 체육상(지도자상) 수상
1963년	대한육상연맹 회장 취임
1964년 10월	제18회 도쿄올림픽 참관
1966년 12월	제5회 방콕아시아경기대회 한국선수단 단장
1968년	국제육상경기연맹(IAAF) 공로상 수상
1970년	대한민국 국민훈장 모란장 수상
1972년 8월	제20회 뮌헨올림픽 특별초청 참석
1973년	관부(下関-釜山)페리 이사 취임
1976년	제21회 몬트리올올림픽 특별초청 참석
1978년	동양실업판매(주) 회장 취임
1979년~1985년	대한올림픽위원회(KOC) 상임위원
1981년	제84차 바덴바덴 IOC총회에서 1988년 서울올림픽 유치 활동
1984년	제23회 로스앤젤레스올림픽 성화 주자, 개회식 특별초청 참석
1986년	베를린올림픽대회 마라톤 우승 수상 그리스 고대투구 반환
1987년	뉴욕에서 비킬라 아베베상 수상
1988년 9월	제24회 서울올림픽 성화 주자
1992년 7월	제25회 바르셀로나올림픽 참관
1993년	삼성재단 고문 취임
1995년	메이지대학 특별공로상 수상
1996년	올림픽 100주년 기념 아테네 마라톤대회 특별초청 참가
	베를린올림픽 60주년 기념행사 참석
2000년	삼성전자 육상팀 고문, 국민체육진흥공단 마라톤팀 고문
2002년 11월 15일	타계
2011년 9월	「대한민국 스포츠영웅」 선정

제3부

〈부록〉

손기정 인물사전

| 심훈 시비 「오오, 조선의 남아여!」 양정고교 옛터에 있는 손기정기념재단 뜰에 세워져 있다. (손기정기념재단 제공)

[일러두기]

1. 『손기정 평전』의 원본인 『評傳孫基禎』에 등장하는 인물과 손기정 자서전 『나의 祖國 나의 마라톤』에 등장하는 인물 중 손기정을 연구하고 이해하는 데 필요하다고 생각되는 인물을 대상으로 하였다. 지면의 한계로 80여 명으로 한정했다. 선정된 인물은 ①손기정의 마라톤 인생과 직접 관련된 인물, ②손기정의 '스포츠와 평화' 활동에 관련된 인물, ③기타 손기정의 주변 인물이나 일화 등에 등장하는 인물로 나눌 수 있다. 별도로 구분하지는 않았지만 가급적 손기정과의 관계를 언급하도록 했다.

2. 각 인물들에 대한 내용은 한국 위키피디아, 일본 위키피디아 등을 주로 참고하였고, 『評傳孫基禎』, 『나의 祖國 나의 마라톤』, 기타 『손기정 평전』의 참고문헌을 종합해서 보완하고 정리했다.

3. 올림픽 출전 선수는 IOC 선수 데이터베이스인 'Athletes'에 등재된 영어표기를 게재했다. 일제 치하에서 올림픽에 출전했던 13명의 조선인 선수들은 모두 일본식 영어표기(예 : 손기정-Kitei Son)로 검색된다. 스포츠 통계와 리소스를 제공하는 SR(Sports Reference)의 'Olympedia'에서는 손기정(Son Gi-jeong) 외에는 모두 IOC 홈페이지의 'Athletes'처럼 일본식 영어표기로 검색된다.

4. 그동안 모든 자료에서 잘못 쓰여 왔던 '시오아쿠 다마오'는 '시와쿠 다마오(塩飽玉男, Tamao Shiwaku)'로 바로잡았다. 그 외에 잘못 쓰여 온 일본인 성명의 한글표기를 바로잡았다.

5. 한국과 일본 마라톤의 과거와 현재를 보여주는 주요 선수들을 망라하도록 했다. 이들의 생애와 스토리텔링을 통해 한국 마라톤 발전의 방향성을 유추할 수 있을 것이다.

1. 손기정(孫基禎, Kitei SON, Sohn Kee-Chung/Son Gi-jeong, 1912~2002)

1936년 베를린올림픽 마라톤 금메달리스트. 신장 170㎝, 체중 60㎏.

1912년 8월 평안북도 신의주에서 태어났다. 집안이 잡화점을 했는데 가난해서 겨울이 되면 주위 어린이들이 압록강에서 즐기는 스케이트를 할 수가 없었다. 이때문에 보통학교 때부터 달리기에 흥미를 갖고 언제나 달려서 통학했으며, 고학년이 되자 스스로 연습법을 고안해서 달렸다. 1926년에 고향집이 압록강 홍수로 피해를 입어 학교를 잠시 쉬며 행상을 하게 되었는데, 이때도 달리기를 그만두지 않아 자연히 준족으로 주목받게 되었다. 나중에 파보 누르미의 존재를 알고 그 영향을 받으면서 연습에 열중하게 된다.

1932년 양정고보에 스카웃되어, 좋은 연습 환경 속에서 급속히 실력을 발휘하게 된다. 이후 선배 권태하의 권유로 마라톤에 입문해 각종 신기록을 세우며 우승해 조선 마라톤계의 1인자가 되었다.

1935년 11월 3일, 메이지신궁체육대회 마라톤에서 공인 세계최고기록 2시간 26분 42초를 수립했다. 1936년 8월 베를린올림픽에 출전, 당시 인간의 한계라고 여겨졌던 2시간 30분대의 벽을 깨고 올림픽기록 2시간 29분 19초 2로 금메달을 획득했다.

손기정은 베를린 체재 시에는 외국인에게 'KOREA'라고 사인을 해주었다. 1936년 베를린올림픽을 취재하고 『나치올림픽(The Nazi Olympics)』이라는 책을 쓴 미국의 리처드 만델은 손기정에 대해 이렇게 썼다. "손기정은 사실 한국인이었다. 그의 조국은 1910년 일본의 지배를 받게 되었다. 손기정이 이기는 방법이란 가슴에 증오의 상징인 일장기를 달고 뛰는 것이었다. 그는 베를린에서 사람들이 사인을 해달하고 하면 한국이름(한글이름)을 썼으며 그 옆에 한반도 지도를 잊지 않고 그려 넣었다. 사람들이 어디에서 왔느냐고 물으면 손기정은 그때마다 '코리아에서 왔다'고 대답했다. 중대한 사실을 적어둔다면 마라톤 시상식 때 손기정과 남승룡은 기자들에게 자신들은 일본인이 아니라 한국인임을 알리려고 했다는 점이다."

올림픽역사학자 데이비드 월친스키는 『더 올림픽 북(The Olympic Book)』에서, 버드 그린스팬은 『올림픽 역사의 100가지 위대한 순간』에서 거의 같은 내용을 기술하였다.

그런데 이런 국명이나 한글 사인을 하는 자세나 문제의식은 우승 후에 갑자기 생긴 것이 아니었다. 그 싹은 이미 올림픽 전년도인 1935년 11월 세계최고기록을 수립한 시점에 그 자신의 내부에 자연발생적으로 생겨난 문제였다는 것을 알 수 있다(가마타).

베를린올림픽 직후 '일장기말소사건'이 일어나 「동아일보」가 발행정지 처분을 받았다. 이때문에 10월 8일 귀국한 손기정에게는 항상 경찰이 따라붙게 되고, 조선에서 예정되어 있던 각종 환영회도 대부분 중지되었다.

대일(對日) 유격전을 펼치던 김일성이 시베리아에서 손기정의 마라톤 제패 소식을 듣고 크게 용기를 얻었다는 것이 김일성 회고록에 기재되어 있다고 한다. 만년에 손기정은 일제하에서 학도병 모집 연설을 한 것을 "인생에서 가장 아프고 괴로운 기억(最も痛苦な思い出)"이라고 말했다.

국제올림픽위원회(IOC) 기록에는 국적이 일본인으로 되어 있다. 1970년, 당시 한 국회의원이 베를린올림픽 기념비에 새겨진 손기정의 국적 'JAPAN'을 지우고 대신에 'KOREA'라고 새겼다. 독일 당국은 기념비의 국적을 'JAPAN'으로 복원했다. 이 사건 후에 IOC의 손기정 소개란에 역사적 경위, '일장기말소사건' 등에 대해서도 해설을 덧붙이게 되었다. IOC 홈페이지에도 손기정의 국적은 일본(Japan), 이름은 'Kitei SON'이라고 표기하고 있지만 부속 자료에는 국적이 Korea(South Korea)라고 밝히면서, 일제강점기에 어쩔 수 없이 일본 국적을 달고 경기에 출전하게 되었다고 설명하고 있다. 또한 그의 다른 이름을 'SOHN, Kee-Chung'으로 표기하고 있다. 미국 캘리포니아주 칼버시에 있는 올림픽 역대 마라톤 우승자 기념비에는, 손기정의 국적이 전에는 'JAPAN'으로 표기되어 있었으나, 1986년 8월 'KOREA'로 수정되었다. 그때 개최된 기념식에 손기정이 직접 참석했다.

자서전 『나의 祖國 나의 마라톤』(한국일보사)이 1983년 8월 처음 발행되었고, 손기정 탄생 100주년을 기념하여 개정증보판(학마을 B&M)이 2012년 11월 양정총동창회와 재단법인 양정장학재단에 의해 발행되었다. 일본어판으로는 『ああ月桂冠に涙ー孫基禎自伝』(講談社 1985年)이 있다.

손기정의 위대한 생애를 기리며 손기정기념재단이 2005년부터 매년 '손기정 평화마라톤대회'를 개최하고 있다. 파주 임진각, 상암월드컵경기장을 거쳐

2009년부터는 잠실 서울올림픽주경기장에서 개최되고 있는데, 2015년에는 15000명이 참가하였으며 2019년 대회에는 10000명 이상이 참가했다. 일본에서도 일본유네스코연맹 소속의 '스포츠와 평화를 생각하는 유네스코 클럽'이 매년 참가하여 우호를 다지고 있다.

2019년 방송된 NHK 대하드라마 「이다텐~도쿄올림픽 이야기~」(전 47회 방영) 제34화(2019년 9월 8일 방영)에 남승룡과 함께 등장한다. 일본 나가노현에 있는 시나노마이니치신문(信濃毎日新聞)의 한일관계를 테마로 한 연간 기획 「기억을 연다(記憶を拓く)」 제1부에 「금메달리스트 손기정」으로 10회(2020.1.3~1.14)에 걸쳐 소개되었다.

2019년 10월 4일 저녁 서울 잠실종합운동장에서 열린 제100회 전국체전 개막식에서 「몸의 신화, 백년의 탄생」이란 특별 공연행사가 열렸는데, '나는 손기정입니다'라는 영상과 함께 시작된 이 공연의 주인공은 손기정이었다.

2. 남승룡(南昇龍, Shoryu NAN, 1912~2001)

1936년 베를린올림픽 마라톤 동메달리스트. 신장 165㎝, 체중 56㎏.

1912년 11월 전라남도 순천에서 태어나 네 살 때 어머니를 여의었다. 순천 출신의 세계적 프로복서 서정권(徐廷權)과 죽마고우로 서당에서 함께 공부했다. "자신이 가장 좋아하는 것을 한 가지 골라 그 일에 매진하라"는 보통학교 교사 후쿠나가(福永)의 말을 가슴에 새기고 달리기에 전념한다.

순천공립보통학교(현 순천남초등학교)를 막 졸업한 1928년 가을, 조선신궁대회 전라남도 예선에서 5000m와 10000m에서 1위를 했다. 1930년 10월, 전라남도 대표로 조선신궁대회에 출전하여 10000m에서 4위, 마라톤에서 2위를 차지하며 두각을 나타냈다.

1931년 7월 20일, 협성실업학교(현 광신정보산업고)에 재학 중이던 남승룡은 여름방학이 되자 연습도 할 겸 경성에서 순천까지 달려서 내려갔다. 소요시간은 37시간 34분이었다. 이 희대의 사건을 당시 동아일보 이길용 기자가 보도했다. 이 기사는 사람들의 호기심을 유발시켰고 남승룡을 알리는 계기가 되어 1931년 9월 육상명문 양정고보에 편입했다.

양정고보에서 남승룡은 손기정의 2년 선배였다. 나이는 같았지만 남승룡이

다른 학교에 다닌 경험이 있어 2학년으로 편입했기 때문이다. 손기정은 그런 남승룡을 선배로서 깍듯이 예우했다. 1932년 4월 남승룡은 갓 입학한 손기정과 함께 학교 대표로 호치신문(報知新聞)이 주최하는 '제13회 도쿄-요코하마 왕복 중학 역전경주'에 출전하여 양정에 우승을 선물했다. 3학년 남승용이 제1구간, 신입생 손기정이 제5구간, 육상부 주장 5학년 유해붕이 마지막 제6구간을 달려 3시간 50분 9초를 기록했다. 그밖에 조인상, 김국태, 김유수와 후보선수 안영재가 함께 뛰었다. 1934년 일본으로 건너가 도쿄 메지로(目白)상업학교에 5학년으로 편입학 후 1935년 메이지대학 정치경제학부에 진학했다. 메이지대학 출신 정상희와 일본 귀족 기타바타케(北畠), 스즈키 다케시의 도움으로 마라톤에 전념한다. 메이지대학 재학 중에는 하코네역전 산악구간에서 크게 활약했다.

1936년 5월, 베를린올림픽 최종선발전에서 우승했지만 우승기록이 2시간 35분으로 전체적으로 기록이 저조해서 손기정, 스즈키 후사시게, 시와쿠 다마오와 함께 4명이 대표로 선발되어 현지에서 최종적으로 3명을 뽑게 되었다. 그 이면에는 조선인 2명을 함께 마라톤 대표로 뽑고 싶지 않았던 일본육상연맹의 속셈이 있었다. 최종적으로 스즈키가 컨디션 부조로 현지예선에서 도중 기권하여 손기정과 남승룡, 시와쿠가 본선에 출전한다. 남승룡은 광복 후 지인을 만났을 때 "지금도 스즈키에게는 미안하게 생각한다"고 말했다고 한다. 2020년 현재까지 하코네역전에 출전한 선수로서 올림픽 마라톤에서 메달을 획득한 선수는 남승룡이 유일하다.

1938년 메이지대학을 졸업하고 귀국하여 용산철도국에 취직했다. 광복 후 손기정 등과 '마라톤보급회'를 결성해서 선수 지도에 나섰으며, 1947년 34세(우리나이 36세)의 나이에 보스턴마라톤에 코치 겸 선수로 출전하여 서윤복의 우승을 돕고 12위를 차지했다. 1947년부터 1963년까지 대한육상경기연맹 이사로 활동하고 철도청 감독, 전남대학교 교수를 지내는 등 육상 발전에 힘썼다. 전남대학교 재직 시(1956~1964)에는 김연범 등 걸출한 선수들을 많이 육성하였으며 대통령상이 걸린 '충무공정신계승 마라톤대회'를 개최(1956~1959)하여 전국규모의 대회로 성장시켰다. 남승룡은 후배를 지도할 때 "운동선수는 정신이 해이해지면 안 된다", "수업을 받아라", "책을 가까이 하라", "술 먹고 담배 피우지 마라", "선·후배 간에 예의를 중시해라"라며 운동선수가 지켜야 할 5가지 덕목을 강조했다.

1964년 도쿄올림픽 마라톤 코치를 마지막으로 육상계를 떠났다. 도쿄에는 가지 않았다. 1970~80년대에는 외부와의 접촉을 끊고 한 때 연락이 두절되었지만, 1988년 서울올림픽 때 모습을 나타냈다. 그때의 모습이 당시 일본 다큐멘터리 프로그램(TV도쿄 「토요 스페셜」 1988년 10월 22일 방영 「조국 없는 마라토너, 베를린·서울올림픽 비화」)에서 다루어졌다. 1996년 8월 9일에는 '손기정 베를린올림픽 제패 60주년 기념 오찬(경기 광주)'에, 같은 해 8월 30일에는 '1996 애틀란타올림픽 참가 육상선수단 환영모임(올림픽파크텔)'에 손기정, 서윤복, 함기용 등 육상 원로들과 함께 참석했다.

세 살 아래인 동생 남기룡도 1938년 전일본선수권대회와 관동선수권대회 마라톤에서 우승, 1940년 도쿄올림픽에서 금메달 획득의 기대를 모았지만 도쿄올림픽이 무산되면서 그 이름이 묻혔다.

2001년 2월 서울에서 타계했다. 향년 88세. 1970년 국민훈장 모란장을 수상했다. 순천시는 순천만국가정원 주변 도로를 그의 이름을 따 남승룡로로 지정하고, 이 길을 따라 2001년부터 현재까지 매년 11월 '남승룡마라톤대회'가 열리고 있다.

3. 김은배(金銀培, Onbai KIN, 1907~1980)

1932년 로스앤젤레스올림픽 마라톤 6위. 신장 163㎝, 체중 52㎏. 출생년도는 IOC의 Athletes에는 1912년, SR(Sports Reference)의 Olympedia에는 1910년으로 되어 있다.

경성의 부유한 집안에서 태어났다. 1928년 축구명문 경신고보에서 양정고보로 전학, 육상부에서 장거리 선수로 두각을 나타낸다. 3학년 때부터 육상부 주력선수로서 '한신(阪神) 중학 역전'에서 양정고보의 3연패(1929~1931)에 기여하며, 양정고보가 육상명문으로 불리는 기초를 쌓았다.

1931년 11월 열린 메이지신궁체육대회 마라톤에서 일본최고기록을 깨는 2시간 34분 58초로 2위를 차지, 마라토너로서 주목을 받게 되었다. 같은 11월, 경성과 영등포 간에서 개최된 경영마라톤(단축코스)에서 우승했다. 이때 다른 경기대회 참가를 위해 경성에 와있던 손기정은 이 우승 소식을 듣고 처음으로 '마라톤'이라는 낱말을 접했다고 한다. 손기정은 다음 해인 1932년 양정고보에 입학, 김은배의 팀 메이트가 되었다.

1932년 5월, 로스앤젤레스올림픽 최종예선대회에서 권태하에 이어 2위를 차지하여 올림픽 대표로 선발되었다. 김은배는 권태하, 복싱의 황을수와 함께 조선인으로는 처음으로 하계올림픽에 출전하게 되었다. 8월의 올림픽 본선에서는 2시간 37분 28초의 기록으로 6위에 올라 조선 마라톤의 올림픽 우승 가능성을 내비치며 온 나라를 들썩이게 했다. 김은배와 권태하는 로스앤젤레스 교민들이 베풀어 준 환영회에서 난생 처음 태극기를 보는 감격을 맛보았고, 김은배는 그때 손수건 크기의 태극기를 몰래 가지고 돌아와 동아일보 기자 이길용에게 넘겨준다. 이길용은 일본 경찰의 눈을 피해 이 태극기를 숨겨 간직해 두었다가 광복이 되자 그 태극기를 본 삼아 여러 장의 태극기를 만들어 사람들에게 나누어 주었다.

와세다대학 경제학과에 진학해 1934년과 1935년의 하코네역전에 출전, 1934년에는 7구 구간상을 획득하며 와세다대학의 종합우승에 공헌했다.

광복 후 권태하와 함께 조선육상경기연맹, 마라톤보급회 등을 조직하여 국내 육상의 보급·발전에 힘썼으며, 서윤복·함기용·송길윤·최윤칠·김연범 등 한국 육상의 대표급 선수를 배출하기도 했다. 1952년 헬싱키올림픽에는 육상 감독으로 참가했으며, 대한육상경기연맹 이사장, 체육신문사 사장, 대한체육회 상무이사, 국도신문사 논설위원 등을 지냈다.

4. 권태하(權泰夏, Taika GON, 1906~1971)

1932년 로스앤젤레스올림픽 마라톤 9위. 신장 165㎝, 체중 54㎏.

충청북도 청주의 유복한 가정에서 태어났다. 휘문고보를 중퇴하고 일본의 리쓰메이칸(立命館)중학교에 유학, 졸업 후 메이지대학 법학부에 입학했다. 1927년부터 매년 하코네역전에 출전, 메이지대학에 두 번의 우승을 안겨주었으며 메이지대학 황금시대를 구축했다.

1932년 졸업 후 육상명문 양정고보와 함께 트레이닝을 했다. 5월 8일 열린 로스앤젤레스올림픽 마라톤 조선예선대회에서 처음으로 마라톤에 도전해 우승한다. 5월 25일 도쿄에서 열린 최종예선에서도 예상을 깨고 우승, 올림픽 대표로 선발되었다.

1932년 8월 7일, 로스앤젤레스올림픽 마라톤에서 권태하는 9위로 경기장에 들어왔다. 비록 9위였으면서도 올림픽 주경기장을 메운 관중들로부터 입상자보다 더 뜨거운 박수갈채를 받는 마지막 사투를 벌인다. 경기장에 들어온 권태하는 골 10m 앞에서 몸을 내던지고 쓰러졌다. 거의 실신상태였던 권태하는 트랙 바닥에 표시된 하얀 선을 결승선으로 잘못 알았던 것이다. 관중들의 애절한 환호 속에 다시 일어선 권태하는 비틀거리며 골인했다. 기록은 2시간 42분 52초. 권태하는 그대로 쓰러졌고, 의식을 회복한 것은 3시간이 지난 후였다.

이 골인 모습이 관중들에게 강한 인상을 주어 LA 지역 미디어에서는 5위와 6위를 한 쓰다 세이치로(津田晴一郎)와 김은배보다 더 크게 다루어졌다. 대일본체육협회가 대회 후에 간행한 『제10회 올림픽대회 보고서』에서도 특별히 한 페이지를 할애해서 그 모습을 게재했고, 골인하는 부분은 "특히 그 골 앞의 광경은 그저 가슴이 매이는 기분뿐이어서, 자리에서 일어설 기력도 없이 그저 망연"했다고 묘사하고 있다. 뒷날 권태하는 "우리 민족의 투혼을 위해서 일본인의 민족적 우월감을 깨뜨렸다. 죽음을 걸고 싸웠다는 그 자체는 곧 하나의 승리이므로 나는 로스앤젤레스의 마라톤에서 승리했다고 여긴다"라고 말했다.

그러나 올림픽 기간 중에 쓰다와 트러블이 일어났다. 코치를 겸했던 쓰다가 올림픽 후에 "나는 두 선수에게 내 뒤를 달리도록 작전지시를 했는데 두 사람이 지시를 따르지 않았다. 그것이 메달을 따지 못한 이유이다"라고 말했다. 이에 대해 권태하가 크게 반발, 쓰다와 같은 배로 귀국하는 것을 거부하고 그대로 스포츠 명문인 남캘리포니아대학에 유학해서 체육학을 전공했다.

유학 중에도 권태하는 조선의 육상경기 정보를 입수하고 있었으며, 1933년에는 손기정을 '다음 올림픽 후보'로 추천하는 편지를 양정고보 육상부에 보냈다. 손기정은 훗날, 이 편지가 마라톤에 뛰어든 요인이 되었다고 말했다. 1936년 베를린올림픽 대표로 손기정과 남승룡이 결정된 후, 자기의 우승을 위해 김은배와 권태하에게 희생을 강요한 쓰다가 코치에 임명되자 「베를린올림픽 마라톤에서 일본이 우승하려면」이라는 글을 경성일보에 3회에 걸쳐 연재하면서 쓰다를 코치에서 빼야 한다고 강력히 주장하고, 같은 취지의 편지를 당시 일본 육상계에 강력한 영향력을 갖고 있던 아사히신문 운동부 기자 오다 미키오와 두 선수에게도 보냈다. 결국 쓰다는 코치에서 제외되었다.

권태하는 자부심이 대단했고 무척 격정적인 사람이었다. 특히 일본의 조선인에 대한 차별정책에 크게 반발, 도처에서 일본 사람들과 충돌을 일으켰다. 권태하는 베를린올림픽 당시 정상희와 함께 베를린에 가 손기정과 남승룡을 응원했다. 7월 22일 열린 현지선발전에서는 시와쿠 선수가 비겁하게 샛길로 뛴 것을 정상희와 함께 적발, 코치에게 엄중 항의했다. 시와쿠는 꼼짝없이 사실을 시인했다. 손기정과 남승룡이 베를린에서 각각 금메달과 동메달을 획득하는 데는 권태하의 이러한 행동들이 적지 않게 작용했다.

광복 후 체육 재건을 위한 조선체육동지회를 구성할 당시 총무위원으로 활약하고, 조선마라톤보급회 위원장을 맡았으며, 1961년 대한육상경기연맹 회장을 역임했다.

5. 황을수(黄乙秀, Otsu Shuko, 생몰년도 미상)

일제 시대의 복싱 선수. 강원도 철원 출신으로 메이지대학 재학 중(25세), 1932년 로스앤젤레스올림픽 복싱 라이트급에 출전했지만 1회전에서 패퇴했다(8위). 김은배·권태하와 함께 하계올림픽에 출전한 첫 조선인이다.

광복 후 남한에서 생활하다 6·25전쟁 때 월북, 북한 복싱계의 지도자가 되었다. 1963년 북한에서 공훈체육인 호칭을 받았으며, 조선올림픽위원회 위원으로 활약했다.

무슨 이유인지 'Otsushu(乙秀) Ko(黄)'로 표기해야 할 것이 'Otsu(乙) Shuko(秀黄)'로 표기되어 있어 검색이 어렵다.

6. 김정연(金正淵, Seien KIN, 1914~1992)

평북 강서 출신. 메이지대학 법과 졸업.

1936년 독일 가르미슈-파르텐키르헨 동계올림픽 스피드스케이팅에 출전해 1500m에서 15위, 5000m에서 21위, 10000m에서 13위에 올랐다. 해방 후 빙상계 원로로 대한빙상경기연맹 간부 등을 지내며 빙상 발전에 기여했다. 손기정의 메이지대학 선배로 손기정의 일본 전지훈련을 돕기도 했다.

2019년 정동극장에서 공연한 판소리 뮤지컬 「경성스케이터」는 김정연 등 1936년 동계올림픽에 출전한 '조선 최초의 스피드스케이팅 선수' 세 명의 실화에서 모티브를 가져왔다고 한다.

7. 이성덕(李聖德, Seitoku RI, 1912~1968)

평북 신의주 출신. 와세다대학 졸업.

1936년 독일 가르미슈-파르텐키르헨 동계올림픽 스피드스케이팅 전 종목에 출전했다. 500m 16위, 1500m 23위, 5000m 27위, 10000m 25위. 광복 후 대한민국에 정착하여 빙상연맹 이사 등을 역임했다. 손기정과 동향이다.

8. 장우식(張祐植, Yushoku CHO, 1914~1971)

평북 신의주 출신. 메이지대학 졸업.

1936년 독일 가르미슈-파르텐키르헨 동계올림픽 스피드스케이팅에 출전해 5000m에서 27위, 10000m에서 26위를 차지했다. 정확한 사망 시점이 불명확하다. 가마타 다다요시(鎌田忠良)에 의하면 1988년 도쿄에 거주하고 있었으나 인터뷰 요청에 응하지 않았다고 한다. 손기정과 동향이며 메이지대학 동문이다.

9. 김용식(金容植, Yoshoku KIN, 1910~1985)

축구 선수·지도자. 황해도 신천의 비교적 유복한 가정 출신. 경신중학과 보성전문을 졸업했다. 아버지는 목사로 조선신궁 참배 거부 등으로 몇 번이나 투옥되기도 했다.

1936년 베를린올림픽 축구 일본 대표로 참가하여 일본의 8강 진출에 공헌했다. 후에 '베를린의 기적'이라 불리는 스웨덴전과 이탈리아전 2경기에 선발 출전했다. 스웨덴전에서는 후반 10분을 남기고 3:2가 되는 결승골을 넣었다. 손기정이 베를린에서 우승할 때는 농구 선수 장리진과 함께 메인 스타디움에서 손기정을 응원하고 우승 장면을 지켜보았다.

광복 후에는 1948년 런던올림픽에 한국 대표선수로 참가했으며, 1954년 스위스 월드컵 한국 대표팀 감독을 역임했다. 한국 축구의 아버지로 불린다.

10. 이성구(李性求, Seikyu RI, 1911~2002)

충청남도 천안 출신의 농구 선수. 휘문고보와 연희전문학교(현 연세대학교)를 졸업했다.

1936년 장리진·염은현 등과 함께 베를린올림픽에 일본 대표선수로 출전했다.

광복 이후 대한체육회 이사, 대한올림픽위원회 상임위원 등을 역임했다.

11. 장리진(張利鎭, Richin CHO, 1917~?)

평양 출신의 농구선수. 연희전문학교 상과와 일본 릿쿄(立教)대학 경제과를 졸업했다. 1936년 베를린올림픽에 일본 대표선수로 출전했다. 1948년 런던올림픽에는 한국 대표선수로 출전했다. 만년에 미국으로 이민했다.

12. 염은현(廉殷鉉, 1914~?)

서울 출신의 농구선수. 연희전문학교를 거쳐 일본 교토(京都)대학 사학과를 졸업했다.

1936년 베를린올림픽대회에 일본 대표선수로 출전했다. 로스터(8명)에 포함되지 않아 IOC Athletes에서 검색되지 않는다.

13. 이규환(李奎煥, Keikan RI, 1915~?)

1936년 베를린올림픽에 복싱선수로 참가했다. 2회전에서 탈락, 웰터급 17위.

14. 스피리돈 루이스(Spiridon Louis, 1873~1940)

1896년 아테네올림픽 마라톤 금메달리스트. 근대올림픽 사상 첫 마라톤 경기 우승자.

루이스는 1936년 베를린올림픽에 초대되어 평화의 상징으로서 올림포스 산에서 꺾은 올리브 가지를 히틀러에게 전해주는 세레모니를 했다. 독일이 그리스를 침공하기 수 주 전에 출생지인 마루시에서 사망했다. 그리스의 많은 스포츠 클럽은 아직도 루이스의 이름을 붙이고 있고, 2004년 아테네올림픽 메인스타디움에도 루이스의 이름이 붙여져 있다. 메인스타디움은 루이스가 태어난 마루시에 있다.

루이스가 죽은 후, 올림픽 최대의 영예는 마라톤에서 승리하는 것이라는 것이 정착되어 현재도 이어지고 있다. 2004년 아테네올림픽에서는 그의 증손인 에마뉴엘 루이스가 선조가 승리한 스타디움에 성화를 봉송하고, 폐회식 때 그를 기념한 마라톤 특별시상식이 열렸다. 베이징올림픽부터는 이 시상식을 본따서 꼭 폐회식 때 시상을 하도록 정해졌다.

15. 후안 사바라(Juan Carlos Zabala, 1911~1983)

아르헨티나 출신으로 1932년 로스앤젤레스올림픽 마라톤 금메달리스트. 자바라라고도 표기한다. 아르헨티나 육상선수로서 올림픽 첫 금메달을 획득했다. 20세 10개월의 금메달 획득은 올림픽 남자 마라톤에서는 2020년 현재까지 최연소기록이다.

베를린올림픽에서는 10000m와 마라톤 2종목에 출전. 나이가 젊어 마라톤 사상 첫 연패를 달성할지 여부에 관심이 모아졌다. 그 때문에 사바라는 거국적인 지원을 받아 대통령 비서까지 대동하고 대회 1년 전부터 독일에 건너가 훈련을 했다.

10000m에서는 1분 이상의 차로 6위로 끝난다. 마라톤에서는 처음부터 뛰쳐나가 선두를 달렸지만, 오버페이스와 고온으로 실족, 29㎞를 지나 손기정과 어니스트 하퍼에 선두를 내준다. 32㎞를 지나 4위로 처지자 의욕을 상실, 후속 선수에게 계속 처지며 노상에 쓰러져 기권했다.

16. 어니스트 하퍼(Ernest Harper, 1902~1979)

1924년 파리, 1928년 암스테르담, 1936년 베를린올림픽 육상경기에 영국 대표로 출전했다. 그 중 1936년 베를린올림픽 마라톤에서 손기정에 이어 2위로 은메달을 획득했다.

1936년 베를린올림픽에서 하퍼는 전 대회 금메달리스트 아르헨티나 대표 후안 카를로스 사바라, 핀란드 대표 에룻키 타밀라와 바이노 뮈노넨, 손기정 등과 함께 우승 후보로 거론되었다. 이때 하퍼는 이미 34세나 되어 레이스를 하면서는 주름살 깊은 얼굴에 괴로운 표정을 띠면서 달렸다.

하퍼는 1939년에 프로로 전향, 1950년 딸이 살고 있는 호주로 이주했다. 그는 자신이 획득한 많은 메달을 가족의 생계를 유지하기 위해 매각했다. 하퍼는 빅토리아주 로즈버드(Rosebud. Tullamarine이라는 기록도 있다)에서 1979년 작고했다.

17. 레니 리펜슈탈(Leni Riefenstahl, 1902~2003)

히틀러의 총애를 받아 나치의 선전영화를 전담했던 명감독으로 베를린 올림픽 공식 기록영화 「올림피아(Olympia)」를 제작했다. 마라톤에 많은 비중을 할애한 이 영화의 하이라이트는 손기정의 결승선 통과 장면이다. 레니 리펜슈탈은 20년이 지난 1956년 8월 손기정과 재회한다.

「올림피아(Olympia)」는 제1부 「민족의 제전 Fest der Völker」과 제2부 「미의 제전 Fest der Schönheit」으로 구성되어 있다. 4시간짜리 「올림피아」가 완성된 것은 올림픽이 끝난 지 1년 8개월 뒤인 1938년이었으며, 히틀러의 49회 생일인 4월 20일 처음 상영되었다. 일본에서는 1939년, 조선에서는 1940년 상영되었다. 손기정과 남승룡은 부부동반으로 경일(京日)뉴스관에서 이 영화를 감상했다.

18. 후지와라 요시에(藤原義江, 1898~1976)

일본의 남자 오페라 가수, 성악가(테너). 애칭은 '우리들의 테너'. 제2차 세계대전 전후에 걸쳐 활약한 세계적 오페라 가수이며, 후지와라가극단의 창설자. 부친은 스코틀랜드인이고 모친은 일본인인 혼혈로 오사카부 태생이다.

베를린에서 우승한 손기정을 자택에 초청하고, "24년 만에 올림픽 마라톤에서 우승했다고 떠드는 일본이 정작 우승한 선수에게는 환영하는 기색이 없으니 될 말이냐?"고 일본인들의 좁은 소견을 나무랐다. 일본의 발전을 위해서도 민족 차별이란 있어서는 안 된다는 것이 그의 견해였다.

19. 미네기시 쇼타로(峰岸昌太郎, 1891~1949)

사이타마현 출신. 1914년 미네기시가(峰岸家)에 양자 입적. 1917년 일본체조학교(일본체육대학 전신) 졸업. 1920년 2~3월 장녀와 아내가 연이어 사망. 1921년 4월 20일 29세 때 양정고보 육상부 창설과 함께 부임했으며 마음속으로부터 한국 학생을 사랑하고 민족차별의식 없이 선수들을 열심히 키워 양정을 일본 최고의 팀으로 육성했다.

어느 날 양정의 연승에 질린 한 일본팀 감독이 "너는 도대체 일본인인가, 아니면 조선인인가? 일본인이라면 너희 팀도 한 번쯤은 져주어야 되는 것 아니야?" 하고 말하자 "스포츠에 일본과 조선의 구별이 어디 있느냐? 국적 같은 것은 스포츠와는 전연 관계가 없다"고 대답했다고 한다. (가마타) 1931년 1월 '한신(阪神) 중학 역전' 3연패를 달성한 후 5월 돌연 양정고보를 그만 두고 조선총독부가 관할하고 일본인이 주도했던 조선체육협회(조선체육회와 다른 조직)의 육상부 감독, 9월 전무이사를 역임한 후 1932년 12월 해직되었다. 1932년 봄 로스앤젤레스올림픽 마라톤 조선예선에서 권태하의 간곡한 건의를 받아들여, 전년도 조선신궁대회에서 우승한 김은배가 조선예선 없이 최종선발전에 나갈 수 있도록 일본육상경기연맹을 설득했다. 김은배가 빠진 조선예선에서 권태하는 2시간 35분 17초로 우승, 최종선발전에 나갈 자격을 딴다.

손기정이 입학하기 전 양정을 그만두었으나 손기정과는 교류가 있었으며 1945년 도쿄에서 손기정과 함께 찍은 사진이 있다. 1949년 8월 21일 에히메현에서 57세로 사망했다.

20. 정상희(鄭商熙, 1907~1981)

충청북도 충주 출신. 손기정과 남승룡의 양정고보 육상부 선배로 1929년 '한신 중학 역전'에서 주장으로 4구간을 달리며 양정고보의 첫 우승을 이끌었다. 메이지대학 시절에는 하코네역전에서 활약했다. 메이지대학 졸업 후 조선총독부 학무국 사회체육과에 근무하였으며, 베를린올림픽 당시에는 만철에 근무하던 권태하와 함께 베를린에 가서 우리 선수들을 응원했다.

주요 고비고비에서 손기정과 남승룡에게 중요한 정보를 제공하여 두 선수가 베를린올림픽에서 좋은 성적을 거둘 수 있도록 도왔다. 정상희는 손기정과 남승룡 중 한 명을 올림픽 대표에서 탈락시키려고 하는 일본육상연맹의 방침을 두 선수에게 미리 알려 최종선발전에 대비케 했고, 일본육상연맹 기술위원회에 조선체육회 대표로 참가하여 최종선발전에서 1, 2위를 한 남승룡과 손기정이 대표에서 누락되지 않도록 했다. 베를린에서는 권태하·현정주와 함께 일본대사관을 찾아가 조선인 선수들에 대한 차별을 하지 말도록 요구하고, 현지선발전 일정을 입수해서 두 선수에게 알려주었다.

손기정이 우승한 후에는 손기정과 남승룡을 일본선수단 환영 파티 대신 재독 교포 안봉근의 집에서 열린 모임에 데리고 갔으며, 귀국길에는 상하이에서 손기정에게 동아일보 일장기말소사건의 내막을 알려주었다. 보성전문에 다니던 손기정이 일제의 감시 때문에 활동이 자유롭지 못하자 권태하와 함께 보증을 서서 메이지대학에 진학하도록 주선했다.

광복 후에는 제4, 5대 국회의원(충북 중원군)과 삼성전자 사장, 삼성물산 사장, 동방생명보험 대표이사 등을 지냈고, 체육계에서는 대한체육회 이사장, 대한육상경기연맹 이사장, 대한올림픽위원회 상임위원, 대한육상경기연맹 회장 등을 역임했다.

21. 이일성(李一成)

의주사범 출신. 손기정의 보통학교 교사이자 육상 5000m, 10000m 평북 대표선수로 조선신궁경기에 출전했다. 체력과 인내심이 뛰어난 손기정의 소질을 일찍 발견하여 처음으로 달리는 법을 가르치고 육상선수로서의 길로 인도해 주는 등 어린 시절 손기정에게 많은 영향을 미쳤다. 이 선생은 손기정이 나가노현 스와에 있는 일본인 상점에 취직하도록 알선하고 야학과 마라톤 연습을 할 수 있도록 왕복 여비는 물론 성금까지 모아 주었다. 손기정은 "피곤에 절은 스와 생활은 9개월이 못되어 그만두었지만, 그 때 겪었던 어려움이 베를린올림픽 승리로 이어졌다"고 술회했다.

북한 육상경기연맹 책임비서(회장)로 1963년 5월 홍콩에서 열린 도쿄올림픽대회 남북단일팀 구성을 위한 IOC 2차 회담에 북한대표로 참석했다. 1월 스위스 로잔 회의에 참석했던 손기정과는 서로 엇갈려 만나지 못했다.

22. 김교신(金敎臣, 1901~1945)

함경남도 함흥 출신. 일제 강점기에 무교회주의 기독교 사상을 전파한 종교인이자 교육자이며 독립유공자이다.

동경고등사범학교 졸업. 양정고보, 경기고보 등에서 지리학, 박물학 교사로서 기숙학생 지도 등을 통한 민족정신 고취와 전인교육에 헌신했다. 1935년 11월 3일 손기정이 메이지신궁대회에서 세계최고기록을 수립하며 우승할 때 양정고보 농구부 감독으로 동행, 김연창 선생과 함께 택시를 타고 손기정을 응원했다. 그때의 일기가 남아 있다. 손기정, 유달영, 윤석중 등 많은 제자들이 김교신에게서 깊은 감화를 받았다. 베를린올림픽 마라톤에서 우승한 손기정이 시상대에서 침울하게 고개를 숙인 것도 그런 영향 속에서 일어난 자연스런 행동일 것이다.

김교신은 1940년 10년 동안 재직하던 양정고보를 사직했다. 이해 4월 함석헌과 함께 『우치무라 간조와 조선』을 펴냈다. 『성서조선』 1942년 4월호에 실린 권두언 「조와(弔蛙)」가 문제되어 함석헌 등과 함께 경찰에 끌려갔다. 죽은 개구리를 애도한다는 「조와」는 짧고 함축적인 글이었다.

"봄비 쏟아지던 날 새벽 이 바위틈의 빙괴도 드디어 풀리는 날이 왔다. 오래간만에 친구 와군들의 안부를 살피고자 담 속을 구부려 찾았더니 오호라, 개구리의 시체 두세 마리 담 꼬리에 부유하고 있지 않은가!

짐작컨대 지난겨울의 비상한 혹한에 작은 담수의 밑바닥까지 얼어서 이 참사가 생긴 모양이다. 예년에는 얼지 않았던 데까지 얼어붙은 까닭인 듯 동사한 개구리 시체를 모아 매장하여 주고 보니 담 밑에 아직 두어 마리 기어 다닌다. 아, 전멸은 면했나보다!"

전멸은 면했나보다! 김교신과 『성서조선』을 마딱치 않게 생각하던 조선총독부 검열관리가 아니더라도, '겨울'이 일제의 가혹한 지배고, 겨우 두어 마리 살아남은 '개구리'가 조선 민중임을 쉽게 짐작해낼 수 있었다. 겨우 300부를 찍는 『성서조선』도 이제는 살아남을 수 없었다.

23. 김수기(金守基, ?~1936)

배재교보를 나와 일본체육전문학교를 고학으로 어렵게 졸업했다. 양정고보 체육교사로 손기정이 마라톤에 전념할 수 있도록 직접 보살펴주었다. 특히 자신의 월급으로 손기정의 생활비까지 지원하며 훈련을 멈추지 않았고, 1935년 여름 손기정이 숙명고녀와 일본인 학교 제일고녀의 농구경기 응원문제로 총독부와 마찰을 일으켜 1주일의 유기정학을 당할 때에도 직접 문제를 해결하며 곁에서 손기정을 지켜 주었다.

배재에 근무하다 1934년부터 양정 육상부를 지도했으며, 전체 조회가 끝난 후 체조시간을 만들었다. 손기정이 베를린올림픽에서 우승한 후 감사의 선물로 넥타이를 사다 드린 지 얼마 되지 않은 1936년 폐결핵으로 갑자기 사망했다.

24. 서웅성(徐雄成)

충남 천안 출신. 양정고보 육상부, 테니스부 주장을 겸한 만능선수. 다치카와(立川)비행학교를 수석으로 졸업한 1등비행사로 양정고보에서 교편을 잡고 손기정을 지도했다. 육상 감독으로서 손기정을 스카웃했다. 손기정이 뛴 양정고보가 1932년 '도쿄-요코하마 중학 역전'에서 우승하자 선수들을 그의 모교인 다치카와비행학교에 데려가 단발비행기를 태워주었다. 당시 외제차 포드와 같은 값인 사이드카가 붙은 오토바이를 타고 손기정의 연습에 동반하며 창의·궁리를 해서 당시로서는 드문 합리적인 방법으로 손기정을 지도했다(가마타).

25. 김연창(金淵昌)

히로시마고등사범학교 출신 양정고등학교 국어 교사. 1935년 11월 3일 일본 도쿄 메이지신궁에서 열린 베를린올림픽 마라톤 대표 선발전에서 세계신기록을 수립한 손기정은 시상식에서 세계기록을 축하하는 일본 국가 연주가 끝나자 눈물을 흘리면서 인솔교사 김연창에게 달려가 "왜 우리나라에는 국가가 없습니까, 왜 기미가요가 조선의 국가입니까?"라고 분개했다는 이야기가 손기정의 자서전에 기록되어 있다. 이에 대해 김연창은 "여기서는 그런 이야기 하면 안 돼" 하고 말하면서 "왜 저 선수는 이 기쁜 순간에 울고 있는 겁니까?" 하고 묻는 일본 기자들에게 "손 군은 이번 승리로 베를린올림픽 출전 자격을 얻은 점에 대해 감격해 하고 있는 겁니다. 참으로 그의 기쁨이 얼마나 크겠습니까. 그래서 우리도 이렇게 함께 눈물을 흘리고 있습니다"라고 재치 있게 둘러댔다고 한다.

26. 황욱(黃燠)

양정고보 영어 교사로 3학년 때부터 손기정의 담임을 맡았다. 베를린올림픽에서 우승한 손기정을 도쿄까지 마중 나가 함께 비행기 편으로 여의도비행장까지 동행했다. 이때 손기정은 동아일보 일장기말소사건으로 일제의 조사와 감시가 심해지자 심리적으로 매우 불안한 상태였다. 손기정은 양정고보에 교복을 보내달라고 요청했고, 담임인 황욱 선생이 가지고 간 교복을 입고 귀국했다. 도쿄에서 후쿠오카로 가서 단발비행기로 울산을 경유하여 여의도비행장에 도착했다.

27. 유해붕(柳海鵬)과 조인상(趙寅相)

유해붕은 손기정이 베를린에서 우승할 당시 조선중앙일보 체육부장. 손기정의 양정고보 육상부 선배로 손기정을 양정고보로 스카우트하는 데 공헌했다. 기자가 되기 전 동아일보사가 주최한 경영마라톤대회(1931. 3)에서 준우승할 만큼 뛰어난 마라토너였다. 1932년 양정고보가 우승한 '도쿄-요코하마 중학 역전'에서는 5번 주자 손기정에 이어 앵커를 맡았다.

조선중앙일보는 손기정 선수의 마라톤 우승 소식을 가장 다양하게 편집 제작한 신문 중의 하나였는데, 그럴 수 있었던 것은 유해붕 기자가 손기정의 양정고보 육상부 선배인 데다 손기정 선수가 올림픽에 출전하기까지 물심양면의 후원자였기 때문이다. 1936년 8월 13일자 신문에서 손기정 선수의 가슴에서 일장기를 처음 지워버린 기자로 알려져 있다. 이로 인해 동아일보의 일장기말소사건 이후 경찰의 조사를 받고, 1937년 11월 조선중앙일보 폐간과 함께 퇴사했다.

조인상은 1932년 '도쿄-요코하마 중학 역전'의 4번 주자. 양정에 입학한 손기정에게 잠잘 곳을 마련해주었다. 경성일보 정치부 기자.

28. 이병옥(李炳玉)

일제하의 고관의 아들로 매우 부유했다. 손기정의 양정고보 선배로 손기정이 가정 사정으로 운동을 그만두려고 할 때 운동을 계속하도록 충고하고 손기정의 숙식 문제를 해결해주기 위해 김봉수와 이달희를 소개해주었다. 손기정은 그의 충고가 없었다면 앞길도 크게 변했을 것이라고 감사해했다. 양정에서는 높이뛰기 선수였다.

29. 김봉수(金鳳秀)

경남 진주 출신. 당시 보성전문학교 이사장 김기태의 둘째 아들로 손기정의 양정고보 2년 선배였다. 그는 손기정을 거짓 가정교사로 삼아 학비는 물론 생활비까지 대주며 어려울 때마다 후원자 역할을 했다. 손기정을 위해 보이지 않는 곳에서 도움을 주었다. 육상 800m와 스케이팅 선수로도 활약했다. 부산에서 서울까지 4백 8십㎞를 달린다는 계획을 세웠으나 실패. 이를 통해 양정 육상부에 알려져 손기정의 숙식을 전담한다는 조건으로 양정에 편입했다.

30. 이달희(李達熙)

손기정의 양정고보 선배로 김봉수가 졸업하자 손기정에게 주거를 제공해주었다. 경북 달성의 부잣집 아들로 손기정의 뒷바라지를 조건으로 양정에 입학했다. 손기정은 베를린올림픽에 출전할 때까지 엉터리 가정교사로 그의 집에 머물렀다. 육상 4백m 선수였다.

31. 현정주(玄正柱, 1899~1970)

서울 출신으로 일본 메이지(明治)학원 중학부를 거쳐 상하이 호강(扈江)대학 졸업. 학창 시절부터 육상·축구 선수로 활약, 1923년과 1925년 두 차례에 걸쳐 극동경기대회에 중국 육상 대표선수로 출장했으며, 1936년 베를린올림픽대회에는 중국 대표단 임원으로 참가했다. 정상희, 권태하와 함께 일본대사관을 찾아가 조선인 선수들에 대한 차별을 하지 말도록 요구했다.

광복 후 대한적십자사 사무총장, 대한축구협회 회장, 제7대 국회의원, 제20차 UN총회 한국대표를 역임했다.

32. 정석해(鄭錫海, 1899~1996)

평안북도 철산(鐵山) 출생. 프랑스 파리대학에서 사회학과 경제학을 전공했다. 연세대학교 철학 교수.

4·19 혁명 때에는 4·25 교수단 시위를 주도했으며, 1972년 함석헌 등과 민족통일촉진회를 발족하고, 1974년에는 윤보선 등과 민주회복국민회의를 발족했다. 이 나라와 시대가 지향해야 할 철학은 공론적 이론이 아니라 진리와 정의를 실현하는 실천이라고 믿고 직접 그러한 삶을 실천한 철학자이다.

베를린올림픽에서 우승한 손기정과 남승룡을 베를린 안봉근의 집에서 만나 손기정이 단순한 운동선수가 아니라 애국지사라고 말한다.

33. 신성모(申性模, 1891~1960)

경남 의령 출신. 한국해양대학 학장을 지낸 독립운동가이자 정치인.

1910년 보성전문학교 졸업 후 블라디보스토크로 망명. 상해 대한민국 임시정부에서 일하던 중 일본 경찰에 체포되어 국내로 압송되었다. 석방 후 영국 런던항해대학을 졸업, 1927년 1등 항해사 자격을 취득하고 영국 상선의 항해사와 런던-인도를 왕래하는 정기 화객선 선장이 되었다.

베를린올림픽에서 우승한 손기정이 런던 여행을 할 때 그의 거처를 찾아 헤매다 새벽 3시에 묵고 있는 호텔을 방문한다. 손기정이 그를 붙잡고 베를린에서 당했던 어려움과 불평을 쏟아내자 "다 알고 있다. 조선 민족 모두가 겪고 있는 일이 아니냐. 마라톤 우승자가 가는 곳마다 불평을 털어놓았다고 소문나면 귀국해서 말썽이 생길 테니 조심해야한다"고 손기정을 달랬다.

6·25전쟁 때 국방장관. 1951년 거창양민학살사건과 국민방위군사건으로 사임 후 대통령 자문기구인 해사위원회 위원장을 맡아 평화선 선포, 해양경찰대 창설, 해무청 설치 등에 깊이 간여했다. 1956년 11월 28일부터 1960년 5월 29일까지 제8대 한국해양대학 학장으로 재임, 후학 양성과 해양 한국 건설의 초석을 닦았다.

34. 심훈(沈熏, 1901~1936)

서울 출신이며 경기고보를 졸업했다. 본명은 대섭(大燮). 독립운동가. 소설가, 시인이자 영화가였으며 일제 강점기에 민족의식을 바탕으로 한 소설과 시를 썼다. 대표작으로는 「그날이 오면」 「상록수」 등이 있다.

손기정이 베를린올림픽 마라톤 우승 당시 「조선중앙일보」 사회부장으로 있던 심훈은 8월 11일자에 게재된 「오오 조선의 남아여! -베를린 올림픽 마라톤에 우승한 손기정, 남승룡 군에게」라는 시에서 "오오 나는 외치고 싶다! 마이크를 쥐고 전 세계의 인류를 향해 외치고 싶다! 인제도 인제도 너희들은 우리를 약한 족속이라고 부를 터이냐!"라고 외쳤다.

겨레의 혼을 일깨워주는 이 글로 심훈은 일본경찰에 불려가 혹독한 조사를 받았다. 민족의 울분을 표출하는 것에 그치지 않고 민족 자주정신을 부추겼다는 이유에서다. 심훈은 그 해 작고, 이 시는 그의 마지막 작품이 되었다. 이 시를 새긴 시비가 2017년 8월, 심훈 선생 종손에 의해 손기정기념관 뜰에 세워졌다. 대전국립묘지 국가유공자묘역에 안장된 손기정의 묘비에도 이 시가 새겨져 있다.

35. 이길용(李吉用, 1899~?)

인천 출신으로 인천보통학교 1회 졸업생. 1917년 배재고보 졸업. 일본 도시샤(同志社)대학을 중퇴하고 귀국해서 조선철도국에 취직했다. 20세 때인 1919년 상해임정의 반일 전단 수송 중 검거되어 2년의 형기를 마쳤다. 만기 출옥한 후 동아일보에 입사하여 체육기자로 봉직하다 1936년 일장기말소사건으로 사직했다. 그 후 항일 과정에서 6차례에 걸친 옥고를 치렀으며, 해방 후에는 다시 동아일보에 복직했다. 6·25전쟁 때 납북되었다.

한국 최초의 체육전문기자. 1949년 10월 대한체육회 공로상을 받았으며, 체육사를 정리하여 『체육연감』과 『대한체육사』가 발간될 수 있는 기틀을 마련했다. 1989년 한국체육기자연맹에서는 '이길용체육기자상'을 제정하여 매년 수여하고 있다. 이 상은 매년 그해 가장 뛰어난 활약을 펼친 스포츠 기자에게 수여한다. 1991년 건국훈장 애국장이 추서되었다.

일장기말소사건은 이길용의 주도 하에서 일어난 것으로 알려져 있는데 직접 자술한 회고록을 통해 일장기말소사건은 동아일보사의 기본방침과 전통에 의해 자연스럽게 일어났으며 이길용 자신은 이 사건이 민족적 감격에서 비롯된 일이며 누구의 과실도 착오도 아니었다고 하면서 죽어도 잊지 못할 중대사였다고 했다. (이길용[1948]. 所謂「日章旗抹殺」事件. 新聞記者手帖. 모던出版社)

> 우리 손 선수가 일인을 제압하고 더구나 세계를 제패했으니 그 영광과 통쾌감을 무엇에 비할 수 있겠는가. 어떻게 하면 우리 민족, 우리 대한의 아들이 우승을 했다고 과시할 수 있을까 하고 착잡한 심정으로 서성거리고 있는데 이때 일본 주간지 「아사히 스포츠」에 게재된 손 선수의 가슴에 붙은 일장기를 지워서 다시 한 번 신문에 게재하고 싶은 생각이 솟았다. 나는 사환을 불러 이 사진에서 일장기를 지워 달래 가지고 오라고 했다. 사환은 이상범 선생께 부탁하여 지워가지고 왔다. 나는 이 사

진에 '영예의 우리 손군'이라는 설명을 붙여 편집부에 넘겨 신문에 게재토록 했다. 이렇게 해서 전국에 배포되었던 것이다.

일본의 주요 신문들은 일장기말소사건에 대해서는 단 한 줄도 보도하지 않았다. 셋째 아들 이태영(대한체육회 고문)도 기자이며 스포츠 저널리스트이다.

동아일보는 약 9개월간의 정간 후 1937년 6월 3일자로 속간되었다.

36. 현진건(玄鎭健, 1900~1943)

호 빙허(憑虛). 대구 출생. 사실주의를 개척한 근대 단편소설의 선구자. 대표적 작품으로 「빈처」「술 권하는 사회」「운수 좋은 날」 등이 있다. 1936년 동아일보 사회부장으로 재직하다 일장기말소사건으로 이길용, 최승만, 신낙균, 서영호와 함께 구속되어 40일간 유치 후 언론계에 일절 참여하지 않을 것을 조건으로 석방되었다. 석방조건은 언론기관에 일절 참여하지 않을 것, 시말서를 쓸 것, 다른 사건이 있을 때에는 가중처벌을 각오할 것 등의 서약서에 서명하는 것이었다. 그밖에 이상범, 장용서, 백운선 등이 일시적으로 구속되었다.

37. 최승만(崔承萬), 신낙균(申樂均), 서영호(徐永浩), 장용서(張龍瑞), 백운선(白雲善)

최승만(1897~1984)은 경기도 안산 출신. 독립운동가이자 언론인, 교육자. 『신동아(新東亞)』 잡지부장으로 활동하다가 1936년 일장기말소사건을 계기로 퇴직했다. 광복 후에는 1948년 연세대학교 교수, 1951년 제주도지사, 1952년 제주대학 초대 학장, 1954년 이화여자대학교 부총장 등을 역임했다.

신낙균(1899~1955)은 동아일보 사진과장. 서울 출신. 당시 38세

서영호는 사진제판 기술자. 전남 함평군 함평읍 출신, 당시 28세

장용서는 사회부 기자. 서울 출신, 당시 34세

백운선은 사진부원. 서울 출신, 당시 26세

38. 이상범(李象範, 1897~1972)

충남 공주 출신. 화가. 호는 청전(靑田). 대표작은 「금강산일우(一隅)」(1960, 서울, 개인소장), 「유경(幽境)」(용인, 호암미술관) 등이 있다.

1936년 일장기말소사건 당시 동아일보 조사부에 근무하며 이길용 기자의 요

청으로 손기정 사진의 가슴에서 일장기를 지운 일로 구속되어 취조를 받고 동아일보사를 퇴직했다.

39. 신국권(申國權)

1936년 당시 상하이교통대학 교수. 일찍이 중국에 터를 잡아 1932년 로스앤젤레스올림픽에 중국 대표선수로 100m에 출전했다.

손기정은 귀국 길에 상하이에 기항했을 때 신국권의 부인으로부터 '일장기말소사건'에 대해 상세하게 듣게 된다. 신국권의 부인은 손원일 해군제독의 누이였다.

40. 홍성하(洪性夏, 1898~1978)

부산 출생. 보성전문 체육부장. 1937년 손기정이 참가한 보성전문 신입생 환영회가 경찰에 해산된 후 손기정과 함께 경찰에 호출되어 신문을 받았다.

일본 주오대학(中央大) 경제학과를 졸업한 뒤 1939년부터 보성전문학교 교수를 지냈다. 1948년 제헌의원, 1950년 제2대 민의원으로 재임 중 국회 재무경제위원회 위원장을 맡았으며 금융통화위원을 역임했다.

41. 고봉오(高鳳悟)

평북 강계 출신으로 신의주고보 졸업. 손기정의 친구. 스피드스케이팅 선수 출신의 조선일보 체육기자. 1936년 10월 여의도비행장에 개선한 손기정을 맞이했다. 손기정은 1991년 일본 삿포로에서 동계유니버시아드대회 북한선수단 임원으로 참가한 고봉오의 딸을 만나게 된다.

42. 강복신(姜福信, 1916~1944)

손기정의 첫 부인. 평양의 부자 무역상 강용석(姜用錫)의 7남매 중 막내딸. 육상 단거리선수. 평양 서문공립여자고보 시절이던 1931년 전조선여자올림픽대회 200m에서 29초 3의 신기록을 세우고, 1933년 조선신궁경기대회 200m에서는 27초 6의 신기록으로 우승하는 등 선배 현금녀와 함께 이 학교 육상 전성시대를 이끌었다.

동덕고녀 교사. 손기정의 친구 고봉오 조선일보 기자의 소개로 1년간의 연애 끝에 1939년 12월 21일 평양공회당에서 결혼했다. 결혼 직전에 부친이 세상을 떠나며 가세도 기울어 시집간 딸에게 아무런 도움도 주지 못했다. 1944년 5월 딸과 아들을 남기고 간장염으로 작고했다.

손기정은 훗날 아내의 죽음에 대해 "신혼의 꿈같다는 재미도 모두 잊은 채 집안 살림, 학교 일에 시달리다 처는 스물아홉 한창 나이에 가고 말았다. 비통한 일이었다"고 회고한다. 강복신은 '마라톤 영웅의 아내'가 아니라 어려운 사회적 환경에 굴하지 않고 치열한 삶을 살았던 '여자 체육인 강복신'이었다.

43. 서윤복(徐潤福, 1923~2017)

1947년 제51회 보스턴마라톤대회에서 세계신기록으로 우승. 신장 165㎝, 체중 55㎏.

서울 은평구 출신(당시 경기도 고양군 은평면 응암리). 가난한 농가에서 태어나 10세 때 부친을, 21세 때 모친을 여의었다. 경성상업실천학교(현 숭문중고) 재학 당시 마라톤에 입문했다. 건국기술학교(현 한양대학교)를 거쳐 고려대학교 소속으로 1947년 보스턴마라톤대회에 출전해 2시간 25분 39초로 세계신기록을 세우며 우승했다. 풀코스 마라톤 도전 두 번째 만이었다. 한국인은 물론 아시아인으로서 사상 첫 번째 우승을 차지하며 한국 사회에 엄청난 관심을 불러일으켰다. 이는 광복 이후 대한민국의 존재를 세계에 알리고 국민에게 큰 희망을 준 쾌거였다. 미 군정 치하였기 때문에 서윤복의 가슴에는 태극기와 성조기가 함께 박혀 있었다.

서윤복의 보스턴마라톤 제패는 세계를 경악시켰고 한국을 뒤흔들었다. 귀국한 서윤복에게 김구 선생은 발로 세계를 제패했다는 뜻의 족패천하(足覇天下)란 휘호를 선물하며 감격해 했고, 이승만 박사는 "운동도 애국하는 것이다. 나는 중국에서 독립운동을 했지만 세상에 내놓고 태극기를 한 번도 휘날려보지 못했는데 서윤복은 세상 사람들이 다 보는 앞에서 태극기를 휘날려주어 고맙다"고 말하면서 "나 이승만이 36년 동안 해외에서 운동을 하였지만 국위 선양에서는 서윤복이 2시간 뛴 것만도 못하다"고 껴안고 울면서 노고를 치하했다.

서윤복은 "그 분이 내 옆에서 뛰며 끌어주지 않았다면 결코 우승할 수 없었다"고 페이스 메이커 역할을 한 남승룡 선수에게 감사해 했다.

이듬해인 1948년 런던올림픽에 출전, 강력한 우승 후보로 주목 받았으나 준비 소홀과 정보 부재, 그리고 레이스 운영 실패로 27위(2시간 59분 36초)에 머물렀다. 서윤복은 참패 원인을 외국 원정 시에 흔히 있는 주기적인 피로가 공교롭게 경기 날짜에 겹쳐왔다고 나름대로 분석했다. 1949년 현역에서 은퇴, 1960년까지 숭문중·고등학교에서 육상감독으로 근무하며 송길윤(1950년 보스턴마라톤대회 2위), 이상철(1960년 로마올림픽 마라톤), 박수권·정교모(1964년 도쿄올림픽 마라톤) 등 후진을 양성했다. 1957년 보스턴마라톤에 감독으로 참가하여 임종우 3위와 한승철 5위의 쾌거를 이루고, 1958년 5월 도쿄 아시아경기대회에서는 감독으로서 이창훈 선수의 마라톤 우승을 이끌었다.

대한육상경기연맹 이사, 전무, 부회장을 거쳐 고문으로 활동했다.

1955년 5월 8일 숭문고 교정에 조국 광복 후 최초로 우리의 태극기를 세계만방에 휘날리게 한 서윤복 선수의 공을 기리기 위하여 '足覇天下' 기념탑이 건립되었다. 2013년 대한민국 스포츠영웅으로 선정되었다. 2017년 사망 후 2년만인 2019년 5월 서울 동작구의 국립현충원에 안장되었다. 육상선수 출신으로 국립현충원에 안장된 것은 사상 두 번째이며 서울현충원에 안장되는 체육인으로서는 최초다.

1947년 보스턴마라톤대회를 소재로 한 영화 「보스턴 1947」(강제규 감독, 하정우·배성우·임시완 출연)이 개봉을 기다리고 있다.

44. 홍종오(洪鍾五, 1925~?)

전북 전주 출신. 전주북중 졸. 1947년 8월 9일 열린 '제1회 조선일보 마라톤대회'에서 우승했다. 고려대학교 재학 중 1948년 런던올림픽 마라톤에 출전하여 2시간 56분 52초로 한국 선수 중 가장 좋은 25위를 차지했다. 1952년 헬싱키올림픽에도 출전했으나 기권했다. 함기용에 의하면 은퇴 후 전매청에서 인사계장(사무관)으로 근무했다고 한다.

45. 최윤칠(崔崙七, 1928~)

함경남도 단천 출신. 1948년 서울 경복중학교 재학 중 출전한 런던올림픽에서는 5000m 예선에서 탈락하고, 마라톤에서는 기권했다. 35㎞ 지점까지는 선두였다. 1950년 연세대학교 재학 중 보스턴마라톤대회에 출전하여 3위를 차지했다. 1952년 헬싱키올림픽 마라톤에서는 2시간 26분 36초로 4위를 했다.

IOC 홈페이지의 올림픽 참가선수(Athletes)에는 1952년 헬싱키대회에 최윤칠(Yoon-Chil CHOI)의 참가기록이 없고 'Yong-Kee CHOI'가 그 자리를 대신하고 있다. 하루빨리 바로잡아야 한다.

1954년 마닐라아시아경기대회에서 1500m에서 우승(한국의 아시아경기대회 첫 금메달), 5000m에서 준우승을 거두었다.

마라톤 세계최고기록(2시간 25분 19초)을 보유했지만 '무관의 제왕'으로 끝난 최윤칠은 1950년 보스턴마라톤에서 아픈 다리를 끌며 3위로 골인, 당시 체육교과서에 진정한 스포츠맨십의 화신으로 올랐다. 골인 직전까지 4위였으나 최후의 필사적인 역주로 3위를 차지했는데 골인과 동시에 일시 졸도했다가 곧 깨어났다. 현역에서 은퇴한 후에는 1957년 보스턴마라톤 한국 팀 코치, 1960년 로마올림픽 육상경기 코치로 참가한 바 있다. 한국 육상계의 재건과 후배 양성에 진력했다. 현재 생존해 있다.

46. 함기용(咸基鎔, 1930~)

1950년 제54회 보스턴마라톤대회에서 약관 19세로 우승했다.

강원도 춘천 출신. 1947년 7월 춘천사범학교에서 양정중 3학년으로 편입했다. 1947년부터 국가대표로 선발되어 1949년까지 남승룡의 지도를 받았다. 1948년 런던올림픽에 예비선수로 참가하여 현지 선발전에서 2위를 했으나 국제경험이 없다고 하여 출전선수 명단에서 제외되었다. 서윤복·최윤칠·홍종오 3명이 출전했으나 모두 20위 이하였다.

양정중학 3학년 재학 중이던 1950년 보스턴마라톤대회에서 송길윤·최윤칠과 같이 출전해 2시간 32분 39초의 기록으로 우승했다. 송길윤 2위, 최윤칠 3위로 1·2·3위를 한국 선수들이 석권했다.

이 우승은 1947년 서윤복에 이어 두 번째이자 1948년 대한민국 건국 이래 처음으로 세계대회에서 우승한 것이기도 하다. 당시 이승만 대통령은 경무대에서 환영하며, "외교관 100명 보내는 것보다 훨씬 애국했다"라는 말로 선수단의 공적을 치하했다.

시인 김영랑은 식민지와 분단, 좌우갈등의 아픔을 딛고 우리 선수들이 보스턴마라톤을 석권한 소식을 듣고 헌정한 축시 〈장(壯)! 제패(制覇)〉에서 "이제 우리는 싸운다 싸워서 이긴다/오천년 인류사의 신기록/이 바탕이 모진 얼 이십억의 챔피언/ … /우렁차게 부르자 동해물과 백두산이"라고 노래했다(서울신문 발행 『주간서울』 1950년 4월 24일자).

1951년 대구로 피난해 있던 고려대학교 상과에 입학, 전쟁 속에서 주경야독하며 1952년 헬싱키올림픽에 대비하여 훈련 중 부상 치료 잘못으로 척추신경을 다쳐 바로 마라톤을 그만두었다.

1985년 중소기업은행에서 지점장으로 정년퇴직했다. 1988년 서울올림픽 후 대한육상경기연맹 전무이사를 맡는 동안 1992년 바르셀로나올림픽에서 황영조 선수가 금메달, 1996년 애틀랜타올림픽에서 이봉주 선수가 준우승을 했다.

1950년, 매년 세계의 아마추어 스포츠맨 1명에게 수여하는 헬름스상을 수상했다. 지금까지 한국인 수상자는 손기정(1936), 김원권(삼단뛰기, 1940), 서윤복(1949) 등 4명이다. 2019년 제100회 전국체육대회 성화 점화자로 활약하였으며, 2019년 10월 체육훈장 청룡장을 받았다.

47. 송길윤(宋吉允, 1927~?)

전라북도 군산시 흥남동 출신. 1950년 보스턴마라톤대회에서 2위를 했다.

1942년 소학교 4학년 때부터 육상을 시작하여 전주북중에 재학 중인 홍종오(국가대표 선수)에게 발탁되어 군산상업학교에 진학했다. 1949년 10월 열린 전국학생체육대회 마라톤에서 우승한 것을 계기로 군산사범 송삼섭과 함께 그해 겨울 서울 숭문중학에 편입, 서윤복 선생의 지도를 받고 1950년 보스턴마라톤에서 2시간 35분 58초로 함기용에 이어 2위에 입상했다. 대회 최연소선수(20)로 기록되어 있으나 실제 나이는 함기용(21)보다 세 살이 많았다.

1954년 3월 전남대학교 법과대학에 진학, 남승룡의 지도를 받은 후 1958년 졸업과 함께 숭문고에서 육상지도자로 근무하고 군산상고 육상부 육성은 물론 대한중석 코치(1962), 한국유리와 군산시청에서 육상부를 창설 하는 등 지도자로서 활동했다. 1956년 멜버른올림픽 마라톤 출전권을 획득했으나 나이가 많다는 이유만으로 출전을 못하게 되었는데, 이것이 그의 평생의 한이 되었다고 한다.

송길윤의 출신지인 군산에서는 국제육상연맹(IAAF)의 공인을 받아 국내 3대 메이저대회로 성장한 '군산새만금국제마라톤대회'가 매년 4월 열리고 있으나 2020년에는 코로나19의 영향으로 취소되었다.

보스턴마라톤 당시 송길윤의 인터뷰 내용이 재미있다. 미국 언론들이 "마라톤을 잘하는 비결이 뭐냐?"고 묻자 송길윤은 "김치!"라고 대답했다 한다. 인터넷에서 송길윤은 마라톤보다는 김치 세계화에 공헌한 선구자로 회자되고 있다.

송상용 삼성서울병원 교수는 故 송길윤의 아들로 마라톤 풀코스를 25회 완주한 생활체육인이기도 하다.

48. 황영조(黃永祚, Hwang Yeong-Jo, 1970~)

1992년 바르셀로나올림픽 마라톤 금메달리스트. 강원도 삼척 태생으로 고려대학교 체육과를 졸업했다.

1992년 2월, 일본 벳푸오이타(別府大分) 마라톤에서 2시간 8분 47초의 한국 최고기록을 수립(준우승)하고, 8월 9일에는 바르셀로나올림픽에서 우승했다. 1994년 보스턴마라톤에서 2시간 8분 9초(4위)로 한국 최고기록을 갱신하고, 이해 10월 히로시마 아시아경기대회에서도 금메달을 따내 국민의 영웅이 되었다.

일본 교과서에 실린 「손 선수 가슴의 국기(ソン (孫) 選手の胸の旗)」라는 글에 손기정과 함께 소개되어 있다.

49. 이봉주(李鳳柱, Lee Bong-Ju, 1970~)

1996년 애틀란타올림픽 마라톤 은메달리스트. 2001년 보스턴마라톤 우승. 현재 마라톤 한국최고기록 보유자. 충청남도 천안 출신.

1996년 애틀란타, 2000년 시드니, 2004년 아테네, 2008년 베이징까지 올림픽에 4회 출전하고 1998년 방콕, 2002년 부산 아시아경기대회 마라톤 2연패.

2000년 2월 도쿄국제마라톤대회에서 2시간7분20초를 수립, 한국최고기록 경신. 2009년 은퇴할 때까지 풀코스를 40번 완주했다.

보스턴마라톤대회 출발점인 홉킨턴의 메인스트리트에 역대 한국 우승자들의 위상을 기리는 기념비가 2004년 10월 세워졌는데 여기에 서윤복, 함기용 선수와 함께 나란히 이름이 올라 있다.

50. 유미리(柳美里, 1968~)

재일 한국인 작가. 1968년 가나가와현 출생. 1993년 『물고기의 축제(魚の祭)』로 제37회 기시다 구니오 희곡상(岸田国士戱曲賞)을 최연소로 수상. 1997년에는 『가족 시네마(家族シネマ)』로 제116회 아쿠타가와상을 수상하는 등 수많은 상을 수상.

유미리의 외조부 양임득(梁任得 1912~1980)은 1937년 조선신궁대회 5000m에서 최고기록을 세운 선수로 손기정과 동갑내기 친구였다. 제2차 세계대전으로 1940년 올림픽이 열리지 못하자 육상선수의 꿈을 포기한 뒤 일본으로 이주했다. 『8월의 저편(8月の果て)』(유미리 저·김난주 역, 동아일보사 2004)은 유미리가 외조부의 육상선수 시절과 일본 이주를 배경으로 2002년 4월부터 1년여 동안 동아일보와 일본 아사히신문에 동시에 연재한 장편소설이다. 이 소설 집필을 위해 1996년 한국을 방문해 손기정을 처음 만난 유미리는 2002년 3월 동아서울국제마라톤대회에 출전해 4시간 54분 22초의 기록으로 완주한 경험이 있다. 2003년 3월 16일 열린 대회에서는 손기정의 손녀 손은경(孫銀卿, 당시 25세)과 함께 풀마라톤에 도전, 손은경은 4시간 32분, 유미리는 기권.

유미리의 이름 '美里'는 외조부 양임득의 고향 밀양(密陽)에서 따온 것이라 한다.

51. 가나쿠리 시조(金栗四三, Shizo Kanaguri, 1891~1983)

단거리의 미시마 야히코(三島弥彦)와 함께 일본인 첫 올림픽 출전 선수.

교사. 1912년부터 1924년까지 올림픽 마라톤 경기에 3회 출전. 음지에서 각 마라톤대회와 하코네역전 창설에 진력하고, 일본에 고지 트레이닝을 도입하는 등 일본 마라톤계의 발전에 크게 기여하여 '일본 마라톤의 아버지'로 불린다.

1912년 스톡홀름올림픽에서는 레이스 도중 일사병으로 의식을 잃고 쓰러져 근처 농가에서 보호를 받았다. 가나쿠리가 눈을 떴을 때는 이미 경기가 끝난 다음날 아침이었다. 가나쿠리는 이날 일기에 "대패 후의 아침을 맞는다. 평생 유감스러울 일을 저질러 마음이 아프다. 내 일생 가장 중대한 기억해야 할 날이 되었다. 그렇지만 실패는 성공의 기초가 되고, 또 훗날 이 부끄러움을 털어낼 때가 올 것이다. 비 온 후에 땅이 굳어지는 날을 기다릴 뿐. 사람들이 비웃으면 웃어라. 이것 일본인의 체력 부족을 보이는 것이고, 기술 미숙을 보이는 것이다. 이 중압을 이겨내는 것, 죽어도 아직 부족하지만, 죽는 것은 쉽고, 사는 것은 어려워, 이 부끄러움을 씻기 위해, 분골쇄신해서 마라톤의 기를 갈고, 이로써 황국의 위엄을 보이자"는 소감을 남겼다. 마라톤 중에 사라진 일본인 이야기는 스톡홀름올림픽 에피소드의 하나로서 스웨덴에서 오랫동안 회자되었다.

가나쿠리는 귀국 후 한여름의 '내열연습'과 한겨울의 '내한훈련'을 실시하고, 널리 인재를 발굴하고 자신의 연습법을 아낌없이 공개해서 장거리 달리기의 기본을 가르쳤다.

달리기를 더욱 연마, 1914년 11월 23일 세계기록을 대폭 갱신했다. 1916년 베를린올림픽에서 메달이 기대되었는데 제1차 세계대전 발발로 대회가 중지되었고, 그 후 1920년 앤트워프올림픽에서는 16위, 1924년 파리올림픽 마라톤에도 출전했으나 의식을 잃고 쓰러져 도중 기권하는 등 이미 전성기를 지나 큰 성적을 거두지 못했다.

올림픽 출전 후 도쿄의 다비점 하리야마와 함께 다비 개량에 매진, 밑바닥에 고무를 붙인 '가나쿠리 다비'를 개발해서 수많은 일본 마라톤선수가 '가나쿠리 다비'를 신고 달리게 되었다. 손기정과 남승룡도 베를린에서 이 다비를 신고 달렸다.

가나쿠리는 세 번의 올림픽 참가를 통해, 일본 스포츠 진흥의 필요성을 통감했다. 특히 장래 어머니가 될 여학생의 심신을 단련하는 것은 국가의 중대사라고 지적하고, 여자 체육 진흥에 진력한다. 나아가 일본체육·마라톤 보급을 위해 1919년에는 시모노세키-도쿄 간 약 1200㎞를 제자와 둘이서 20일 간에 걸쳐 주파하고, 그 후 홋카이도-도쿄(1922년), 규슈일주(1933년) 답파로 전국 주파를 달성했다.

1947년 제1회 가나쿠리상 아사히마라톤(그 후 일본 첫 국제마라톤선수권으로 지정, 1974년 이후 후쿠오카 국제마라톤으로 현재에 이르고 있다) 등의 개최에 진력했다. 1953년에는 보스턴마라톤 일본선수단장으로 참가, 야마다 게이조(山田敬蔵)가 당시의 세계기록(2시간 18분 51초)으로 우승하는 성과를 거두었다.

1967년 3월 스톡홀름올림픽 개최 55주년 기념식에 초대받아 장내에 준비된 골인 테이프를 끊었다. 기록은 54년 8개월 6일 5시간 32분 20초 3이었다.

가나쿠리의 공적을 기념해서 후지등산역전에서는 일반부 우승팀에, 하코네역전에서는 2004년부터 최우수선수에게 가나쿠리 시조배가 증정된다. 그 외 '가나쿠리 기념 선발 중·장거리 구마모토대회'와 '가나쿠리배 다마나 하프마라톤대회'와 같이 '가나쿠리(金栗)'의 이름을 딴 대회도 있다. 구마모토현민종합운동공원 육상경기장의 애칭 'KK윙'은 가나쿠리에 유래한다.

2019년 1월 6일부터 12월 15일까지 방송된 NHK 대하드라마 「이다텐~도쿄올림픽 이야기~」(전 47회 방영)의 2명의 주인공 중 한 명으로 제I부(합계 24회분)에서 그 생애가 방대하게 다루어졌다. 손기정이 베를린올림픽 마라톤에서 우승할 때 스탠드에서 이를 지켜보았다.

이름 표기가 '시소' '시조' '가나쿠리' '가나구리' 등 각각이었는데, 2018년 1월 출신지 다마나시(玉名市) 등 관계 지자체가 조사·협의한 결과 '가나쿠리 시소(かなくり しそう)'로 통일하기로 했다. IOC Athletes에서는 Shizo Kanaguri, SR Olympedia에서는 Shizo Kanakuri로 검색된다.

52. 야마다 가네마쓰(山田兼松, Kanematsu Yamada, 1903~1977)

1928년 암스테르담올림픽 마라톤 4위. 가가와현 사카이데(坂出) 출신. 당시 반환점부터 선두로 튀어나와 41㎞ 지점까지 독주, 아무도 우승을 의심하는 자가 없었다. 그러나 200m를 앞선 40㎞ 지점부터 느끼기 시작한 발의 통증으로 비슬거리는 사이에 순식간에 4위로 전락, 눈물을 삼킨다. 마라톤 첫 우승을 놓친 일본 선수단의 충격은 컸지만 부풀어 오른 우승 가능성과 함께 마라톤 우승은 일본의 비원이 된다.

53. 오다 미키오(織田幹雄, Mikio Oda, 1905~1998)

일본인 첫 올림픽 금메달리스트. 1928년 암스테르담올림픽 삼단뛰기에서 일본인 최초의 금메달을 획득했다. 아사히신문 운동부장, 와세다대학 교수를 역임했다.

당시 영어로 'hop step and jump'라 불렸던 경기 이름을 '삼단뛰기(三段跳)'로 번역했다. 삼단뛰기는 오다 미키오(1928년), 난부 주헤이(南部忠平, 1932년), 다지마 나오토(田島直人, 1936년)가 3대회 연속으로 올림픽 금메달을 획득해서 당시 일본의 가예(家藝)라 일컬어졌다. '육상의 신' 혹은 '일본 육상계의 아버지'로 불린다. 국제올림픽위원회(IOC) 올림픽 공로상 수상.

1948년 일본올림픽위원회(JOC) 위원에 취임, 강화 견문을 넓히기 위해 단신으로 5개월에 걸쳐 '구미경기대회'를 시찰했다. 1949년 미국 스포츠계를 견학, 앞으로는 스피드 시대라는 것을 통감하고 육상계와 아마추어 레슬링계에 진언, 일본 레슬링이 급격한 진보를 이루었다.

1958년 개장한 국립 가스미가오카(国立霞ヶ丘) 육상경기장에 올림픽 우승기록과 같은 길이인 높이 15m 21cm의 '오다 폴'이 세워졌다. 1964년 도쿄올림픽 육상경기 일본 대표 총감독(JAAF 강화위원장)으로 쓰부라야 고키치를 마라톤으로 전향시켜 동메달을 획득했다.

1980년 모스크바올림픽 보이콧 때는 처음부터 보이콧 반대를 주장했다.

'오다미키오 기념 국제육상경기대회'가 1967년부터 매년 4월말 히로시마 광역공원 육상경기장에서 개최되고 있고, '오다 미키오상'이 전일본 아마추어 육상선수권대회 최우수선수에게 증정된다. 고향인 히로시마현 가이타쵸(海田町)에서는 그의 생애를 학교 교재로 사용하고 있다.

손기정·남승룡과는, 베를린올림픽 마라톤 코치에 임명된 쓰다 세이치로를 코치에서 제외해야 한다는 권태하의 주장을 받아들여 줌으로써, 결국 손기정과 남승룡이 좋은 성적을 거두게 한 보이지 않는 인연이 있다.

54. 쓰루타 요시유키(鶴田義行, Yoshiyuki Tsuruta, 1903~1986)

올림픽 수영 일본인 첫 금메달리스트이며, 일본인 첫 올림픽 2연패.

1928년 암스테르담올림픽 200m 평영에서 우승. 6일 전인 8월 2일 육상 남자 삼단뛰기에서 우승한 오다 미키오에 이은 일본인 두 번째, 수영종목으로서는 일본인 첫 금메달리스트다. 1932년 로스앤젤레스올림픽 200m 평영에서 고

이케 레조(小池禮三)의 서포터로 출전해서 우승, 일본인 첫 올림픽 연패자가 되었다.

1943년 40세에 해군에 입대. 1948년 에히메신문사(愛媛新聞社) 입사. 1949년 에히메신문사 주최로 제1회 에히메수영학교를 시작(~1988)하여 수영을 못하는 어린이를 없애는 활동을 통해 수영 저변 확대에 힘썼다.

손기정·남승룡과는 같은 메이지대학 출신이라는 인연이 있다. 또 일본인 최초로 올림픽 2연패를 달성했지만, 일본인 첫 올림픽 금메달리스트인 오다에 밀려 과소평가되고 있다.

55. 히토미 기누에(人見絹枝, Kinue Hitomi, 1907~1931)

일본인 여성 최초의 올림픽 출전자이며 올림픽 메달리스트. 저널리스트.

1926년 4월 오사카마이니치신문사(大阪毎日新聞社)에 입사. 2028년 암스테르담올림픽 여자 개인종목에 모두 출전(100m, 800m, 원반던지기, 높이뛰기)하여 800m에서 은메달을 획득했다.

올림픽 후 신문사에 복귀, 신정 연휴도 없이 신문사 일과 모금활동을 계속하던 중 1931년 3월 6일 병으로 쓰러져 8월 2일 폐렴으로 사망했다. 24세.

당시 일본 국내에서 여자 육상에 대한 편견이 심했는데 히토미가 육상을 시작할 무렵 주위 사람들이 차가운 시선으로 바라보았다고 본인이 회고했다. 올림픽 출전을 결심한 히토미의 고향집에 "사람 앞에서 허벅지를 드러내는 일은 일본 여성으로서는 해서는 안 된다" "일본 여성의 개성을 파괴한다"는 등의 내용을 적은 서한이 우송되었다고 한다. 이에 대해 히토미는 여자육상경기에 관한 기사에서 "얼마든지 매도해라! 나는 그것을 달갑게 받아들이겠다. 그러나 내 뒤에 태어나는 어린 여자 선수나, 일본여자경기협회에는 손가락 하나 대지 못하게 하겠다"고 썼다.

히토미 출신지의 오카야마현도 40호 오카야마항선(岡山港線)은 진겐도로(人絹道路)라는 애칭이 부여되어 있다. 오카야마시에서 1982년부터 개최되는 마라톤대회 '산요(山陽) 여자로드레이스대회' 10㎞부에는 개최 당시부터 '히토미 기누에배(人見絹枝杯)'란 애칭이 붙어 있다.

56. 오시마 겐키치(大島健吉, Kenkichi Oshima, 1908~1985)

로스앤젤레스올림픽 삼단뛰기 동메달리스트.

오다 미키오, 난부 주헤이 등과 함께 세계대전 전 일본 육상의 황금기를 구축한 삼단뛰기 선수에서, 신문기자로 변신하여 전쟁에 휩싸인 유럽을 취재하고, 전후에는 일본 스포츠 부흥의 최전선에서 활약, '도쿄올림픽을 만든 남자'로 불린다.

1932년 로스앤젤레스올림픽 남자 삼단뛰기에서 금메달 획득이 유력했지만 경기 직전 발생한 선수촌 숙소 가스목욕통 폭발사고로 큰 화상을 입어 최악의 컨디션으로 경기에 출전, 동메달을 획득했다. 1936년 베를린올림픽에서도 메달 획득이 유력했으나 6위에 그쳤다.

1934년 오사카마이니치신문사에 입사, 운동부 기자로 일하면서 15m 82㎝의 세계신기록 수립. 1939년 국제학생경기대회 일본선수단 단장으로서 유럽 방문 중 제2차 세계대전이 발발, 종군기자로 독일 전선을 취재하고, 1945년 5월 베를린 함락 후 폴란드의 수용소를 거쳐 종전 직전에 귀국. 전후 마이니치신문 도쿄 본사 운동부 기자로서 국민체육대회 실현에 공헌하고, 일본올림픽위원회(JOC) 아마추어 선수 윤리규정 「스포츠맨 강령」 초안을 작성했다. 1959년 JOC 위원에 선출되었다.

1964년 도쿄올림픽 일본선수단장으로 16개의 금메달을 획득하여 '도쿄올림픽을 만든 남자'라 불렸다. 1980년 모스크바올림픽 보이콧 논쟁 시 절대참가를 요청하는 오시마 성명을 발표하고, 1982년에는 일본인 최초로 '한스 하인리히 지펠트상(독일올림픽위원회가 1971년 설립한 상으로 매년 세계 스포츠계에 공헌한 사람에게 수여)을, 1985년에는 국제올림픽위원회의 올림픽 오더 은장을 수상했다.

2014년에는 「올림픽의 철인, 오시마 겐키치 이야기」가 마이니치신문에 35회에 걸쳐 장기 연재되고(제25회 미즈노 스포츠라이터상 수상), 2018년에는 「올림픽을 만든 남자 고고한 개혁자」란 이름으로 오시마를 재현하는 텔레비전 드라마가 방송되었다. 그의 업적을 다룬 단행본 『오시마 겐키치의 도쿄올림픽(大島健吉の東京オリンピック)』(岡邦行 東海教育研究所 2013年)이 있다.

간사이대학은 1988년부터 '오시마 겐키치 스포츠문화상'과 '오시마 겐키치상'을 수여하고 있다.

손기정과는 베를린올림픽에 함께 참가하면서 첫 인연을 맺었으며, 특히 개막식 입장식에서 일본인 선수의 조선인 차별행위를 막아 준 것을 계기로 손기정과 평생 뜨거운 우정을 나누며 '스포츠'와 '평화'를 사랑하는 운동을 함께 하게 된다.

1983년 12월 8일 메이지대학에서 스포츠평론가 가와모토 노부마사, 영문학자 나카노 요시오(中野好夫, 1903~1985), 평화운동가 세키야 아야코(関屋綾子, 1915~2002), 철학자 고자이 요시시게(古在由重, 1901~1990)와 함께 '스포츠와 평화를 생각하는 모임'을 개최했는데, 여기에 손기정도 참가했다.

57. 다지마 나오토(田島直人, Naoto Tajima, 1912~1990)

1936년 베를린올림픽 삼단뛰기 금메달리스트.

1932년 로스앤젤레스올림픽 멀리뛰기에서 6위 입상. 1936년 베를린올림픽 삼단뛰기에서 16m 00㎝의 세계신기록으로 금메달 획득. 오다 미키오·난부 주헤이에 이은 일본인 선수의 3대회 연속 금메달 획득으로, 리펜슈탈의 「민족의 제전」에도 수록되어 있다. 넓이뛰기에서도 동메달을 획득했다. 본인은 "멀리뛰기가 전문이고 삼단뛰기는 부종목"이라며, 삼단뛰기 금메달보다 멀리뛰기 동메달을 더 기뻐했다고 한다.

교토제대 출신의 수재로 2004년부터 야마구치육상경기협회 등의 주최로 다지마의 공적을 기리는 「다지마 나오토 기념 육상경기대회」가 열리고 있다.

손기정과는 베를린올림픽 육상에서 함께 금메달을 딴 인연으로 평생 깊은 교우관계를 맺었다.

58. 마에하타 히데코(前畑秀子, Hideko Maehata, 1914~1995)

일본인 첫 여성 올림픽 금메달리스트.

당시의 관습으로는 고등소학교 졸업 후 학업과 수영을 그만두고 가업을 도와야 했지만, 히데코의 수영 소질에 주목한 학교장 등 관계자가 양친을 설득하여 수영을 계속했다. 학교에서는 마에하타를 위해 기숙사를 제공하고, 학원 내에 새로 수영장을 만들어 전면적으로 지원했다. 16세 때인 1931년 1월에 어머니가 뇌일혈로, 6월에는 아버지도 뇌일혈로 사망했다.

1932년 로스앤젤레스올림픽 200m 평영에서 0.1초 차이로 은메달을 획득했다. 대회 후 가정 사정으로 은퇴를 생각했지만, 주위의 큰 기대에 밀려 선수생활을 계속하기로 결심한다. 하루에 20000m를 수영하는 맹연습을 거듭, 1933년 9월 30일 200m 평영 세계기록을 수립했다. 마에하타는 나중에 한 방송 인터뷰에서 "연습 중 물 속에서 땀이 흘러가는 것이 보였다"고 당시의 혹독한 연습을 회고했다.

1936년 베를린올림픽 200m 평영에 출전, 개최국 독일의 마루타 게넨게르와 대접전 끝에 1초 차이로 승리한다. 일본인 여성으로서 올림픽 사상 첫 금메달을 획득했다. 1937년 결혼 후 여학교 교직원으로서 후진 육성에 힘쓰고 모친수영교실을 여는 등 일반인을 대상으로 한 보급 활동에도 공헌했다.

1977년 베를린에서 게넨게르와 재회, 두 사람이 함께 50m를 헤엄쳤다. 1983년에 뇌일혈로 쓰러졌지만 재활로 다시 풀에 복귀했다. 일본선수권수영경기대회 경영 여자 200m 평영 우승자에게는 2016년까지 '마에하타 히데코배'가 주어졌다.

손기정과는 베를린올림픽에서 함께 금메달을 획득했다. 손기정이 우승한 지 2일 후였다. 손기정은 올림픽 후 자신에게 가해지는 핍박에 대해 같은 올림픽 금메달리스트인 다지마와 마에하타에 대해서도 그렇게 하느냐고 서운해 했다.

59. 쓰다 세이치로(津田晴一郎, Seiichiro Tsuda, 1906~1991)

1928년 암스테르담올림픽과 1932년 로스앤젤레스올림픽 마라톤에서 연속 입상.

1932년 로스앤젤레스올림픽에 권태하·김은배와 함께 참가했다. 쓰다는 올림픽 전년인 1931년, 4개월에 걸친 현지 원정을 실시하고 코스 답사를 하는 등 충분한 준비를 해 금메달 획득의 기대가 컸다. 그러나 8월 올림픽 본선에서는 5위에 그쳤다. 1935년 손기정이 세계최고기록을 수립했을 때 요미우리신문에 '올림픽 우승은 확실'이라는 글을 게재했다.

은퇴 후 쓰다는 베를린올림픽 마라톤 코치에 취임하지만 베를린 출발 1주일 전에 사임했다. 로스앤젤레스올림픽 대표였던 권태하가 "쓰다가 코치를 해서는 우승할 수 없다"는 내용을 신문사와 오다 미키오에게 보내고, 선수들도 코치 교체를 요구했기 때문이라고 한다. 로스앤젤레스올림픽 실패 원인을 김은배·권태하 두 조선 선수에게 떠넘겨 서로 감정적 앙금을 남겼기 때문이다. 대일본체육협회의 베를린올림픽 공식보고서에는 '병으로 불참'이라고 기록되어 있다.

전후에 스포츠닛폰사를 창립하고 초대 사장에 취임했다. 보스턴마라톤에 지도자로 참가하여 다나카 시게키(1951년), 야마다 게이조(1953년)의 우승에 기여했다.

60. 사토 히데사부로(佐藤秀三郎, 1902~1960)와 나와타 쇼몬(縄田尚文, 1897~1968)

사토 히데사부로는 베를린올림픽 마라톤 코치였던 쓰다가 권태하의 반대운동으로 교체되자 올림픽 직전에 대신 코치로 임명되었다. 한국인에 대한 편견이 없던 사토였으나 일본의 마라톤 우승에 대한 염원과 일본육상연맹의 선수선발에 대한 계략으로 경기 직전 심한 고통을 겪게 된다. 일본이 우승하지 못하면 할복자살까지 생각하게 된 그는 경기 당일 선수들의 심리적 안정을 위해 장거리 코치 나와타 쇼몬에게 코치 자리를 넘겨주게 된다. 회고록 『끊임 없이 장거리를 달리며(長距離を走りつずけて)』가 있다.

나와타 코치는 성격적으로 사토 코치와는 정반대로 선수에게 평소 이러쿵저러쿵 지시다운 지시는 하나도 하지 않았다. 레이스 전 선수의 특수한 정신상태를 잘 알고 있었다는 평가를 받았다.

61. 시와쿠 다마오(塩飽玉男, Tamao Shiwaku, 1906~1990)

손기정 자서전을 비롯한 국내 모든 자료에서 '시오아쿠'로 표기하고 있는데 '시와쿠'(しわく たまお, Tamao Shiwaku)가 옳은 표기이다.

1936년 베를린올림픽 마라톤에 출전했다. 가가와현 사카이데(香川県坂出) 출신.

대규모 염전지대인 사카이데 주변에는 '하마코'라는 염전 노동자들이 염전에서 하루 종일 달리며 일하고 있었다. 1919년 마라톤 열기가 일고, 가가와현 출신으로 1920년 앤트워프올림픽 육상 장거리에 출전했던 오우라 도메이치(大浦留市)의 격려로 이 염전 노동자들이 육상에 입문, 1928년 암스테르담올림픽 마라톤에서 '하마코' 출신 야마다 가네마쓰(山田兼松)가 4위에 입상하자 이에 자극받아 시와쿠도 육상 경기를 시작했다.

1929년 11월 메이지신궁경기대회 10000m 우승. 1931년 11월 메이지신궁경기대회 마라톤 우승. 1932년 5월 1932년 로스앤젤레스올림픽 마라톤 최종 예선대회에서 복통으로 도중 기권. 1935년 4월 베를린올림픽 후보선발 마라톤에서 2위. 같은 해 11월 3일 메이지신궁경기대회 마라톤에서 손기정에 이어 2위에 들어 올림픽 후보선수가 된다.

1936년 5월 21일 열린 올림픽대표 최종선발전에서 남승룡·손기정·스즈키 후사시게에 이어 4위를 했지만, 1위 성적이 2시간 35분으로 저조했기 때문에 4위까지 대표로 선발하고 본선 출전 선수는 베를린 현지에서 선발하기로 해 대표로 선발되었다.

7월 22일 실시된 현지예선(약 30㎞)에서 2위에 들어 마라톤대표가 되었다(스즈키는 도중 기권). 이때 시와쿠가 코스를 벗어나 샛길을 달린 것이 발각되어 골인 후에 남승룡에게 얻어맞고 사과를 했다고 한다.

올림픽 본선에서는 발바닥에 생긴 물집 때문에 30㎞ 부근에서 도중 기권했다. 올림픽 후 1939년 8월 육군에 소집되어 부대와 함께 만주에 가서 전령·척후로 복무했다. 1990년 12월 고향인 사카이데시에서 사망했다.

출신지 가까운 마루가메시에서 개최되는 '마루가메 하프마라톤'에서는 특별 표창으로 '시와쿠 다마오 장(章)'이 제정되어 있다.

62. 스즈키 후사시게(鈴木房重, Fusashige Suzuki, 1914~1945)

육상 장거리 선수. 베를린올림픽 육상 10000m 출전.

일본대학 재학 중 1935년부터 6년 연속 하코네역전에 출전, 일본대학의 4연패를 포함하여 다섯 번(1935년~1938년, 1940년)의 종합우승에 공헌했다.

1936년에 베를린올림픽 마라톤 일본대표가 된다. 마라톤 대표단은 본 경기보다 2개월이나 빠른 6월 17일 베를린에 도착해 트레이닝에 돌입했는데, 스즈키는 1주일 후에 고열이 나서 10일 정도 입원, 컨디션을 완전히 망치고 만다. 7월 22일 열린 현지예선(30㎞)에서 도중기권, 마라톤대표에서 탈락되어 급거 10000m에 출전하게 된다. 10000m 경기에 무라코소와 함께 참가했지만 기록은 남아있지 않다.

태평양전쟁이 끝나기 직전인 1945년 6월 3일 남지나해에서 31세로 전사. 비운의 아이콘이다.

63. 무라코소 고헤이(村社講平, Kohei Murakoso, 1905~1998)

구마모토현 출신. 일본 올림픽 최초의 메달리스트 구마가이 이치야(熊谷一弥 1890~1968, 영어로는 'Ichiya Kumagae'로 표기, 1920년 앤트워프올림픽 남자 테니스 단식과 복식 은메달리스트)의 구마모토중학 후배. 베를린올림픽 5000m, 10000m 모두 4위. 자토펙이 존경하는 선수.

육상 장거리 선수, 지도자, 마이니치신문 기자. 신장 162㎝의 조그만 체구이면서 힘 있는 주법으로 선수로 활약, 은퇴 후에도 마이니치마라톤 설립과 후진 육성 등 육상계 발전에 진력했다.

1936년 베를린올림픽에 출전, 5000m와 10000m 모두 스타트부터 핀란드의 세 선수와 접전을 펼쳐 관중을 열광시키고 4위로 입상한다. 10000m 레이스는 레니 리펜슈탈의 「민족의 제전」에도 수록되었다. 무라코소의 역주에 감명을 받은 체코슬로바키아의 소년이 훗날의 인간기관차 에밀 자토펙(1948 런던올림픽 10000m, 1952 헬싱키올림픽 5000m, 10000m, 마라톤 우승자)이었다.

대학 시절에는 하코네역전에도 출전했다. 종전 후 군에서 복귀해서는 마이니치신문 운동부기자가 되어 스포츠 취재를 하면서 마이니치마라톤(현재의 비와코 마이니치마라톤), 전국고등학교역전경주대회, 전일본 실업단대항 육상경기대회 등의 창설에 관여했다.

1952년 헬싱키올림픽 일본 대표 코치를 맡으면서, 고향 미야자키에서 히로시마 구라오(廣島庫夫)를 발굴하는 등 후진 육성에도 힘을 쏟았다. 마이니치신문 운동부장, 편집국차장, 이사로 정년.

육상경기 발전에 진력한 무라코소의 업적을 기려, 무라코소의 고향인 미야자키에서 개최되고 있는 아오시마태평양마라톤에서 남녀 풀마라톤 우승자에게 '무라코소 고헤이배'가 수여된다.

"올림픽 패자에게 천재는 없다!"는 무라코소의 말이 모교인 미야자키시립 아카에소학교 모뉴멘트에 각인되어 있다. 회고록 『끊임 없이 장거리를 달리며(長

距離を走りつずけて)』가 있다.

64. 니시다 슈헤이(西田修平, Shuhei Nishida, 1910~1997)와 오에 스에오(大江季雄, Sueo Oe, 1914~1941)

니시다 슈헤이는 1932년 로스앤젤레스올림픽과 1936년 베를린올림픽 장대높이뛰기 은메달리스트. 와세다대학 졸업.

오에 스에오는 1936년 베를린올림픽 장대높이뛰기 동메달리스트. 게이오대학 졸업.

1936년 베를린올림픽 장대높이뛰기 결승은 니시다 슈헤이와 오에 스에오(大江季雄) 2명의 일본 선수를 포함한 4명이 순위를 겨루게 되었다. 니시다, 오에 두 선수의 기록은 4미터 25㎝로 같았지만, "일본인끼리는 싸우지 않는다"며 2, 3위 결정전을 포기했다. 일본측은 먼저 넘은 연장자 니시다를 2위, 오에를 3위로 신고하고 이것이 공식기록으로 인정되었다.

경기 다음날 열린 시상식에서 니시다는 후배인 오에에게 2위 시상대에 서도록 지시했다. "다음 도쿄 대회에서 분발해주기 바란다"는 격려의 마음에서였다고 한다. 귀국 후 오에의 형이 니시다에게 은메달을 돌려주었는데, 고민을 한 니시다가 친구가 경영하는 보석점에서 두 개를 반으로 자르고 서로 붙여서 '은·동 두 색깔의 우정의 메달'이 탄생했다.

1940년 도쿄대회는 제2차 세계대전으로 중지되고 오에 스에오는 1939년 육군에 소집되어 1941년 필리핀 루손섬 전투에서 전사했다. 오에의 유품에서 이 메달이 발견되어, 이것을 계기로 해서 두 사람이 메달을 쪼개 가진 것이 일반에 널리 알려지는 계기가 되었다. 이 에피소드는 도덕 부교재에 게재되기도 했다.

오에의 모교인 니시마이즈루고교에는 오에의 동상이 있다. 교토부 마이즈루시박물관에는 당시의 장대가 전시되어 있다. 1942년 와세다·게이오 육상경기에서는 오에의 전사를 애도하여 양교 선수가 오에의 영정을 안고 행진을 했다.

65. 나카무라 기요시(中村清, Kiyoshi Nakamura, 1913~1985)와 세코 도시히코(瀬古俊彦, Toshihiko Seko, 1956~)

나카무라 기요시는 1913년 조선 경성에서 9형제 중 막내로 출생. 1928년 용산중학교에 입학한 후 토건업을 하던 부친의 도산과 모친의 사망으로 궁핍한 생활을 했다. 한 겨울에 다 헤어진 신발과 구멍이 송송한 양말을 신고 학교에서 혼자 묵묵히 연습에 몰두하던 모습을 용산철도국에 근무하던 쓰치야 고시오(土屋甲子雄)가 우연히 발견하고 1주일 정도 코치를 해주면서 “반드시 일본 제일의 중거리선수가 될 것”이라고 격려해주었다. 쓰치야는 당시 육상 1500m 일본기록 보유자였다. 쓰치야의 격려와 조언에 힘입어 연습에 매진, 1931년 9월 동급생들의 도움으로 도쿄에서 열린 전국대회에 참가하여 중학부 800m에서 일거에 우승한다. 이후 와세다대학에서 중거리 선수로 활약하며 쓰치야의 조언 후 4년 만에 1500m 일본 1인자에 등극한다. 1936년 손기정과 함께 베를린올림픽에 출전, 1500m에서 일본신기록 수립. 전후 와세다대학에서 세코 도시히코 등 세계적 마라토너를 발굴해서 육성했다. “마라톤은 힘들게 달려서는 안 된다. 즐기면서 달리는 것이다”는 말을 남겼다.

세코 도시히코는 중장거리 선수였으나 와세다대학에서 나카무라 기요시 감독을 만나 마라톤으로 전향, 세계 최고의 마라토너로 성장한다. 안정적인 피치주법과 라스트 스퍼트의 순발력으로 세계 정상을 정복. 후쿠오카 국제마라톤 3연패(1978~1980), 보스턴마라톤 2회 우승(1981, 1987). 런던 마라톤 우승(1986). 전성기 때인 1980년 모스크바올림픽은 일본의 보이콧으로 불참. 1984년 로스앤젤레스올림픽 14위, 1988년 서울올림픽 9위. 현재 일본육상경기연맹 강화위원회 마라톤 강화전략 프로젝트 리더.

66. 가사이 산세이(河西三省, 1898~1970)와 야마모토 데루(山本照, 1902~1998)

가사이 산세이(본명은 가사이 미쓰미)와 야마모토 데루는 모두 베를린올림픽을 중계한 NHK 아나운서.

가사이는 1932년 로스앤젤레스올림픽에서 일본 처음으로 해외에서 스포츠 중계를 한 아나운서의 한 사람이다. 1936년 베를린올림픽 여자 200m 평영 결승 중계방송으로 유명하다. 접전을 벌인 마지막 50m 구간에서 가사이는 너무나 흥분해서 중계석 위에 올라 서서 “마에하타 간바레!(힘내라) 마에하타 간바레!”라고 20회 이상이나 외쳐 한밤중에 라디오 중계를 듣고 있던 당시의 일본인을 열광시켰다. 가사이의 이 중계방송 내용은 ‘마에하타 간바레’란 이름으로 레코드로 수록되었다.

야마모토는 마라톤 중계방송을 담당했다. 야마모토의 방송석 옆에 아르헨티나의 방송석이 있었는데, 레이스 전에는 아르헨티나 아나운서가 활기차게 "사바라, 사바라"하고 연호하더니, 사바라가 낙오한 것이 알려지자 "사바라, 레이스 기권. 사바라 이 바보 같은 놈!"하고 외친 후 "나는 이제 이것으로 방송을 그만두겠다. 미스터 야마모토, 아디오스!"하고 말한 후 방송을 끝내고 자리를 떠났다고 한다. 야마모토 데루는 도쿄외국어학교에서 스페인어를 전공해 아르헨티나 아나운서의 말을 알아들을 수 있었다. 일본 위키피디아는 야마모토의 마라톤 중계에 이 사바라의 일화만을 소개하고 정작 손기정을 비롯한 일본 대표 선수들에 관한 일화는 한 줄도 언급하고 있지 않다.

67. 스즈키 다케시(鈴木武, 1902~)와 기타바타케(北畠) 남작

스즈키 다케시는 경성제대에서 육상·럭비 선수로 활약한 조선총독부 관리로 남승룡의 천재성에 깜짝 놀라 손수 주법을 가르쳐주며 격려했다. 늘 운동에 관심이 많아 조선 육상 선수들과 두터운 친분을 맺었으며, 조선 선수들이 어려울 때마다 도움을 베풀었다. 베를린에서 귀국한 손기정이 특별고등경찰의 감시를 받을 때에 경찰을 쫓아내어 손기정을 도와준다.

귀족 기타바타케 남작은 도쿄에서 신문배달을 하며 고학하던 남승룡의 성실성과 재능을 알고 후견인을 맡아 마치 친아들처럼 아끼고 보살피고 모든 뒷바라지를 하며 돕는다.

68. 아소 다케지(麻生武治, Takeji Aso, 1899~1993)

일본의 스키선수, 육상경기선수, 등산가. 메이지대학에 재학 중인 손기정과 함께 '뛰어라! 걸어라!(走れ! 歩け!)'란 프로그램으로 조선반도를 순회하며 육상 영재발굴에 나서기도 했다.

와세다대학 재학 시 제1회(1920년)부터 3년 연속 하코네역전에 참가했다. 그 후 베를린체육대학에 유학, 1923년에는 일본인으로서는 처음으로 마타호른(4478m)에 등정하고, 다음 해에는 스키로 겨울의 야리가타케(槍ヶ岳 3180m, 일본에서 다섯 번째로 높은 산) 등정에 성공했다.

1928년에는 스위스에서 개최된 생모리츠올림픽에 일본인으로서 동계올림픽에 처음 출전하였으나 출전한 3종목 모두 실격과 도중 기권으로 기록 없이 끝났다. 1932년 레이크플래시드(Lake Placid) 올림픽에 일본선수단 감독을 역임했다. 일본 위키피디아에서는 '아소 다케하루'로 검색된다.

69. 다나카 시게키(田中茂樹, 1931~)

일본인 첫 보스턴마라톤 우승자. 히로시마현 출신.

1951년 2시간 28분 16초의 전후 세계최고기록을 마크, 19세에 일본이 처음 참가한 보스턴마라톤대회에 출전하게 되었다. 일본은 1948년 런던올림픽에 출전하지 못해 세계적 대회 출전은 보스턴마라톤이 처음이었다. 마라톤 감독 오카베 헤타(岡部平太)는 "민족의 자랑을 부활시키기 위해서는 미국의 국민적 행사인 보스턴마라톤을 제패하는 것이 첫째"라고 생각했다.

4월 19일, 다나카는 '원폭으로 졌다는 소리를 듣고 싶지 않다'며 분발하여 감격의 우승을 차지했다. 다나카는 히로시마의 산골마을 태생으로 원폭과는 관계가 없었지만 '19세의 원폭소년에 영예의 월계관' '패전국 일본이 전승국에 뛰어들어가서 거둔 승리'라는 등 다나카의 우승을 전하는 빅뉴스가 세계에 타전되었다. 다나카의 우승은 전후 일본 육상계의 공백을 일거에 메운 우승으로, 패전으로 움츠러든 일본 국민에게 큰 용기를 준 국민적 영웅이 되었다. 귀국 후 히로시마역에서 목탄 트럭에 실려 고향인 산골마을까지 개선 퍼레이드를 했다.

다나카가 보스턴마라톤에서 우승하자 손기정은 6·25전쟁 중이었음에도 불구하고 전보를 보내 "다나카의 우승은 아시아의 우승"이라며 다나카를 축복하고 일본의 우승을 축하했다. 이 대회에 한국은 참가하지 못했다. 미국 젊은이들이 한국을 위해 죽어가고 있으니 한국 선수들은 전쟁터에서 싸워야 한다며 당시 보스턴마라톤 육상경기협회장 월터 브라운이 한국의 참가를 반대했기 때문이었다.

1952년 일본대학에 진학했지만 무릎에 연골이 튀어나오는 부상으로 1952년 헬싱키올림픽 대표 선발전에서 참패, 보스턴마라톤 우승을 유일한 훈장으로 현역에서 물러났다.

일본육상경기연맹 이사, 전국마라톤연맹 회장 등을 역임, 1999년에는 지역

선수를 육성하는 육상클럽 '도쿄 해리어즈'를 설립했다. 보스턴마라톤대회 본부가 편찬하는 역대우승자 명부에는 'Hiroshima Japan'으로 다나카 만이 유일하게 국명 이외에 출신지까지 기재되어 있다.

70. 쓰부라야 고키치(円谷幸吉, Kokichi Tsuburaya, 1940~1968)

1964년 도쿄올림픽 남자 마라톤 동메달리스트. 육상자위관.

1963년 10000m 올림픽 대표선수로 선발된다. 일본육상경기연맹 오다 미키오의 권유로 마라톤에 도전, 마라톤에서도 올림픽 대표로 선발되었다.

도쿄올림픽 마지막 날 열린 남자마라톤에서는 경험이 적어 별로 주목을 받지 못했다. 그러나 메달이 기대되었던 두 명의 일본 선수가 메달 경쟁에서 탈락한 가운데 쓰부라야가 국립경기장에 2위로 들어온다. 그러나 뒤를 쫓아오는 영국의 베이질 허틀리에게 트랙에서 추월당했다. 그렇지만 자기 최고기록인 2시간 16분 22초 8로 동메달을 획득했다. 이것은 도쿄올림픽 육상경기에서 일본이 획득한 유일한 메달로 "일본 육상계를 구했다"는 말까지 듣게 되었다. 또 동메달이기는 했지만 국립경기장에서 일장기를 올린 것은 쓰부라야 뿐이었다.

쓰부라야는 다음 목표를 '1968년 멕시코시티올림픽 금메달 획득'이라고 선언했다. 그러나 그 후 여러 가지 불운이 닥쳤다. 자위대체육학교에서 그때까지 선수육성을 위해 허용되었던 특별우대조치가 폐지되었다. 또 쓰부라야가 결혼을 하려고 했으나 "다음 올림픽이 중요하다"며 인정하지 않아, 결과적으로 파탄에 이르게 되었다. 그런 가운데 주위의 기대에 보답하기 위해 과도한 훈련을 해서 지병인 요통이 재발하여 1968년 수술을 받는다. 병세는 회복했지만 이미 전성기와 같은 기량은 발휘할 수 없는 상태가 되었다.

멕시코시티올림픽이 열리는 해 1968년 1월 9일, 쓰부라야는 자위대체육학교 숙소 자기 방에서 목숨을 끊었다. 27세.

"아버지, 어머니, 3일 토로로(참마요리) 맛있게 잘 먹었습니다"로 시작하여 "고키치는 아버지 어머니 옆에서 살려고 했습니다"라는 말로 끝맺은 유서에 담긴 가족들에 대한 감사와, 특히 "고키치는 이제 완전히 지쳐서 달릴 수 없습니다"는 말은 당시 세상에 엄청난 충격을 주었다.

노벨상 수상작가 가와바타 야스나리(川端康成)와 작가 미시마 유키오(三島

由紀夫)는 쓰부라야의 죽음을 애도하는 작품을 남겼고, 후에 여성 듀오 핑크 피클스는 쓰부라야의 고뇌를 그린 곡 '한 사람의 길(一人の道)'을 발표해 유명세를 탔다.

쓰부라야 고키치의 자살은 일본 스포츠사에 최대급의 비통한 역사로 기록되어 있다. 쓰부라야의 비극 후, 일본올림픽위원회와 일부 경기단체에서는 올림픽 출전선수 등 선수에 대한 멘탈서포트와 멘탈헬스케어가 실시되게 되었는데, 이것은 쓰부라야의 자살이 계기가 된 쓴 교훈의 산물이기도 하다.

71. 기미하라 겐지(君原健二, Kenji Kimihara, 1941~)

1968년 멕시코시티올림픽 마라톤 은메달. 올림픽 남자 마라톤에 1964년 도쿄대회부터 3대회 연속으로 출전. 1966년 보스턴마라톤 우승. 1966년, 1970년 아시안게임 마라톤 2연패.

1964년 도쿄올림픽 마라톤에서는 일본 대표 3인 중 가장 메달이 유력하다는 평을 들었으나 압박을 이기지 못하고 실력을 발휘하지 못한 채 8위로 끝났다.

도쿄올림픽 실패 후 한동안 좌절했지만 결혼 후 슬럼프에서 벗어나 1966년 보스턴마라톤과 같은 해 방콕 아시안게임 마라톤에서 우승한다.

멕시코올림픽을 준비하고 있던 1968년 1월, 부상으로 신음하던 라이벌 쓰부라야가 돌연 자살, 기미하라도 큰 충격을 받았다. 쓰부라야의 장례식 때 기미하라는 "멕시코올림픽에서 일장기를 올릴 것을 서약한다"는 조문을 보냈다. 약속 대로 멕시코올림픽에서 은메달을 획득했다. 31세에 출전한 뮌헨올림픽에서는 5위에 입상했다. 생애 통산 74회의 풀마라톤에 출전하여 한 번도 기권하지 않았다.

72. 모리시타 고이치(森下広一, Koichi Morishita, 1967~)

1992년 바르셀로나올림픽 남자마라톤 은메달리스트.

1990년 북경아시아경기대회 10000m에서 금메달, 5000m에서 은메달 획득. 1991년 도쿄세계육상대회 10000m에서 결승에 진출하는 등 정상급 선수로서 주목을 받기 시작한다.

첫 마라톤인 1991년 벳푸오이타(別府大分) 마이니치마라톤에서 2시간 8분

53초로 일본최고기록을 수립하며 우승했다. 이듬해 도쿄국제마라톤에서 바르셀로나올림픽 마라톤 대표가 되었다.

올림픽 본선에서는 황영조와 접전, 종반 몬주익 고개에서 뒤처져 우승을 놓쳤지만 일본인 선수로서 올림픽 두 번째 은메달을 획득.

올림픽 이후에는 부상 등으로 저조, 현역에서 물러나, 1999년 도요타자동차 규슈 육상부 감독으로 취임했다.

73. 다카하시 나오코(高橋尚子, Naoko Takahashi, 1972~)

2000년 시드니올림픽 여자마라톤 금메달리스트.

1998년 12월 방콕아시아경기대회 여자마라톤에서 2시간 21분 47초의 아시아 최고기록(당시)으로 우승하면서 일약 2000년 시드니올림픽 여자 마라톤 금메달 최유력 후보로 세계의 주목을 받게 되었다.

골인 후의 웃는 얼굴과 함께 세계 마라톤 팬에게 깊은 인상을 주었다. 올림픽 금메달 획득은 일본 육상계 64년만(전후 최초)이며, 일본 여자육상계에 있어서는 사상 처음이었다. 이런 공적으로 같은 해 10월 30일 국민영예상을 수상했다.

2001년 9월 베를린마라톤에서 여자 최초로 2시간 20분대를 돌파하는 2시간 19분 46초의 세계최고기록(당시)으로 우승. 2002년 9월 베를린마라톤에서 2년 연속 우승, 풀 마라톤 6연패를 달성했다.

2004년 아테네올림픽 대표선수 선발에서 탈락, 올림픽 2연패도 무산되었다. 2008년 베이징올림픽 출전에 실패. 2008년 10월 28일 현역 은퇴를 표명.

"어린이들에게 웃는 얼굴 신발을 보내자"는 구호를 내걸고, 어린이들의 사이즈에 맞지 않게 된 중고 신발을 모아서, 맨발이나 맨발 가까운 상태로 생활하는 개발도상국 어린이들에게 기증하고, 신발을 기증한 일본 어린이들에게는 도상국 어린이들이 보내온 '해바라기씨'를 준다는 프로젝트, '스마일 아프리카 프로젝트'의 취지에 동감해서 프론트 런너로 참가하고 있다.

74. 가와우치 유키(川内優輝, 1987~)

2018년 보스턴마라톤 우승. 일본인의 보스턴마라톤 우승은 1987년 대회에서 우승한 세코 도시히코(瀬古利彦) 이래 31년 만이자 통산 9번째.

사이타마현 지방공무원으로 '공무원 마라토너'로 활약하며 세간의 주목을 받았다. 2019년 3월 사이타마현청을 퇴직하고 프로 선수로 전향했다.

2011년 세계육상선수권 대구대회를 시작으로 2019년까지 4회 출전, 올림픽에는 참가하지 못했다. 개인최고기록은 2013년 수립한 2시간 8분 14초이다.

75. 가와모토 노부마사(川本信正, 1907~1996)

일본 최초의 본격적 스포츠 저널리스트. 신문기자. 올림픽을 처음으로 '오륜(五輪)'이라고 표기한 것으로 알려져 있다.

종전 후에는 스포츠 평론가, 일본올림픽위원회(JOC) 위원 등을 역임했다. 1980년 모스크바올림픽 보이콧에 대해 "아프간 침공은 물론 강하게 비난받아야 한다"고 주장하면서도 보이콧에는 반대했다. 이 무렵 가와모토는 "올림픽은 어디까지나 스포츠의 제전으로서 정치로부터 독립되어야 한다"는 의견을 갖고 있었다. 가와모토는 일본의 모스크바올림픽 보이콧이 최종 확정되고 나서 수일 후 JOC위원을 사임했다.

손기정과 함께 1983년 12월 8일 메이지대학에서 열린 '스포츠와 평화를 생각하는 모임'에 참석했다.

76. 다니구치 겐타로(谷口源太郎, 1936~)

스포츠 평론가. 2002년 12월 21일 메이지대학에서 열린 '손기정 선생을 추모하는 모임'에 참석하여 「손 선생과 일본 스포츠계」라는 제목의 보고를 했다. 요지는 다음과 같다.

> 손기정은 마라톤에 인생을 걸고 평화의 중요성을 줄기차게 주장해왔다. "전쟁이 일어나도 스포츠는 살아있다. 언젠가는 평화가 온다. 그때를 위해 힘내자"고 선수를 격려했다고 한다. 이러한 손기정의 열린 마음, 평화에 대한 생각을 유감스럽게도 대부분의 일본 스포츠 관계자는 눈을 감은 채 진지하게 받아들이지 않고 있다. 1988년 서울올림픽 때 손기정은 성화 주자로 선발되어 그 인생을 칭송받았다. 올림픽 후 손기정은 이렇게 말했다. "전쟁은 이기든 지든, 죽을 때는 죽는다. 그러나 스포츠는 이기든 지든, 오늘 졌으니 내일 다시 해보자고 할 수 있다" "스포츠에는 말이 필요 없다. 그래서 좋은 것이다. 평화야. 평화. 내일 또 힘내자."

2012년 6월 9일 메이지대학에서 열린 '손기정 탄생 100주년 기념 심포지엄'에도 참가하여 스포츠와 평화에 대한 손기정의 실천 정신, '국제 상호이해·우호 연대=올림피즘'에 대한 사상과 행동을 더욱 배워야 한다고 역설했다.

77. 모리카와 사다오(森川貞夫, 1939~)

일본체육대학 명예교수. 2002년 12월 21일 메이지대학에서 열린 '손기정 선생을 추모하는 모임'에 보낸 「'조국 없는 마라톤 러너'의 죽음」이란 글에서 "(전후) 그동안 손기정이 걸어온 길은 별로 알려지지 않았다. 각 신문의 지면도 거기에서 갑자기 1988년 서울올림픽에서 '성화 주자'로서의 영광스런 모습을 전하고 있을 뿐이다. … 「조국 없는 마라톤 러너의 죽음」으로 모든 것을 끝내서는 안 될 중요한 것을 일본의 언론은 아직 다 전하고 있지 않는 것이 아닐까"하고 탄식했다.

2012년 6월 9일 메이지대학에서 열린 '손기정 탄생 100주년 기념 심포지엄'에도 참가했다.

78. 야마니시 데쓰로(山西哲郎, 1943~)

일본의 러닝(running) 학자. 시민 러너 지도자. 일본체육학회 전 회장.

2012년 6월 9일 메이지대학에서 열린 '손기정 탄생 100주년 기념 심포지엄'에 보낸 '손기정의 삶, 나의 미션을 발견'이라는 제목의 메시지에서, 가마타 다다요시(鎌田忠良)가 『일장기(日章旗)와 마라톤』에서 "손기정에게서는 무라코소 고헤이와 같은 명쾌한 기골을 볼 수 없다고 해도 좋다. 그것을 국정(國情)의 상위(相違)나 개인 문제로만 치부해서 좋을 것인가. … 국가 간의 정치적 차원과는 별도로 일반시민 간의 틈에 대해 고찰하고, 그 틈을 메워가는 노력을 앞으로 모든 분야에서 해나가야 한다"고 한 주장에 자기의 미션을 깨닫고, 그 후한국 마라톤 애호가들과 러닝학회와 시민 차원의 한일 교류를 하면서 그 틈을 메우려고 노력해왔다고 말했다.

79. 김철언(金哲彦, 1964~)과 고이데 요시오(小出 義雄, 1939~2019)

김철언은 재일 한국인 마라톤 선수, 지도자. 은퇴 후 1992년 바르셀로나올림픽 여자마라톤 은메달리스트 아리모리 유코(有森裕子), 2000년 시드니올림픽 여자마라톤 금메달리스트 다카하시 나오코(高橋尙子) 등을 지도했다. 2001년, 당시 일본에서는 그렇게 일반적이지 않던 육상 클럽팀 닛폰 런너즈를 창설, 현재의 클럽팀 붐의 효시가 되었다.

고이데 요시오는 마라톤·중장거리 지도자. 일본 육상경기 지도자로서는 이른 시기에 여성이 장거리 종목에 적합하다는 것을 평가하고 그 대책을 연구했다. '칭찬해서 육성한다'는 선수육성 방법으로 알려져 있다. 다만 본인은 칭찬만이 아니라, 질책과 충고와 주의를 조합하여, 상대의 개성에 맞추어 지도하는 것이 중요하다고 인터뷰에서 밝힌 바 있다. 감독이 골인 지점에 있어야 할 때는, 선수가 이겼을 때가 아니라 패배했을 때 "네가 잘못한 게 아니야, 감독이 나빴어"하고 위로하기 위해서라고 말했다.

시드니올림픽 여자마라톤 금메달리스트 다카하시 나오코와 함께 마라톤 선수를 육성하는 게임 개발에 관여했다.

저자 후기

2020 도쿄올림픽을 앞두고 생각해야 할 것*

스포츠와 평화를 생각하는 유네스코클럽
데라시마 젠이치(寺島善一)

▷ 올림피즘을 잊고 올림픽을 국위선양에 이용하는 일본
▷ 매스컴과 미디어의 책임

2020년 도쿄올림픽을 앞두고 도쿄올림픽조직위원회와 JOC(일본올림픽위원회)는 올림피즘(Olympism)의 진수를 계몽하려고 하는 움직임이 별로 없다. '오모테나시(지극정성의 환대)'라는 말로 그것을 호도하려고 하고 있다. 일본 국내에 존재하는 '차별'과 '빈곤', '외국인 노동자의 열악한 환경', 여전히 멈추지 않고 있는 '헤이트 스피치(혐오 연설)', 이웃나라 한국과 중국에 대한 비우호적 태도는 올림픽 이념='스포츠에 의한 상호이해, 우호연대를 촉진하는 평화운동이다'와는 거리가 멀다. 다민족이 공생하고 윤택한 다문화 공생사회를 도쿄에 실현하는 것이 진정한 '오모테나시'가 아닌가?

거듭되는 도호쿠(東北), 규슈(九州) 지진재해, 원전사고로 어쩔 수 없이 피난하게 된 사람들의 생활, 이런 사람들에 대한 '배려'는 일체 어떻게 된 일인가?

'부흥 올림픽'이란 슬로건 아래 열리는 이번 올림픽. 대회 경기장을 후쿠시마(福島)에 설정하는 것, 성화 봉송이 후쿠시마를 경유하는 것이 재해로 고통을 겪고 있는 사람들에게 용기를 주는 것일까? 후쿠시마 이재민들이 "우리들더러 화려한 도쿄올림픽을 '가설주택' 텔레비전으로 보고 즐기라는 것인가?" 하는 말을 어떻게 받아들이고 있는가?

일본 미디어에서는 거의 보도되지 않는 '후쿠시마 원전사고'의 현상(現狀)에 대해, 영국의 BBC나 독일의 ZDF는 상세한 다큐멘터리 필름을 방영하고 있다. 2012년 런던올림픽에서는 후쿠시마의 피폭된 토기로 만든 브로치를 목에 건 선수단이 입장행진에서 배제되었다. 유럽인들은 체르노빌보다 심각하다는 현상을 알고 있다. 2013년 9월 아르헨티나의 부에노스아이레스에서 열린 2020년 올림픽 개최지 결정을 위한 IOC 총회에서, 이러한 유럽의 IOC위원들로부터 후쿠시마 원전사고에 대한 의문이 백출했다. 다케다(竹田) 회장은 "후쿠시마는 도쿄에서 200㎞ 떨어져 있다"는 본질에서 벗어난 대답을 했다. 유치위원회는 이러한 의문에 답하기 위해, 정부 전용기를 타고 러시아에서 부에노스아이레스를 향해 이동 중이던 아베 수상에게 전화를 했다. 아베 수상은 IOC 위원들로부터 쏟아지는 의문에 대답하기 위해, 후쿠시마 원전은 "컨트롤되고 있다"는 엄청난 거짓말을 하지 않으면 안 되었던 것이다.

콤팩트 올림픽 제안, 선수 제일, 이 모두가 거짓이라는 단서가 여기저기서 나타나고 있다. 제네콘(종합건설업자), 덴쓰(電通. 일본 최대, 세계 5위의 광고대리점. 역주) 등을 중심으로 해서 '경제효과', '국위선양'만이 강조되고 있다. 그리고 미디어는 이런 현상을 비판하지 않는다. 올림픽에 의문, 이의를 제기하려고 하면 '비국민' 취급을 받는다.

올림피즘이란 무엇인가? 이 근원으로 다시 돌아갈 필요가 있다. 올림픽에 들뜨기 전에 생각해야 할 것이 많이 있다. 필립 노엘베이커 경이나 손기정이나 중국의 허전량(何振梁) IOC 전 부회장이 스포츠에 의한 국제 상호이해, 우호연대의 기능을 믿고 한 수많은 실천, 올림피즘에 의지한 꿈을 생각하지 않으면 안 된다.

한일 관계가 극도로 냉각된 지금이야말로 더욱 손기정 선생의 사상과 행동을 음미하고 싶다. 2002년 한국과 일본이 공동개최한 월드컵이 가져온 한일 관계의 성숙, 그 성과를 생각해보고 싶다. 이와 동시에 평창올림픽에서 이상화 선수와 고다이라 나오 선수가 보여준 두터운 우정에 얽힌 이야기야말로 올림픽의 진수라는 것을 확신하고 싶다.

올림피즘을 잊고 올림픽을 국위선양에 이용하는 일본

그런데 리우올림픽이 종료된 직후, NHK의 가리야(刈屋) 해설위원은 올림픽의 목적은 "국위선양에 있다"고 말했다. 이것은 명백히 '올림픽헌장' 위반이다. 이 발언은 IOC가 규정하고 있는 올림픽헌장 1장-6에 위반된다. 헌장에서는 올림픽을 '국가' 간의 경쟁이 아니라, 어디까지나 '개인' 간의 경쟁이라고 규정하고 있다. 말할 필요도 없지만 올림픽을 주최하는 것은 '도시'이지 '국가'가 아니다.

그런데 아베정권은 2015년 11월 21일 '각의(국무회의) 결정'에서 이 올림픽에서 30개의 금메달을 획득하겠다는 '기본방침'을 설정했다. 올림픽·패럴림픽의 주체가 국가가 아니라 '도시'에 있다는 것을 잊고 있다. 모리(森) 조직위원장은, '올재팬(거국적) 태세' '멸사봉공' 등을 내걸고 내셔널리즘을 부채질하고 있다. 올림피즘에 대한 모독이라고도 할 수 있는 개념을 설정하고 있다. 작금 아베내각의 내셔널리즘을 강조하는 정권의 방침은 이 올림픽마저 종식시키려고 하는 것일까? 더욱이 다케다 회장 후임으로 취임한 야마시타 야스히로(山下泰裕) JOC 회장은 첫 인사에서 "2020년 도쿄올림픽은 금메달 30개를 목표로 한다"고 선언했다. 야마시타 JOC 위원장은, 금메달 지상주의는 올림피즘의 근간을 해치는 것이라는 것을 모르고 있는 것일까. 내셔널리즘을 선동하는 이러한 움직임은 스포츠에 의한 국제 상호이해·우호연대라는 올림피즘을 왜곡하게 된다.

모리 도쿄올림픽조직위원장은 일찍이 경기장내 '욱일기' 반입을 인정하고 말았다. 욱일기가 역사적으로 저지른 역할을 어떻게 인식하고 있는 것인가? 과거 일본의 침략전쟁에서 짓밟힌 중국과 동남아시아 국가 국민들의 아픔을 잊어버리고 말았는가? 전번에 바흐 IOC 위원장은 경기장 내의 정치적 퍼포먼스는 용납하지 않겠다고 선언했다. 이것에 저촉되는 것이 아닌가? 축구계에서는 유럽을 중심으로 인종차별문제를 심각하게 염려하고 그 근절을 위해 전력을 기울이고 있다. 이런 가운데 FIFA-AFC는 일찍이 '욱일기' 문제에 대해 반입금지 판단을 내렸다. 이러한 때에 '욱일기' 반입은 아무런 문제가 없다는 모리 조직위원회 위원장의 감각을 의심하지 않을 수 없다.

국위선양에 이용하는 일본 스포츠계에 묻고 싶다. 오사카 나오미(大坂なおみ. 테니스 2019 호주오픈 여자 단식 우승. 역주) 선수, 하치무라 루이(八村 塁. 미 NBA 워싱턴 위저즈. 역주) 선수, 육상경기 혼혈아들의 활약을 어떻게 보고 있는가? 현역에서 활약하고 있는 동안은 일본의 영웅으로 대접 받지만, 그 후 그들에 대한 처우는 어떻게 되는 것일까? 손기정의 재판이 되지 않을까 염려된다. 호주 오픈에서 승리한 오사카 나오미가 우승 후 한 인터뷰는 스포츠의 진수 바로 그것이었다. 대전 상대 크비토바가 부상을 극복하고 결승에 오른 것을 칭찬하고, 크비토바가 세계 최고봉에 군림하는 선수이기 때문에 자기도 집중해서 싸울 수 있었던 것에 감사했다. 이러한 그녀는 '스포츠는 무엇이냐?' 하는 것을 이해하고 있는 일본 스포츠 우먼으로서 따뜻하게 지켜보고 키워가고 싶은 것이다.

스포츠와 인권·차별이라는 문제를 생각할 때, 1936년 베를린올림픽에서 활약한 손기정에 관한 것을 생각하지 않을 수 없다. 우승 직후에는 일본인의 금메달이라고 극찬하고, 귀국하자 독립운동을 선동하는 위험인물로서 철저하게 감시하고 그 행동도 억압하고 인간의 존엄을 짓밟았다. 올림픽 우승이라고 하는 일과성의 흥분에 이용되었을 뿐이다. 베를린올림픽에서 우정을 키운 제시 오웬스와는 귀국 후의 미래를 예상하고, "서로 귀국 후, 기다리고 있을 인종차별에 지지 않도록 힘을 내자"고 말하고, 그 후 크리스마스 카드를 교환하며 서로를 격려했다.

이 두 사람의 활약은 '아리아인의 우월성'이라는 정치적 선전을 하려고 했던 히틀러가 '스포츠를 이용해서 국위를 선양'하려고 했던 야망을 무너뜨렸다. 정치가의 단락적인, 스포츠를 이용한 국위선양에 건 야망은 이 시점에서 무너졌던 것이다. 일본 스포츠 세계에서도, 국위선양이란 무거운 짐에 처참하게 무너진 쓰부라야 고키치(円谷幸吉. 1964년 도쿄올림픽 마라톤 동메달리스트. 1968년 1월, 멕시코올림픽을 앞두고 자살. 부모님께 "고키치는 이제 완전히 지쳐 달릴 수 없습니다"라는 유서를 남겼다. 역주) 선수의 비극이 있다. 이러한 점을 절대 잊어서는 안 된다. 선수는 국위선양을 위한 '장기판의 말'이 아니다.

스포츠를 인간의 문화로서 향유하고 인간의 성장을 이룹게 할 수 있는 것이라는 영국의 '어슬레티시즘(athleticism)'. 이 철학이 쿠베르탱으로 하여금 근대 올림픽의 이념을 주장하게 했다는 역사적 사실을 잊어서는 안 된다. 스포츠와 인간에 관한 깊은 이해를 확인하고, 국위선양이라는 천박한 내셔널리즘에 스포츠가 이용되고 있는 현실을 극복하지 않으면 안 된다. 이러한 현상을 보면 쿠베르탱은 어떻게 생각할까? "100년 후에 올림픽을 없애지 않으면 안 될지도 모른다"고 했던 쿠베르탱의 걱정은 기우(杞憂)가 아니었던 것 아닐까?

매스컴과 미디어의 책임

앞에서 말한 NHK 가리야 해설위원의 국위선양 발언에서 볼 수 있는 것처럼, 이러한 국위선양에 올림픽을 이용하는 것에 대한 매스컴과 미디어의 비판을 지금 별로 볼 수 없다. 왜냐하면 아사히, 마이니치, 요미우리, 닛케이 각 신문사는 거액의 기부를 하고 '오피셜 파트너'가 되어 조직위원회 속에 완전히 녹아들어 있는 '동업자'이기 때문이다. 일반시민들이 입장권 취득에 곤란을 겪고 있는 것에는 아랑곳 하지 않고, 오피셜 파트너로서 손에 들어온 입장권을 자기 신문사의 판매 확대에 이용하고 있는 것이다. 더욱 심각한 문제는 '오피셜 파트너'로서 조직위원회에 매몰되어 본래의 사명인 '비판적 정신'을 잊어버리고 있는 것이다.

아사히, 마이니치, 요미우리, 닛케이뿐만 아니라, '덴쓰(電通)'가 여기에 얽혀 있다는 것도 문제를 키우고 있다. 덴쓰는 이번 올림픽에 비판적 태도를 보이는 미디어에 '광고'를 하지 않겠다는 압력을 가해 미디어의 자유활달한 '비판적 정신'에 압력을 가하고 있다. 전 덴쓰 관계자가 도쿄올림픽 유치를 위해 뿌린 자금이 불투명하다는 것을 비판하는 정보는 유럽 미디어에서 밖에 입수되지 않는다는 것은 이상하다.

매스컴의 사명은 말할 필요도 없이 권력에 대한 감시와 비판이다. 조직위원회와 유착된 오늘의 모습으로는 충분한 비판을 기대하는 쪽이 무리일까? 스포츠 저널리스트 선배인 가와모토 노부마사(川本信正)는 스포츠 미디어의 임무로서 ①기록성, ②오락성, ③비평·비판을 들고 있다. 미디어는 세상 풍조에 흔들리지 않고 의연한 '비판적 정신'을 발휘했으면 한다.

최근, 신형코로나 바이러스 만연이 세계적인 문제로 부상하여 도쿄올림픽을 개최할 수 있는지 아닌지 하는 문제로까지 발전하고 있다. 리처드 파운드 전 IOC 부회장의 발언은 지극히 당연한 걱정이다. 이에 반응해서, 일본의 올림픽을 무슨 일이 있더라도 개최하고 싶어 하는 그룹은 우왕좌왕하고 있다. 하시모토(橋本) 올림픽 담당 장관은 "바흐 IOC 위원장이 담보해주었다"는 둥 국회에서 애매하게 설명했다. 그러나 바흐 위원장의 발언은, 오늘 상황에 따른 발언이지, 앞으로 팬데믹 행방에 따라서는 어떻게 될지 알 수 없다. 게다가 일본의 PCR 검사이수율은 한국의 10분의 1 이하로, 중증환자의 검사수신 희망을 짓뭉개고 있다. 이것은 검사를 하면 많은 확진자가 나와서 사회를 혼란시키기 때문에 주저하는 것이라고 보도되고 있다. 많은 환자를 발견해서 치료를 하고 국민을 안심시키는 것이 위정자의 책임일 것이다. 그러나 그 환자의 수진율을 높이는 정책을 추진하기 전에, 아베 내각은 전국의 학교를 휴교시키는 강경한 정책을 취했다. 이 정책이 논쟁을 불러, 모리토모·가케이학원 문제, 벚꽃을 보는 모임의 의혹을 추궁하는 눈을 흐리게 하고 말았다. 이도 저도 모두 '도쿄올림픽' 때문인가? 국민의 안전·안심보다 올림픽이 중요한가? 올림픽을 국위 선양, 경제

부상을 위해 이용하려는 이들 일련의 집단의 속셈을 취재해서, 국민 앞에 명백히 밝히는 것이 저널리즘의 책임이 아닌가? 몇 번이라도 말한다. 국민 사회생활의 안녕보다 올림픽이 중요한가?

2020년 3월 11일
(3·11 동일본대지진 9주년을 맞는 날)

* 저자 데라시마 젠이치 메이지대학 명예교수가 2020년 도쿄올림픽을 앞두고, 아베 정권과 모리 도쿄올림픽조직위원장의 행위를 비판한 글로 2020년 3월 일본의 유네스코클럽 교류지에 게재되었으며, 이 글 투고 후 2020년 3월 24일 '2020 도쿄올림픽'이 2021년으로 1년 연기되었다. 2020년 6월 16일 도쿄에서 열린 '세계인권선언에 관한 학습회'에서 「2020 도쿄올림픽을 앞두고 생각해야 할 것–손기정의 인생에서 올림픽·인권을 생각한다(2020年東京五輪を前に考える事–孫基禎の人生から、オリンピック·人権を考える)」라는 테마로 다시 발표되었다.

역자 후기

일본은 손기정을 버리고 한국은 남승룡을 잊었다

김연빈

- ▷ 일본은 손기정을 버리고 한국은 남승룡을 잊었다. 남승룡에게 합당한 포상을 하고 '스포츠영웅'으로 예우해 국립묘지에 안장하자.
- ▷ Shoryu Nan, Onbai Kin을 이대로 내버려 둘 것인가?
- ▷ 손기정과 함께 달린 일본 선수는 시오아쿠가 아니라 시와쿠였다.
- ▷ 「손기정 인물사전」이 제시하는 스포츠인의 길
- ▷ 태극기를 가슴에 단 손기정 입상(立像), 또 하나의 역사 왜곡이다.
- ▷ 책임 있는 퇴직자는 책을 남기도록 하자.

1. 일본은 손기정을 버리고 한국은 남승룡을 잊었다

손기정이 베를린올림픽 마라톤에서 우승하자 일본 열도는 열광하지만 일장기말소사건을 계기로 손기정이 조선독립운동의 구심점이 될 것을 우려한 일본 당국은 철저하게 손기정을 감시·통제하고 언론은 손기정을 외면했다. 일본이 손기정을 외면한 사례는 여러 곳에서 찾을 수 있다.

① 동아일보 일장기말소사건은 당시 일본 언론에 단 한 줄도 보도되지 않았다.
② 마라톤 우승 후 수없이 밀려드는 세계 각국 보도진의 인터뷰 요청을 따돌

리는가 하면, 일본인 금메달리스트 다지마 나오토, 마에하타 히데코를 스타로 치켜세웠다(자서전).

③ 『콘사이스 인명사전』(三省堂)은 1만3천여 명의 일본인과 근대 이후 일본과 깊은 관련이 있는 외국인 2백여 명을 수록하고 있는데 손기정 항목은 없다. 같은 베를린올림픽 육상 5000m와 10000m 경주에서 모두 4위를 한 무라코소 고헤이에 대해서는 주요 내용을 기술하고 있다(関川夏央).

④ 이토 아키라(伊藤明)의 『올림픽사』에서는 베를린올림픽을 20페이지에 걸쳐 다루면서 손기정에 대해서는 고작 "마라톤에서는 孫이 2시간 29분 19초의 준족으로 우승, 제5회 스톡홀름의 가나쿠리 이래 24년의 숙원을 이루어 일장기를 게양했다. 2위 영국의 하퍼, 3위 일본의 南이었다"라고만 극히 짧게 썼다(고두현).

⑤ 베를린올림픽 여자수영에서 금메달을 딴 마에하타의 경기를 중계한 가사이 산세이 아나운서에 대해서는 수영경기 중계 실황을 자세히 설명하고 있다. 나중에 이 실황 중계방송 내용은 '마에하타 간바레'란 이름으로 레코드로 수록되기까지 했다. 이에 비해 마라톤경기를 중계한 야마모토 데루 아나운서 항목에서는 손기정과 남승룡의 마라톤 역주 상황을 전혀 언급하고 있지 않다(일본위키피디아). 당시 일본은 올림픽 수영에서 이미 10개의 금메달(은 8, 동 8)을 땄으나 마라톤은 첫 금메달이었고 손기정의 우승은 일본의 비원이었다.

⑥ 영광의 베를린올림픽 마라톤 우승자이면서 메이지대학 학생이었던 손기정이 일본 제국주의로 인해 하코네역전에서 달릴 수 없었던 역사적 사실은 매년 1월 열리는 인기 프로그램 하코네역전 중계방송에서도 언급된 적이 없다(본문).

⑦ 손기정이 타계했을 때 서울에서 열린 장례식에 일본 스포츠 관계자는 한 명도 참석하지 않았다. 재일 작가 유미리는 아사히신문 기고문에서 "손기정이 국적 변경을 요구했음에도 불구하고 일본올림픽위원회는 현재도 일본의 금메달로 다루고 있다. 그러면서 왜 조화 하나 보내지 않았는가?"라고 한탄했다.

⑧ 그러면서도 일본은 최근 개관한 일본올림픽박물관에 손기정 사진을 크게 부각해 전시하고 손기정을 대표적인 일본의 올림픽 금메달리스트로 다루는 등 엇갈리는 행보를 하고 있다.

일본이 이렇게 손기정을 외면했다면 한국은 남승룡을 외면했다. 남승룡은 베를린올림픽 마라톤에서 손기정에 이어 3위를 차지했다. 1947년 보스턴마라톤에서는 서윤복의 우승을 돕고 자신은 34세(우리나이 36세)의 나이에 완주해 12위를 차지했다. 지도자로서 최윤칠, 함기용을 지도했고 송길윤, 김연범 같은 당대의 쟁쟁한 선수들을 육성했다. 보스턴에서 우승한 서윤복은 함께 뛰어준 남승룡에게 감사해했고, 함기용은 "남 선생님이 국내 마라톤을 지도했다고 보면 된다"고 했다. 최윤칠은 그를 "학식을 겸비한 청렴결백하고 당당한 분이었다"고 했다. 그런 남승룡은 1964년 도쿄올림픽 이후 육상계를 떠나 칩거한다. 누가 남승룡을 은둔하게 했는가? 1970년 국민훈장 모란장을 받은 남승룡은 2001년 2월 20일 서울에서 타계했다. 빈소가 차려진 첫날 서울지방공사 강남병원에 낯익은 체육인들의 모습은 별로 눈에 띄지 않았다고 한 언론은 전하고 있다. 남승룡은 현재 서울 근교의 한 사설 묘지에 잠들어 있다.

2002년 11월 15일 타계한 손기정의 장례식은 삼성서울병원에서 대한올림픽위원회장으로 거행되었고 현재는 대전현충원에 안장되어 있다. 2011년에는 첫 '대한민국 스포츠영웅'으로 선정되었다. 한국인 최초의 올림픽 금메달리스트에 합당한 예우라 할 수 있다. 2017년 6월 27일 타계한 서윤복의 장례식은 서울아산병원에서 대한체육회장으로 거행되었고 서울현충원에 안장되었다. 2013년에 역시 '대한민국 스포츠영웅'으로 선정되었다. 처음으로 태극기를 달고 세계대회에서 우승하여 지구촌에 'KOREA'를 알리고 국민에게 희망을 줬던 승리자에 합당한 예우이다. 그동안 아무런 표창도 받지 못했던 함기용은 2019년 최고 훈장인 체육훈장 청룡장을 받았다. 사후에는 국립묘지에 안장될 것이라고 한다. 대한민국 건국 후 최초의 세계대회 우승자에 합당한 예우이다. 김성집, 민관식도 '대한민국 스포츠영웅'에 선정된 체육인으로서 앞서 국립묘지에 안장됐다.

올림픽 금메달과 동메달의 차이는 하늘과 땅의 차이(天壤之差)이다. 일본어로는 운데이노사(雲泥の差)라 한다. 구름과 진흙의 차이. 적어도 우리나라에서는 그렇다. 그렇다고 잠자던 조선 민중을 일깨웠다고 칭송 받던 베를린올림픽 마라톤 동메달리스트의 유해가 타향의 사설 묘지에서 쓸쓸하게 눈비를 맞아야 하는가? 그동안 올림픽 메달리스트, 세계선수권대회 우승자, 프로 선수, 체육행

정가 등 13명이 '대한민국 스포츠영웅'으로 선정되었다. 선정 규정에도 빈틈이 없고 선정위원도 흠잡을 데 없는 가운데 공정하고 투명한 절차를 거쳤을 것이라는 데는 의심의 여지가 없다.

노년에 은둔은 했지만 남승룡은 활동할 만큼 활동하고 체육계에 기여할 만큼 기여했다. 30대 중반까지 선수로 활동하고 50대 중반까지 지도자로 활약했다. 1947년부터 1963년까지는 대한육상경기연맹 이사로 체육행정에도 참여했다. 그가 어떤 이유로 세상을 등지게 되었는지는 모르지만 그가 오랫동안 은둔하고 쓸쓸하게 타계했다고 우리도 덩달아서 그냥 잊어버려야 할 인물은 아닐 것이다. 저자 데라시마 교수가 일본 정부가 손기정을 외면했다고 평가했다면 나는 한국 사회는 남승룡을 외면했다고 말하고 싶다. 왜 우리 사회는 청렴하게 은둔하다 조용히 세상을 떠난 이 체육인에게는 유독 몰인정하고 무관심한가?

1등만 기억하는 세상에 3등이 설 자리는 없는가? 1947년 보스턴 시장은 우승한 서윤복보다 남승룡이 더 위대하다고 말했다고 한다. 손기정도 1950년 보스턴에서 "함기용과 송길윤의 1, 2위보다 최윤칠의 3위가 더 소중하고 의미가 깊은 것"이라고 하지 않았던가? 근대올림픽 창시자 쿠베르탱은 "올림픽에서 중요한 것은 이기는 것이 아니라 참가하는 것이다. 인생에서 중요한 것은 성공하는 것이 아니라 노력하는 것이다"라고 말하지 않았던가?

과거사 정리니 적폐 해소니 하며 과거에 얽매여 앞으로 나가지 못하고 있는 지금, 일제 식민 지배의 암울한 현실 속에서 손기정과 함께 우리 민족의 빛이 되었던 남승룡에 대한 합당한 예우야말로 신속한 정리가 필요한 과거사가 아닌가 생각된다. 얼마 전에 뵈었던 1950년 보스턴마라톤 우승자 함기용 옹이 "남승룡을 예우하면 손기정이 더욱 빛이 난다"고 했다던 말씀이 생각난다.

조선시대의 역사를 보면 사후에 최고 관직인 영의정으로 추증된 사례를 많이 볼 수 있다. 프로레슬러 김일은 2006년 별세 후 체육훈장 청룡장을 추서받고, 2018년 '대한민국 스포츠영웅'으로 선정되어, 2020년 5월 22일 대전현충원에 이장되었다.

늦었지만 관계 당국과 시민 사회는 서로 힘을 모아 하루빨리 남승룡에게 합당한 포상을 하고 '대한민국 스포츠영웅'으로 예우해 국립묘지에서 편안하게 영면할 수 있도록 했으면 한다.

2. Shoryu Nan, Onbai Kin을 이대로 내버려 둘 것인가

IOC(국제올림픽위원회)는 이미 오래 전에 KOC(대한올림픽위원회)의 요청을 받아들여 한국인으로서의 손기정의 지위를 인정했다(이태영). 이에 따라 IOC의 올림픽 참가선수 데이터베이스인 'Athletes'(https://www.olympic.org/athletes)에서 손기정은 'Kitei Son'(기테이 손)을 기본 표기법으로 하고, 'Sohn Kee-Chung'이란 한국식 영어 표기가 부기되어 있다. 이와 함께 손기정 항목에서 동료 'Nam Seung-yong'(남승룡)을 부가적으로 언급하고 있다. 남승룡 개인적으로는 'Shoryu Nan'으로 검색된다. 김은배(Onbai Kin), 권태하(Taika Gon)도 마찬가지다.

스포츠 통계와 리소스를 제공하는 SR(Sports Reference)의 올림픽 출전 선수 데이터베이스인 'Olympedia'(http://www.olympedia.org/athletes)에서 손기정은 'Son Gi-jeong'(국적 Japan)을 기본으로 하고 'Kitei Son'이 보조적으로 표기되고 있다. 그런데 남승룡은 'Shoryu Nan'(쇼류 난)이란 일본식 이름으로 검색된다. 남승룡뿐만 아니다. 김은배(Onbai Kin), 권태하(Taika Gon), 황을수(Otsu Shuko), 김용식(Yoshoku Kin), 이성구(Seikyu Ri), 장리진(Richin Cho), 이규환(Keikan Ri), 김정연(Seien Kin), 이성덕(Seitoku Ri), 장우식(Yushoku Cho) 등 일제강점기에 올림픽에 출전했던 13명의 조선인 중 손기정과 데이터베이스에 등재되지 않은 염은현을 제외한 11명의 이름은 모두 남승룡처럼 일본식 이름으로 검색된다.

이것은 무엇을 말하는가? 올림픽 우승자 손기정은 '자랑스러운 한국인'이고 나머지 11명은 그냥 식민지 조선인이란 말인가? 금메달리스트 손기정의 국적과 이름에 대해서는 KOC나 관계자들, 심지어는 정치인까지 나서서 집요하게 관심을 갖고 국제사회에 이의를 제기하고 수정을 요청한 반면에 나머지 선수들에 대해서는 무관심했던 결과가 아닌가 생각된다.

IOC에서 국적과 이름표기를 변경할 수는 없다. "당시의 일본 국적과 일본이

름 'Kitei Son(기테이 손)'은 역사적 사실이므로 훼손할 수 없다"는 것이 IOC의 공식 입장이다(이태영). 그러나 민간 사이트인 SR은 다르다. SR에서 올림픽에 출전한 조선인 선수 이름의 영어 표기를 바로잡는 것은 어렵지 않게 해결할 수 있는 문제로 생각된다. SR 스스로 손기정을 이미 'Son Gi-jeong'으로 표기하고 있으니 다른 11명에 대해서도 일관되게 같은 식의 표기를 요청하면 SR이 수용하지 않을 명분이 없을 것으로 생각된다. 문제는 대한체육회, 대한육상경기연맹 등 관계 당국의 책임의식과 사명감, 그리고 관심이다.

조속히 이 문제를 해결해 'Shoryu Nan'이 아닌 'Nam Seung-yong', 'Onbai Kin'이 아닌 'Kim Eun-bae'를 만나보고 싶다. 'Son Gi-jeong'처럼.

3. 손기정과 함께 달린 일본 선수는 시오아쿠가 아니라 시와쿠였다

베를린올림픽 마라톤에서 손기정·남승룡과 함께 달린 숙명의 일본 선수 塩飽玉男은 '시오아쿠' 다마오가 아니라 '시와쿠' 다마오이다. 아마 1983년 발간된 손기정 자서전 『나의 祖國 나의 마라톤』에서 '시오아꾸'(2012년 개정증보판에서는 '시오아쿠')로 표기한 이래 국내 모든 자료에서 '시오아쿠' 또는 '시오아키', '시아키'로 잘못 표기되고 있는 것이 아닌가 생각된다(그 전에는 대개 '염포'로 표기했다). 塩飽玉男은 시와쿠 다마오(しわく たまお, Tamao Shiwaku)이다. '일본 위키피디아'와 'IOC Athletes'에서 확인할 수 있다.

『손기정 평전』에서는 塩飽玉男을 국내 처음으로 '시와쿠 다마오'로 바로잡았다. 이밖에 그동안 여기저기에서 잘못 표기되어 왔던 몇몇 일본인의 표기도 바로잡았다. '가나구리 시조'는 '가나쿠리 시조(金栗四三)', '아사오 다케지'는 '아소 다케지(麻生武治)', '가마다 다다요시'는 '가마타 다다요시(鎌田忠良)', '스즈키 다케'는 '스즈키 다케시(鈴木武)', '기다바라케'는 '기타바타케(北畠)'로 정정했다. 한두 사람이 잘못 사용하는 것은 이해할 수 있지만 모두가 잘못 사용한다면 사회 구성원 전체의 책임이 된다.

이런 이름들은 앞으로 10년 후 100년 후에도 손기정과 함께 하게 될 것이다. 앞으로 손기정과 남승룡, 올림픽을 연구하는 연구자나 교수·학생, 언론 종사자는 유의해서 사용해주기 바란다. 자세한 사항은 '제3부 〈부록〉 손기정 인물사전'을 참고하기 바란다.

같은 관점에서 『손기정 평전』에서는 『評伝孫基禎』(2019)의 몇 가지 오류를 바로잡았다. 이 오류는 기본적으로 손기정 자서전 『나의 祖國 나의 마라톤』(1983)에서 비롯된다. 손기정 자서전(1983)은 1936년 베를린올림픽 우승 후 47년이 지난 1983년에 발간되었다. 거의 반세기가 지난 후로 손기정의 나이 71세 때였다. 단순한 오류이거나 손기정의 기억에 오류가 있고 이 일 저 일이 서로 섞여있을 수도 있다. 대표적인 사례는 다음과 같다.

① 손기정 등 일본 마라톤 선수단이 베를린에 도착한 날은 1936년 6월 17일이었다. 『評伝孫基禎』(2019), 손기정 자서전(1983, 2012) 모두 7월 17일로 되어 있다.

② 1950년 보스턴마라톤 석권 후 함기용 등 한국 마라톤 선수단이 김포비행장을 통해 귀국한 날짜는 1950년 6월 3일이었다. 따라서 6월 20일 귀국하고, 귀국 후 5일 만에 6·25전쟁이 발발했다는 것은 사실과 다르다. 아마 손기정이 1947년 보스턴마라톤에서 귀국한 날(1947년 6월 22일, 인천항)과 혼동한 것 같다. 위 3건 모두 6월 20일 귀국한 것으로 되어 있다.

이렇게 잘못 기술된 사실을 교차검증을 통해 바로잡으려고 노력했다. 이 과정에서 발견된 오류나 누락 등이 10건도 넘지만 여기에서는 언급을 생략한다.

4. 「손기정 인물사전」이 제시하는 스포츠인의 길

『손기정 평전』의 충실한 출간을 위해 관련되는 자료(참고문헌)를 찾아서 비교·검토해 오류를 바로잡고, 독자의 이해를 돕기 위해 원전에 등장하는 인물과 사실 등을 역자 입장에서 체계적으로 정리(역주)할 필요가 있었다. 그렇게 정리하다 보니 원전을 능가하는 방대한 자료가 되었다. 이것을 어떻게 할까 고민하다가 부록처럼 따로 정리하면 좋겠다는 생각에 이르게 되어, 요약하고 정리해서 추가로 붙인 것이 '제3부 〈부록〉 손기정 인물사전'이다. 연구자나 교수·학생, 언론 종사자는 물론 선수, 스포츠 지도자, 스포츠산업 종사자, 독자들은 졸편(拙

編)「손기정 인물사전」을 함께 펼쳐 보시기를 권한다.

「손기정 인물사전」은 책 속의 책이다. 또 하나의 흥미로운 이야기가 전개된다. 등장인물 한 사람 한 사람 모두에게 사연이 있고 좌절이 있고 눈물이 있고 영광이 있고 교훈이 있다. 선수는 길을 열고, 길이 막히고, 실패를 딛고, 연구하고, 궁리하고, 마침내 정상에서 포효하고, 혹은 정상 일보 직전에서 좌절하고, 이를 극복하고, 경험을 나누고, 공유하고, 지역에 봉사하고, 재능을 기부하고, 사회에 환원한다. 사회는 기념물을 세우고 공원을 만들고 길에 이름을 붙이고 기념대회를 창설하고 기념상을 제정해 이들을 기리고 이들의 업적과 정신을 계승한다. 여기에는 인종차별도 없고, 성차별도 없고, 구타·폭행·가혹행위·따돌림도 없고, 성추행·성희롱·성폭행도 없고, 약물 복용도 없고, 음주운전도 없고, 비신사적 플레이도 없고, 승부 조작도 없고, 담합도 없고, 학연도 지연도 혈연도 파벌도 없고, 특혜도 없고, 오직 스포츠맨십이 고양되고 스포츠정신이 구가될 뿐이다. 이것이 스포츠의 역사이고 올림픽의 역사이고 마라톤의 역사이다. 이것이 손기정이 일생 동안 추구해 온 '스포츠와 평화' 운동이요, 우리 스포츠인이 가야 할 길이다.

요즘 스포츠계의 폭력이 큰 문제가 되고 있다. 이것은 나를 비롯하여 우리 모두의 올림픽 금메달에 환호하는 스포츠 내셔널리즘과 승리지상주의에 뿌리를 두고 있다고 생각한다. 체육계의 구조와 패러다임을 과감히 바꾸어야 한다. 이 기회를 통해 우리 스포츠계와 우리 사회가 정말 환골탈태하는 계기가 되기를 빈다. 손기정도 바라는 바일 것이다.

5. 태극기를 가슴에 단 손기정 입상(立像), 또하나의 역사 왜곡이다

손기정이 올림픽 제패의 꿈을 꾸던 양정고보 옛터에 조성된 손기정기념공원에는 가슴에는 태극기가 선명하고 마라톤 우승자의 청동투구를 두 손으로 안고 있는 손기정 동상이 서 있다. 가슴에 일장기를 달고 올림픽에 참가해야 했던 것은 손기정에게는 한스럽고 수치스러운 일이었다. 시상대에서 기미가요를 듣는 것은 손기정에게는 가슴이 찢어지는 일이었다. 그래서 손기정은 마음껏 기뻐해야 할 올림픽 시상대에서 시종 고개를 숙이고 눈물을 흘렸다. 슬픈 표정의 손기정이 부상으로 받은 월계수 화분으로 가슴의 일장기를 가린 것이 일장기말소사건과 이어진 것 아닐까?

양식 있는 일본의 한 지식인은 올림픽 영웅 손기정에 대한 일본 조야의 냉대를 우려하며 스포츠와 평화를 사랑한 손기정을 통해 한일 관계 회복의 길을 모색하고자 『評伝孫基禎』을 집필했다. 독일 공영방송 ZDF는 손기정을 모르는 독일 젊은이들을 위해 손기정 다큐멘터리 『THE RUN』을 제작했다. 영국의 스포츠 다큐멘터리 제작 전문가 이안 맥도날드 박사는 기구한 운명에 농락당하면서도 '스포츠와 평화' 문제에 진지하게 매달린 손기정의 장렬한 인생을 유럽인들에게 알리기 위해 손기정 다큐멘터리 제작에 나섰다.

손기정의 가슴에 일장기 대신 태극기가 붙어 있었다면 얼마나 좋았을까 하는 것은 2천 3백만 조선인의 꿈이었고 7천만 한국인의 꿈이기도 하다. 그렇다고 가슴에 태극기를 달고 기념공원 뜰에 서 있는 손기정은 우리에게 익숙하지 않다. 가슴에 일장기를 달고 고개를 푹 숙인 손기정의 모습, 아니면 월계수 화분으로 그 일장기를 감추고자 했던 손기정의 모습을 있는 그대로 보여주어야 하는 것이 아닐까? 가슴에 태극기를 단 손기정 입상은 역사적 사실을 호도하고 공원을 찾는 청소년들의 상상력을 빼앗아버리고 어린 학생들의 사고를 허구의 사실로 고착시켜버리는 것이 아닐까? 실패에서도 배워야 하고 아픈 과거에서도 배워야 한다. 가슴에 태극기를 단 손기정 입상은 또 하나의 역사 왜곡이다.

현재 손기정기념공원에 있는 손기정기념관은 연간 약 1만여 명이 관람하고, 일본인 관람객은 한두 자릿수에 불과하다고 한다. 올림픽 영웅이자 한일 양국 슬픈 역사의 상징인 손기정을 찾는 관람객이 10만 명을 돌파하고 기념관을 찾는 일본인이 1만 명을 넘는 날이 왔으면 좋겠다. 그러려면 있었던 사실을 사실대로 보여주어야 할 것이다.

6. 책임 있는 퇴직자는 책을 남기도록 하자

나는 꼭 1년 전인 2019년 6월 국토해양부와 해양수산부에서 국가공무원으로서 41년간 봉직하고 정년퇴직했다. 이후 1인 출판사를 설립해 그 첫 작품으로 이 『손기정 평전』을 직접 번역·출간하게 되었다. '퇴직 공직자의 저술활동을 응원하는 사회공헌 1인 창조 문화기업'을 표방하는 '도서출판 귀거래사'는 내가 재직 중 가지고 있던 생각을 실행에 옮긴 결과물이다. 고려시대에는 '문신월과법(文臣月課法)'이라는 제도가 있어서, 일정한 문신관료는 연간 몇 편의 시(詩)와 부(賦)를 써서 의무적으로 제출해야 했다. 고려 성종 때 시행된 이 제도는 조선조 중반까지도 명맥이 이어졌다고 한다.

요즘 대한민국의 많은 젊은 인재가 공무원이 되겠다고 한다. 지난 6월 13일 시행된 '지방공무원 및 지방교육청 공무원 8·9급 공채 시험'에는 30만 명이 지원했다. 이렇게 선망하는 공무원으로서 적어도 사무관 이상의 지위에 있는 공무원은 연간 1편 이상의 논문을 써야 한다는 것이 사무관이 된 이후의 내 생각이었다. 특히 서기관 이상이나 고위공무원으로 퇴직하는 공직자는 퇴직 전후에 20~30년 이상을 국가행정의 실무자로서, 지방행정의 관리자로서 국가 백년대계를 좌우하는 주요 정책의 기획·입안자로서 그 자랑스러운 실적과 쓰라린 실패의 경험을 책으로 남겨 후세의 귀감이 되도록 해야 한다는 것이 나의 지론이었다. 이런 생각은 나 혼자만의 구상도 아니고 숱하게 많은 선각자들이 나와 똑같은 생각을 해 왔고, 또 실천에 옮기신 분도 많을 것이다. 나는 이런 구상을 입으로 떠든 적도 없고 글로써 주장한 적은 더욱 없다. 나 자신이 세 권의 책을 번역·출판하고 기획한 적도 있지만, 이런 일이 얼마나 공론적(空論的)이고 이상적이고 실행하기 힘든 지도 잘 알고 있다.

그렇지만 나는 해 보고 싶었고 그 실행의 산물로서 마침 정년퇴직 1주년을 맞아 이 『손기정 평전』을 출간하게 되었다. 내가 튼 이 작은 물꼬가 앞으로 우리 퇴직자 사회에, 창창한 공직사회에 스며들어 '책임 있는 퇴직자는 책을 남겨야 한다'는 새로운 문화로 발전하게 되기를 빈다. 그 결과 후세에 기억되는 21세기판 『택리지』 『징비록』 『열하일기』 『목민심서』가 나오게 되기를 기대한다.

출간 실적도 없고 경영 능력도 의심스러운 신설 1인 출판사에 『손기정 평전』

번역·출판이란 영광스럽고 매력적인 대업을 맡겨준 저자 데라시마 젠이치 명예교수와 출판사 샤카이효론샤(社会評論社)의 배려와 결정에 감사를 드린다. 이것은 내 나름으로는 화폐 속 거북선 모습 하나로 대형 유조선을 수주한 고 정주영 회장에 버금가는 일이라 자부하고 있다. 그래서 이들이 '도서출판 귀거래사'에 보내준 기대를 저버리지 않고 독자들께 원전에 그려진 손기정의 모습을 사실대로 정확하게 전달하기 위해 정성을 다해 이 책을 출간하게 되었다.

『손기정 평전』은 크라우드펀딩(2020.4.13.~5.15.)을 통해 출판비용의 일부를 마련했다. 베를린올림픽 우승 후 조선독립운동의 불씨가 될 것을 우려한 일제의 압력으로 강제 은퇴한 손기정은 "하코네역전(箱根駅伝)을 뛰어보고 싶었다"는 말을 남기고 91세의 한 많은 생을 마감한다. 〈크라우드펀딩 손기정 평전〉 프로젝트는 여기에서 영감을 얻어 실시되었고, 앞으로 10차까지 계속 실시할 계획이다. 크라우드펀딩에 참여해주신 서포터 여러분께 감사드리며 앞으로도 계속적인 관심과 성원을 바란다.

『손기정 평전』 출간을 위해 도움을 준 모든 분께 감사의 말씀을 드린다. 많은 분이 출간 방향을 자문해주고, 필요한 정보와 자료를 제공해주고, 축사와 축시를 써주고, 교정을 해주고, 격려와 용기를 주었다. 거듭 감사드리며 긴 역자 후기를 마무리한다.

역자 후기

김솔찬

너무나도 많은 것을 당연하게 누리고 있는 우리
언제부턴가 올림픽 출정식의 단골 멘트는 종합 메달 수 세계 10위
더할 나위 없이 풍요로운 오늘
그의 삶이 시대를 관통해 나의 가슴을 저미는 이유는
자유의 소중함과 스포츠의 본질을 일깨워주기 때문이 아닐까

〈Olympia 1936 손기정과 남승용〉

손기정은 달렸다 조선과 함께!
남승룡은 뛰었다 민족을 위해!

손기정은 울었다 마음 속으로!
남승룡은 쏟았다 뜨거운 눈물!

손기정은 깨웠다 잠자던 민중!
남승룡은 알렸다 독립의 새벽!

기억하자 손기정 슬픈 투혼을!
되새기자 남승룡 외로운 길을!

미주

1 1990년 손기정은 61년 만에 스와시를 다시 방문하여 당시의 친구들과 우정을 다지고, 시민을 상대로 강연을 하고, 구루마야마(車山) 크로스컨트리에 참가했다. 이후 죽을 때까지 스와 시민과의 교류는 계속되었다. 여기에서도 '스포츠는 우정을 쌓는다'고 역설했다.

2 제11회 베를린올림픽대회는 1936년 8월 1일부터 같은 달 16일까지 49개국, 3980명이 참가하여 개최되었다. 이 대회부터 처음으로 성화 릴레이가 이루어졌는데, 그 외에도 사진판정장치와 스코어보드 등 과학 장비가 도입되고, 베를린에서는 텔레비전 시험방송도 실시되었다.

스타디움에서도 시내에서도 하켄크로이츠 깃발이 번쩍이며 나치스를 과시했지만, 경기장에서는 각국의 선수가 순수하게 경기를 진행, 20개의 세계신기록과 135개의 올림픽 신기록이 수립되었다. 차기 올림픽 유치를 노리던 일본은 조선·타이완 선수를 포함해서 총 247명의 대선수단을 파견했다. '마에하타 간바레'란 실황 방송으로 알려진 여자 200m 평영 마에하타 히데코(前畑秀子)의 금메달도 이때의 일이었다.

3 어니스트 하퍼(Ernest E Harper). 영국 채스터필드 출생. 할렘샤이어 헤리어즈(Hallamshire Harries)에 소속되어 1928년 암스테르담올림픽, 1932년 로스앤젤레스올림픽, 1936년 베를린올림픽에 출전한 베테랑 육상선수

손기정은 베를린올림픽에서 하퍼가 취한 행위를 레이스 후 곰곰이 생각하고 사리사욕이 없는 공정(Fair)한 태도이며, 스포츠맨십(Sportsmanship)에 넘친 행위였다는 것을 알고 그를 존경하게 된다. 구미 사회의 관습인 크리스마스카드 교환을 계속했다.

언젠가부터 하퍼의 카드가 오지 않게 되었다. 오랜 기간의 우정이 끊어진 것을 걱정한 손기정은 나에게 그의 안부를 알아봐 달라고 부탁해 왔다. 나는 영국올림픽위원회(British Olympic Association. NOC의 기능을 갖는다) 직원 마이크 블레이크(Mike Blake)에게 전화를 해서 하퍼 씨의 안부를 알아봐 달라고 부탁했다. 마이크 블레이크는 영국육상경기연맹에 연락해 주소를 알아봤다. 뜻밖에 딸을 따라 호주 빅토리아주로 이주했다는 것이었다.

나는 손기정의 생각을 전하기 위해 호주에 전화를 했다. 전화를 받은 사람은 사위였다. "손기정 씨의 부탁으로 전화했습니다"라고 하자 사위의 음색이 무거워지며 "유감스럽게도 장인은 돌아가셨습니다. 장인은 손기정 씨와 크리스마스카드를 주고 받는 것을 매우 즐거워하고 있어서, 가족 간의 대화에서도 손기정 씨에 관한 화제가 자주 올랐습니다. 장인은 손기정 씨를 매우 존경했습니다"라고 말했다. 나는 눈물이 멈추지 않았다.

4 이 밖에 당시 동아일보 학예부장이던 극작가 서항석은 「손·남 양군 승전사(孫·南兩君勝戰詞)」에서 "기정아, 승룡아, 너희 보내고 죄던 가슴 이 아침 터져나니 한바탕 환호로다. 삼천리 자던 강산도 함께 깨어 울린다. 이후엔 세계무대를 활개치고 가리라"하고 노래했다. (역주)

5 정식 명칭은 '東京箱根間往復大学駅伝競走'로, 매년 1월 2~3일 열리는 대학교 대항 역전경주대회이다. 1월 2일에는 도쿄~하코네 107.5㎞를, 1월 3일에는 하코네~도쿄 109.6㎞, 계 217.1㎞를 10개 구간으로 나누어 이어 달린다. 1987년부터 TV로 중계방송되고 있는데 일본 내 학생스포츠 경기 중 가장 높은 인기를 자랑한다. '箱根駅伝(하코네에키덴)'은 요미우리신문 도쿄본사의 등록상표이다. 2019년 방송된 NHK 대하드라마 「이다텐(韋駄天)」에 '하코네역전'이 한 회로 편성되어 방영(제19회, 2019. 5. 19.)되었다. (역주)

6 한국군과 북한군이 북위 38도선 부근에서 일으킨 무력충돌은 대규모 국제분쟁으로 발전했다. 미국은 유엔군의 이름 아래 일본 주둔부대를 중심으로 하는 대군을 투입. 개전 초기에는 북한군이 우세하여 한반도 남쪽 부산에까지 진공했지만, 유엔군은 인천상륙작전에 성공해서 반격, 중국 국경부근까지 북진했다. 그러자 중국은 대거 의용군을 보내 북한을 원조하여 38도선을 탈환했다. 소련의 제안을 계기로 1953년 7월 판문점에서 휴전협정이 성립되고, 38도선을 따라서 군사경계선이 설정되었다.

민족이 분단된 6·25전쟁은 20세기에 일어난 전쟁 중에서 가장 파괴적 전쟁이었다고 한다. 전투 그 자체는 1953년에 끝났지만 아직도 종결되지 않았다. 그리고 이 전쟁에서 일본은 미군의 보급기지가 되어 전쟁 특수로 경제 재건의 길에 들어서게 되었다.

7 이 전보는 격렬한 전쟁 중에 보낸 것이다. '아시아의 우승'이라고 하는 표현에서 스포츠를 통한 아시아의 연대를 추구하는 손기정의 사상을 엿볼 수 있다.

8 진보적인 문화인 가운데도 스포츠문화에 대한 관심은 희박했다. 미노베(美濃部) 도쿄도지사선거 지원사무소에서 고자이 요시시게가 나카노 요시오, 요시노 겐자부로(吉野源三郎) 등과 요미우리 자이언츠의 연패(連覇) 이야기를 하고 있는데, 고명한 여성운동가 이치카와 후사에(市川房枝)로부터 "어머, 당신들 저속한 스포츠 얘기나 하고 있고"라는 면박을 당했다. 고자이 요시시게는 어처구니가 없어 "스포츠가 저속하다고?"하며 반박했으나, 문화인이라 불리는 사람들조차도 스포츠에 대한 인식은 이렇게 낮았다.

고자이 요시시게는 새로운 관점에서 스포츠 문화를 생각하는 동료를 모집하고 있었다. 구제 일고·도쿄대(철학) 이래의 동급생으로 도쿄대 야구부 출신인 요시노 겐자부로를 위시하여 나카노 요시오, 가토 슈이치(加藤周一) 등. 오시마 겐키치, 가와모토 노부마사 등과는 빈번하게 전화로 연락하고 있었다. 가와모토 씨의 부인이 전한 말로는 고자이로부터 전화가 오면 이야기가 길어지기 때문에 전화 받는 곳에 의자를 가지고 갔다고 한다. 서로 진지하게 일본 스포츠의 현재·미래를 논의했던 것이다.

9 이 '스포츠와 평화를 생각하는 모임'은 경제평론가 다나카 나오키(田中直毅)를 초대해 「데탕트 시대와 스포츠」라는 강연을 열고, 이듬해에는 노사카 아키유키(野坂昭如) 씨로부터 자신이 애호하는 럭비 이야기는 물론 스포츠와 평화에 대해 이야기를 듣는 등 1년에 한 번은 연구회를 열고 있었으나 정치적 압력으로 해산하지 않을 수 없었다. 그 후 이 흐름을 계승하려는 움직임으로 '스포츠와 평화를 생각하는 유네스코 클럽'이 2017년에 결성되었다. www.unescosports.info/

10 아와야 노리코는 그 성명을 내는 과정에서 코멘트를 냈다. "나는 가수입니다. 가수는 리사이틀이라고 하는 발표 무대를 향해 열심히 연습합니다. 그 리사이틀을 권력의 손으로 그만두라고 하면 나는 싸우겠습니다. 스포츠인 여러분도 같을 것입니다. 4년에 한 번 열리는 발표 무대인 올림픽을 향해 열심히 연습해 왔습니다. 그 중요한 발표 무대인 올림픽에 가지 말라고 하는 권력 측의 결정에는 동의할 수 없을 것입니다."

11 모스크바올림픽 참가에 대한 문화인 6명의 성명

1) 스포츠는 의심할 여지없이 인간문화의 하나이며 이것은 기본적 인권에 속하는 것이다. 따라서 이번 참가문제에서도 그 결론은 이 장의 주체인 민간 대표 조직의 자주적 결정에 맡겨야 한다. 그리고 그 이외의 힘에 좌우되어서는 안 되고, 정부로서도 물론 이 점을 무조건으로 존중해야 한다.

2) 혹시 외부 힘의 개입에 눌리고 만다면, 그와 같은 사태는 앞으로도 국제스포츠계 전체에 미칠 뿐만 아니라, 민간단체의 문화 활동 일반에서도 자연히 같은 운명을 맞이하게 할 것이다. 올림픽헌장에 기초한 올림픽의 본질은 결코 학술과 예술 제분야의 국제교류와 다른 것이 아니다.

3) 스포츠와 정치는 각각 독자의 분야이기는 하지만, 동시에 올림픽헌장은 유엔의 세계인권선언과 공통되는 정신에 서서 세계 인류의 평화와 우호라는 숭고한 책무의 실현을 목표로 하고 있다. "좋은 스포츠맨십의 기풍이 깃든 윤리적·사회적·지적 기치는 제1급의 자산으로, 모스크바대회는 폭력과 분쟁을 버리고, 모든 국민의 조화와 행복으로 바뀌는 전기가 될 수 있다." 이것은 영국의 노엘베이커 경의 말이다.

4) 확실히 근년의 올림픽대회에는 국가색이 보이고, 특히 우리 일본은 다른 외국에 비해 그것이 현저한 것처럼 보인다. 그러나 국제올림픽위원회는 이번 대회를 전기로 해서 이런 경향을 경계하고, 올림픽 본래의 정신으로 되돌아가 여러 가지 개혁을 목표로 하고 있다. 올림픽이 우호·평화의 영광스런 불을 한층 높게 걸고 계속 달릴 수 있는 절호의 찬스이다.

12 쓰루타 요시유키(鶴田義行)는 1928년 암스테르담올림픽 수영 남자 200m 평영에서 우승했다. 웬일인지 일본에서는 오다 미키오(織田幹雄)만이 일본인 최초의 금메달리스트로 강조되고 쓰루타의 이름은 잘 등장하지 않는다. 오다의 경우 경기 일정이 빨랐을 뿐이다. 쓰루타는 그다음 1932년 로스앤젤레스올림픽에서도 우승했다.

13 김철언은 기노시타 데쓰히코(木下哲彦)란 이름의 와세다대학 장거리 육상선수로, 재학 시 하코네역전에서는 산악구간 전문 선수로 대활약했다. 손기정은 그의 소질을 간파하고 마라톤으로 전향할 것을 권유했다. 기노시타는 한국 국적을 취득하고 바르셀로나 올림픽 출전을 노렸다.

14 한국에서는 보수층이 일본과 친하게 지내려고 하는 사람을 '친일'이라고 말하며 비난해 왔다. 본래의 의미는 제국주의 일본의 지배 아래서 일본의 앞잡이가 된 사람에 대한 말이었지만, 한일 우호를 주창하는 손기정에게도 이 말이 쏟아진 적이 있었다.

15 영국 산업혁명 때 인클로저(enclosure. 대지주의 공유지 사유화) 현상으로 농촌에서 도시로 흘러들어가 노동자가 된 사람들에 대해서는 이웃이 어떤 사람인지를 알기 어려웠다. 그래서 노상이나 공유지에서 하는 축구가 서로를 이해하는 원점이 되었다. 지금도 축구팀 이름에는 거리나 공장의 이름이 많다. 이처럼 식민지에서 흘러들어온 사람들도 스포츠로 서로의 커뮤니케이션을 하고 생활에 적응해 갔다. 서배스천 코는, 그러한 역사적 배경을 가진 런던이기 때문에 "런던올림픽 100m 스타트 라인에 서는 외국선수를 응원하는 런던 시민은 어디에나 있다"고 말하고, 다민족이 공생하고 있는 런던에서의 시민과 스포츠, 올림픽과의 관계를 강조했다.

■ 참고문헌

저자 참고문헌

『日章旗とマラソン』鎌田忠良 潮出版社 1984年

『鳳仙花　ベルリン五輪覇者·孫基禎の光と影』清水洋光 皆美社 1984年

『ああ月桂冠に涙ー孫基禎自伝』孫基禎 講談社 1985年

『日の丸抹消事件を授業する』山本典人 岩波書店 1994年

『オリンピアーナチスの森で』沢木耕太郎 集英社 1998年

『孫基禎の歩んだ道』カン・ファング 孫基禎財団 2004年

『コリアンスポーツ<克日>戦争』大島裕史 新潮社 2008年

『大島健吉の東京オリンピック』岡邦行 東海教育研究所 2013年

역자 참고문헌

[단행본]

『나의 祖國 나의 마라톤』 손기정, 한국일보사, 1983년

『겨레와 한께 뛰었다 손기정, 그 힘찬발걸음-베를린 올림픽 마라톤 제패 60주년 기념집』 이길용기념사업회, 한국체육인동우회, 1996년

『베를린의 월계관』 고두현, 국민체육진흥공단, 1997년

『손기정이 달려온 길』 강형구, 서울셀렉션, 2004년

『끝나지 않는 신드롬』 천정환, 푸른역사, 2005년

『손기정 남승룡 가슴의 일장기를 지우다』 최인진, 신구문화사, 2006년

『나의 祖國 나의 마라톤』(개정증보판) 손기정, 학마을 B&M, 2012년

『불멸의 혼 손기정』 이태영, 대한체육회, 2012년

『남승룡 다시 뛰다』 박혜강·이명훈, 순천시 저전동 주민자치위원회, 2014년

『구술로 만나는 대한민국 스포츠인 역사-체육원로 25인의 증언』 대한체육회, 2015년

『체육학대사전(학술용어편)』 이태신, 민중서관, 1995년

[행사자료집]

『손기정 선생 추모회(孫基禎先生を偲ぶ会)』 손기정선생추모회 실행위원회, 2002년 12월 21일(일본 메이지대학)

『손기정 탄생 100주년 기념 심포지엄(孫基禎生誕100周年記念シンポジウム)』 손기정탄생100주년심포지엄실행위원회, 2012년 6월 9일(일본 메이지대학)

『손기정 선생 베를린 올림픽 마라톤 제패 70주년 기념 심포지엄』 한국체육학회·동아일보사, 2006년 8월 8일(동아일보사)

『한국체육사학회 2012 하계 학술대회』 한국체육사학회, 2012년 6월 15일~16일(강원대학교)

『영웅 손기정 선생 탄생 100주년 기념 학술 심포지엄』 대한체육회·(사)한국올림픽성화회, 2012년 10월 14일(대구 계명대학교)

『2019 손기정 평화마라톤대회 GUIDE BOOK』 손기정기념재단·3·1운동 및 대한민국 임시정부수립 100주년기념사업추진위원회, 2019년(서울 잠실종합운동장)

[신문특집]

「그때 그 이야기-남승룡」 전남매일신문(1973. 12. 7 ~ 1974. 1. 19)

小松英輝 「記憶を拓く 信州 半島 世界一第1部 金メダリスト孫基禎」 信濃毎日新聞(2020. 1. 3 ~ 1. 14)

[홈페이지]

『IOC 올림픽헌장 한영본(2019년 6월판)』 대한체육회, 2019년
https://www.documentcloud.org/documents

도쿄올림픽·패럴림픽경기대회 조직위원회 누리집
https://tokyo2020.org/jp

일본올림픽위원회 누리집
https://www.joc.or.jp/olympism/charter

한국 위키피디아
일본 위키피디아
https://ja.wikipedia.org
IOC 'Athletes'
https://www.olympic.org/athletes
SR(Sports Reference) 'Olympedia'
http://www.olympedia.org/athletes

[영화·동영상]
Leni Riefenstahl, 「OLYMPIA」(1938)
Friedemann Hottenbacher, 「THE RUN」(2016)

[학위 논문]
황영조 석사학위논문 「마라토너 손기정의 생애와 사상」(고려대학교 교육대학원, 1998년 11월 21일)
하정희 박사학위논문 「스포츠영웅 손기정의 체육활동에 관한 역사적 재조명」(중앙대학교 대학원, 2012년 8월)
이상우 박사학위논문 「마라토너 남승룡의 생애와 체육활동에 관한 연구」(중앙대학교 대학원, 2010년 8월)
金誠博士学位論文, 「朝鮮半島における植民地主義とスポーツに関する研究」(神戸大学大学院, 2012 . 12)

[학술지 게재 논문 등]
손환, 「손기정의 생애와 스포츠활동에 관한 연구」, 『한국체육과학회지』, 2004, 제13권 제2호, pp. 3~15
곽형기·이현정, 「마라토너 손기정의 체육사적 의미」, 『한국체육과학회지』, 2009, 제18권 제3호, pp. 3~13
신은숙, 「〈소년〉 조각상과 손기정의 관계성」, 『한국체육사학회 2012 하계 학술대회』 pp.33~43, 한국체육사학회, 2012. 6. 15

손환, 「손기정, 스포츠영웅으로 볼 수 있는가?」, 『한국체육과학회지』, 2004, 제13권 제2호, pp. 3~15
金誠, 「スポーツに見る植民地権力とナショナリズムの相克ー第11回オリンピック競技大会(ベルリン)の金メダルリスト孫基禎を中心にー」, 『現代韓国朝鮮研究』 第16号, pp.40-51, 2016. 11
西尾達雄, 「朝鮮体育協会と峰岸昌太郎」, 『北海道大学大学院教育学研究院紀要』 第110号, pp. 85~103, 2010. 6
寺島善一, 「'Sport for All' と 'Peace through Sport'を追い求めて50年」(明治大学, 2016. 3)
寺島善一, 「2020東京五輪を前に考える事ー孫基禎の人生からオリンピック·人権を考えるー」(世界人権宣言に関する学習会, 2020. 6. 16)

■ 저자 소개

데라시마 젠이치(寺島善一)

메이지대학 명예교수

1945년 나고야시 출생

1968년 도쿄교육대학 졸업. 나고야학원대학 조수·강사

1974년 메이지대학 전임강사, 1979년 메이지대학 조교수

1982년~1983년 영국 Brunel University (전 West London Institute of Higher Education) 객원연구원

1983년 「스포츠와 평화를 생각하는 모임」 설립에 참가

1984년 일본유네스코협회연맹 소속 「스포츠와 평화를 생각하는 유네스코 클럽」 회장, 메이지대학 교수

1998년, 2006년 영국 St. Mary's University 객원교수

2016년 메이지대학 명예교수

저서

『리버럴 아트와 대학의 자유학』(공저) 明石書店

『경계를 넘는 스포츠』(공저) 創文企劃

『현대 스포츠 백과사전』(공저) 大修館書店

『신체·스포츠를 보는 시선』 風間書店

번역 『현대사회와 스포츠』 Peter C McIntosh 저 大修館書店

『스포츠 세계지도』 Alan Tomlinson 저 丸善出版

■ 역자 소개

함께 옮긴이 김연빈(1958)

도서출판 귀거래사 대표

국토해양부, 해양수산부에서 41년간 봉직 후 2019년 6월 정년퇴직

전 주일한국대사관 1등서기관(해양수산관, 국토교통관)

순천고등학교, 한국방송통신대학교를 거쳐 일본 요코하마국립대학 대학원 졸업(국제경제법학 석사)

2005년 5월 고 조오련 선수와 함께 사단법인 한국바다수영협회(AKOWS, 회장 지봉규)를 설립하여 바다수영(OWS)을 보급해 왔다.

2006년 9월 서울에서 처음 열린 한중일 물류장관회의를 기획·실행하고 정례화의 기반을 마련했다.

2019년 8월 '광주 세계 마스터즈 수영선수권대회' 오픈워터스위밍(OWS, 3 ㎞) 남자 60-64세부에 출전해 완영했다.

바다수영(OWS)을 통한 해양사상 홍보와 국토사랑 운동의 일환으로 '독도, 국토의 시작' 운동, '여자만~순천만 종단 수영(고흥-보성-여수-순천, 20㎞)' '독도 일주 수영', '백령도~장산곶 횡단 수영'을 구상하고 있다.

저서 『재난안전강의』(9인 공저, KPO명강사협회, 2020)

역서 『검증 국가전략 없는 일본』(요미우리신문 저, 한국해양전략연구소, 2007)

『해양문제 입문』(일본 해양정책연구재단 편, 청어, 2010)

『바다가 일본의 미래다』(무라타 료이치 저, 이주하 역, 청어, 2010)(기획·출판)

함께 옮긴이 김솔찬(1992)

일본 요코하마시립 오오카(大岡)초등학교 수학(2001.10.~2004.3.)

한국방송통신대학교 일본학과 졸업(2019)

■ 크라우드펀딩 서포터 일람

한글본 출판비용의 일부는 크라우드펀딩(2020.4.22.~5.15.)을 통해 조달하였으며 펀딩에 참여한 서포터(88명)는 아래와 같습니다. (가나다순, 경칭 생략)

곽병희
김다솜
김동문
김동석
김동천
김명환
김무홍
김미옥(허연재)
김병철
김부기
김삼열
김성덕
김숙현
김연옥
김윤배
김정식
김중렬
김철성
김현철
도동이
류원택
박계명
박민욱
박병섭
박은진
박인화
박진우
선원표
소영
신영담
신영식
안중관
양계화
양현덕
엄성준
영주
유양환
윤석민
윤석정
윤용이
윤호근
이경수
이관훈
이명철
이명호
이봉노
이순만
이영식
이원영
이재완
전귀환(전지훈)
주기준
진광석
차영숙
최장현
최종열
최지혜
임해리
장배식
전예진
전주형
조홍래
유준현
천재원
최광학
최근호
최성경
최순덕
최승훈(신민정)
최태경
한기철
허남식
(지지서명)
김초혜
라님
바람하늘지기
시크릿
황선민
황형기
DoraaNa
Jade

■ 원전 찬조 단체·개인 일람

원전은 아래 단체 및 여러분들의 찬조로 발간되었습니다. (무순, 경칭 생략)

재일본대한민국민단 도쿄본부(김수길 단장)

재일본대한민국민단 가나가와본부(이순재 단장)

재일본대한민국민단 히로시마본부(이영준 단장)

재일본대한민국민단 요코하마지부(고우수 단장)

재일본대한체육회

재일본대한민국부인회 중앙본부(박선악 회장)

한일친선협회중앙회

재일한국인본국투자협회유지

재일한국인본국회

도쿄경상남도도민회

메이지대학교우회 대한민국지부

메이지대학 한국사회문화연구회 OB유지

개인(생략)

■ 도움을 주신 분들

강성민 해양수산부 해양정책실 행정사무관
구자형 ㈜국동 사외이사(신일고등학교 4회 동기회장)
김상설 전 한양대학교 경영학 교수
김윤미 성내감리교회(충남 아산시 영인면)
김재태 시사저널 편집위원
김형준 ㈜엘엠엘코리아 상임고문 / 교수
남청웅 전 호남대학교 체육학과 교수
순천 남승룡마라톤조직위원회 상임고문
박금해 (사)국학원 대외협력이사
(전 국토교통부 영주국토관리사무소장, 서기관)
박병섭 지역사 탐구가(전 고등학교 역사 교사)
배준규 전 기상청 순천기상대장
손환 중앙대학교 체육학과 교수
송진호 삼성생명보험 삼성제일법인지점 팀장
(전 금호석유화학 경영지원팀장)
심재홍 한국골재산업연구원장(전 국토교통부 항공자격과장)
안중관 국무총리 조세심판원 조사관실
양계화 전 주센다이총영사, 한국외교협회 이사, 미야기현 홍보대사
엄성준 전 주가봉대사·주보스턴총영사, 외교부 명예교수
위운량 ㈜Plan-a건축사사무소 감리사업본부 건축담당이사
유양환 유경컨설팅 대표(전 KTis 전무)
육정균 전국개인택시공제조합 이사장·시인·부동산학 박사
(전 국토교통부 부이사관)
육현철 대한수영연맹 전무이사, 한국체육대학교 교수
이재석 인천대학교 교수

이준승　재단법인 손기정기념재단 사무총장
이철원　한국해운신문 대표이사 겸 편집국장
인승일　양정고등학교 장학회 이사
정규훈　총신대학교 교수
주진희　여수지방해양수산청 해양환경과 환경계장(행정주사)
최경삼　한국원양협회 전무이사(전 해양수산부 부이사관)
최명한　해군 제독/한국해양대학교 해양군사대학장
최장현　전 국토해양부 제2차관
최중기　인하대학교 명예교수

(가나다순)

도서출판 귀거래사 출판문화·독서진흥운동

한 알의 밀이 땅에 떨어져 죽지 않으면 한 알 그대로 있고,
죽으면 많은 열매를 맺는다.
한 권의 책이 그냥 서가에 꽂히면 한 권 그대로 있고,
두루 읽히면 많은 과실을 얻는다.